南蛮幻想

ユリシーズ伝説と安土城

上巻

井上章一

草思社文庫

南蛮幻想【上巻】◉目次

第一章　天守閣と天主教　9

第二章　日本、中国、そしてヨーロッパ　163

【下巻目次】

二三九頁作図　丸山図芸社

南蛮幻想

ユリシーズ伝説と安土城

【上巻】

第一章

天守閣と天主教

ハワイにそびえる天守閣

日本の古城をまねた建築が、ハワイにある。天守閣をかたどった施設が、ホノルルの中心部にたっている。ハワイ在住の日本人があつまる教会である。ホノルルのマキキ地区にあるので、マキキ教会とよばれている。

なぜ、教会が日本の天守閣をうつしたような形に、なっているのか。教会には、教会らしいデザインがあるはずである。どうして、そうならずに、城の格好なんかをしているのか。しかも、ハワイのホノルルという場所で。

マキキ教会を設計させたのは、奥村多喜衛《たきえ》という伝道師である。奥村は、一八九四（明治二十七）年に、日本からハワイへ渡航した。以後、数十年間にわたって、同地でキリスト教の布教につとめている。第二次世界大戦前のハワイでは、日系移民キリスト教会の長老として知られていた。

自分の手で教会をたてたいということは、はやくから念じていたらしい。そして、ようやく一九三二（昭和七）年に、奥村はその夢を実現する。今日にまでつたわるマキキの教会を、渡航後の三十八年目に竣工させたのである。

日本の城郭、天守閣をまねることは、当初からきめていたという。いったい、なぜか。その理由を、奥村は自伝のなかで、三つあげている。

まず、聖書に「神は我城なり」という言葉があったから。また、日系移民の教会だから、日本的でありたいという気持ちもあった。とりわけ、日本人の武士道精神を、城の形でつたえたかったからだという。

さらに、もうひとつの理由を、奥村はこんなふうにのべている。

日本最初の天主閣が天主即ち基督《キリスト》教の神を祭るために造られた史実に鑑《かんが》み、日本固有の建築物で直接基督教に関係あるものは城であると云ふ所から、マキキ教会堂を城の形に建《たて》た訳である。[*1]

日本の天守閣は、もともと天主＝キリスト教の神をまつることから、はじまった。天守閣のルーツは、キリスト教の施設であった。だから、マキキの教会も、その故事にちなんで、天守閣風にさせたのだというのである。

天守閣がキリスト教……。これは、いったいどういうことなのか。そんな話は、ぜんぜん聞いたことがない。

珍説奇説になじみのないひとなら、まずそのことを不可解に思うだろう。そして、なぜこういう話が成りたつのかを説明してほしいと考えるに、ちがいない。

これからは、しばらく天守閣の歴史をふりかえることにする。また、日本のキリスト教史も、かんたんにおさらいをしてみたい。天守閣とキリスト教をむすびつける解釈は、どこからでてきたのか。その糸口を、さぐってみよう。

「日本最初」の天守閣は、十六世紀に成立した。本格的な高層のそれは、織田信長の安土城にはじまるとされている。ちょうど、ポルトガルから、イエズス会の宣教師たちがきていたころのことである。

そして、信長はキリスト教を、あるていどうけいれた。宣教師たちとも、身近に接している。安土の城下に、キリシタンの施設をたてさせたことも、よく知られていよう。そう、信長はいわゆる「天主教」を、肯定的にうけとめていた。「天主」を信仰するキリシタンに、支援の手をさしのべることさえあったのである。

のみならず、当時の天守閣は、いっぱんに「天主」と通称されていた。「天主」の「主」が「守」にかわり、「閣」がくっついて「天守閣」となる。それは、ずっとあとになってからのことなのである。信長の時代には、ただ「天主」と表記されていた。

城郭の施設が「天主」とよばれ、キリスト教の神も「天主」と称される。ふたつは、同じ字面《じづら》になっていた。

やはり、両者のあいだには、なんらかのつながりがあるのではないか。たとえば、こんな思いつきはどうだろう。

天守閣には、キリシタンの「天主」が祭祀されていた。信長は安土城の天守閣で、「天主」をまつっていた。それは、「天主」を礼拝するためにいとなまれた楼閣である。その証拠に、この施設は当初、「天主」とよばれていた。それが、のちになって、「天守閣」とあらためられていく……。

なんとも、無茶な議論である。歴史の専門家からは、一笑に付されよう。そんなばかなこと、あるわけがないだろうと。

だが、ハワイの奥村多喜衛は、それを「史実」だと考えていた。「日本最初の天主閣」は、「天主即ち基督教の神を祭るために造られた」。この話を、歴史的な事実として、うけとめていたのである。

おろかな歴史観だなと、あざわらうことはやめておく。それよりも、こういう考え方があったということのほうを、重んじたい。天守閣=天主教起源説を、おおまじめに信じこむひとがいた。マキキの教会は、そのことをあざやかにしめす、なによりの物証だといえるだろう。

奥村がハワイへわたったのは、十九世紀の末期である。そして、そのころの日本には、奥村のような歴史観をもつひとが、けっこういた。というか、当時はそう考えるほうが、ふつうだったのである。

たとえば、このころに出版されていた歴史の本からは、つぎのような記述が読みとれる。いずれも、天守閣のルーツをキリスト教にもとめたものである。

天主閣トハ天主教ヲ奉スルニヨリテ名《なづ》クト云フ[2]。

天主閣とは、もと天主といふを祀りたる楼閣にて、天主とは、西洋諸国にて祀る神の名にて、其の神を説く宗門を、天主教とも、または切支丹《キリシタン》宗とも呼べり[3]。

一八八九（明治二十二）年には、東京美術学校が、上野で開校した。今日の東京芸術大学は、この美術学校から発展してできた大学である。開校の翌年には、校長の岡倉天心が、「日本美術史」の授業をはじめている。そして、そこでも岡倉は、こうのべていた。「天守閣は或はカトリックより伝ふと[4]」。

つづいて、バジル・ホール・チェンバレンの見解を披露しておこう。チェンバレンは、一八七三（明治六）年に来日した。以後は、海軍兵学校や東京帝大で、教鞭をとっている。十九世紀末の日本を見聞して、『日本事物誌《シングス・ジャパニーズ》』を書きあげたことでも、知られていよう。

その『日本事物誌』（一八九〇年初版）は、織田信長と安土城をこう論評した。

彼はキリスト教徒たちの公然たる保護者《パトロン》であった……彼がその有名な城を建てたとき、本丸の頂上にキリスト教の神〔十字架か?〕を置いたといわれる……きわめて意味深長だが、城の本丸《キープ》に対する日本語「天守閣」は、日本人のカトリック信者が採用した神の名前の訳語と同一の発音である。*5

ほかにもさがせば、にたような記述が、たやすく見つかるだろう。十九世紀末の日本では、それが常識的な天守閣理解になっていたのである。

うたがいぶかいひとは、こんなふうに考えるかもしれない。天守閣=天主教起源説は、特殊な知識人だけがもてあそんでいた。一種の知的な娯楽だったのではないか。ひろく、一般にも普及していたかどうかは、疑問である、と。

たしかに、国民的な浸透をしめしていたとは、思えない。じっさい、安土城の名も知らないようなひとには、つたわってなかったろう。だが、一般教養として歴史へ興味をもつていどのひとびとには、ひろく知られていた。チェンバレンも天守閣=天主教起源説のひろがりぐあいを、こうのべている。

ここに挙げた語源は、陸軍技師の間で通用し、主要な日本語辞書の権威者によって認められている。[*6]

当時の陸軍技師が、この語源説にどう反応していたかは、たしかめられなかった。だが、辞書にはこれを肯定しているものが、たしかにある。たとえば、大槻文彦の『言海』（一八九一年版）が、そうである。明治の日本を代表するこの国語辞典は、「天守」にこんな説明をそえていた。

天守ハ、松永久秀ガ志貴ノ多門城ニ始マリ、織田信長ガ安土城ニ盛ナリト云フ。共ニ天主教ヲ信ジタレバ、或ハ、天主ヲ祀レルモノナラムカ、[*7]

やはり、キリスト教の信仰が天守閣につながったという解釈を、とりいれている。あとひとつ、『伝家宝典明治節用大全』（一八九四年）の記述を、紹介しておこう。国民的に愛用されたという点では、群をぬく事典である。実用性もあり、今日でいえば『現代用語の基礎知識』などにも、なぞらえられよう。その『明治節用大全』には、こうある。

天守……始《はじまり》は楼上に耶蘇《ヤソ》の天主を祭りたれば天主楼といひしを豊臣氏天主教を禁せ

しより主を守に改めしなり＊8

やはり、これが一般的な天守閣理解だった。珍説奇説のひとつとしてよろこばれていたような話では、けっしてない。

一八九〇（明治二十三）年のことである。当時、東京帝大で歴史史料の編纂をしていた田中義成《よしなり》が、「天守閣考」を発表した。創刊してまもない『史学会雑誌』の新年号へ、天守閣についての新説を提出したのである。

田中は、この論文で、天守閣＝天主教起源説を否定した。じつは、ようやくこの時になってからなのである。天守閣とキリスト教をむすびつけるのはまちがっていると、学術的に論じられたのは。

この新説がでるまで、天守閣とキリシタンはつなげて考えられるのが、ふつうであった。いや、田中論文が発表されたあとでも、しばらくは天主教説が流布している。学術的に論破されてからも、けっこうしぶとく、俗説として延命しつづけたのである。

田中論文の詳細と、その後の展開については、あとでくわしくのべる。ここでは、十九世紀の末まで、天主教説が否定されていなかったことを、確認しておきたい。それは、ずいぶん後まで、ひろく信じられていたのである。

マキキに教会ができたのは、一九三〇年代のことであった。ここまで時代が下れば、さすがに天主教説も、そのさかりはすぎている。しかし、奥村多喜衛がハワイへわたったのは、一八九四（明治二十七）年のことであった。まだ、天主教説が有力だった時代に、日本からはなれていったのである。

奥村は、天主教説が生きていた時代の空気を、そのままハワイへもちこんだ。そして、その時代相を、一九三〇年代になるまでたもちつづけたのである。海のむこうにあるハワイへは、日本の学術動向もおよばない。だからこそ、古い時代のストーリーが、無傷のまま保存されたという一面はあったろう。

十八世紀からの都市伝説

かつて、岡野知十《ちじゅう》という俳人がいた。幕末期に生まれ、明治期に俳句創作の活動をしたことで、知られている。いわゆる江戸趣味のひととしても、その名はとおっていよう。

岡野には、若いころ、キリスト教の伝道師をしていたというキャリアがある。一八九〇（明治二十三）年からは、日曜学校の教師もつとめていた。もちろん、信者たちを相手にした説教も、しばしばおこなっている。

そうした説教でしゃべったことを、のちになって岡野は一冊の本にした。『少年週話』（一八九九年）が、それである。「日曜学校、小供の日等の訓話に用ひしもの」を、「編纂して活刷に付す」[*9]。「序文」のところで、岡野じしんがそうのべている。

ここで紹介された説教のひとつに、たいへんおもしろい話がある。天守閣の起源にかかわる話である。それには、こうある。

日本では織田豊臣の時代に基督教《キリスト》が盛んに行はれ、信長は南蛮寺といふ寺を建立したのは基督教のためでした、又城の櫓《やぐら》を天主といふのも天主教の信仰から起つた事でこの様なはなしは誰もよく知つて居ましよう[*10]。

ここでも、天守閣＝天主教起源説が、語られている。日曜学校の子供を相手にした説教でも、この話はのべられていた。「誰もよく知つて居ましよう」などと、言われつつ。

つまり、それは子供でも知っているような議論として、認識されていたのである。すくなくとも、日曜学校へやってくるような子供なら、知らないわけがない。岡野は、そんなふうに思っていた。天主教説がひろく知られていたという、その伝播力をあらためて痛感させられる。

岡野の説教を、つづけよう。彼は、江戸城で明治維新がどうむかえられたかを、つぎのように語っている。

維新の時江戸の城を引渡す時、城の櫓へ上り、ここにむかしから封印をして何事があつても誰も開いてはならぬといふ箱があつた、もうこの時節になつて禁制も何もあるものか……徳川の陸軍付の兵士がよつてその蓋をとると、金色が赫奕《かくえき》と輝いて目を射るばかりまばゆい……見ると黄金は黄金だが、鍍金《めつき》をした金色の十字架であつたといふ。天主櫓へは耶蘇《やそ》教厳禁の幕府でも十字架を納めて置いたものであつた。*11

天守閣には、禁制の十字架がかくされていた。キリシタンを禁止した幕府の江戸城にさえ、そんなものがおいてあった。天守閣とキリスト教のつながりは、ここでも明白だというような説教に、なっている。

なんとも、神秘的な話である。子供のなかには、目をかがやかせて聞きいったものも、いただろう。日曜学校の説教で、子供の好奇心をひきつけるには、うってつけの話題だといえる。

だが、この話はあきらかに、まちがっている。そもそも、明治維新のころだと、江戸城には天守閣が存在しなかった。ここの天守閣は、一六五七（明暦三）年に焼けおちている。いわゆる明暦の大火で、焼失したのである。そして、その後は、一度も再建されていない。江戸城は、天守閣をうしなったままの姿で、明治維新をむかえているのである。

にもかかわらず、岡野は自分の説教で言っていた。江戸城の「天守櫓」に十字架のあったことが、明治維新の検分で判明した、と。いったい、天守閣がない城の、どこでそんなものが見つかったというのか。どう考えても、そんなことのありえようはずがない。つくり話だと断定しうるゆえんである。

誰が、いつ、どこでこの話をつくったのかは、もちろんわからない。江戸開城以後にできた、都市伝説のひとつなのだろう。発生源などは、つきとめられようはずもない。

しかし、その背景に、天守閣＝天主教起源説があったことは、たしかである。天守閣はキリシタンの信仰がうみだした。そんな思いこみがあったからこそ、江戸城天守櫓十字架発見伝説が、流布されだす。このことは、うたがえないだろう。

言いかえれば、天主教説がそれだけひろく浸透していたということでもある。それは、ひとつの都市伝説を成立させるぐらいにまで、ひろまっていた。あんがい、江戸城には天守閣がなかったという事実より、よく知られていたのかもしれない。

初期の天守閣は、キリスト教の神をまつっていた。織田信長は、その安土城で天主を祭祀した。城郭の中枢をなす、本丸の高層建築は、キリスト教とつうじあっている。

だから、天主の楼閣、すなわち天守閣という名前が成立した。

十九世紀末までは、どうやらこれが、天守閣についての平均的な理解であったらしい。真偽のほどはともかく、たいへんおもしろい解釈である。とにかく、着想の妙がある。今日でも、歴史ファンタジーのひとつとして、じゅうぶんたのしめよう。

いったい、誰がこういうことを、思いついたのか。また、いつごろから言われだしたのか。

よくひきあいにだされるのは、江戸後期の儒者として知られる太田錦城《きんじょう》である。じじつ、錦城は、自著の『梧窓漫筆拾遺』で天主教説をのべていた。錦城にとっては、最晩年の著述である。その死は、一八二五（文政八）年のことだから、一八二〇年代の文章だと見ればよい。

城郭史の研究者たちも、みな天守閣にキリスト教といえば、太田錦城のことを想起する。『梧窓漫筆拾遺』を参照しながら、天主教説へ言及するのが、ふつうになっている。たとえば、大類伸《おおるいのぶる》と鳥羽正雄の古典的名著『日本城郭史』（一九三六年）にも、こうある。

天主の名称の起源は天主教の神を某城の天守に祀つたのに因ると『梧窓漫筆拾遺』に記してあり……これは、天主と天守とが字音が似てゐるのと、天主教が我が国に伝来した時期と天守閣が発達した時期とがほぼ同じであることから起つた憶説である。[*12]

天守閣＝天主教起源説を『梧窓漫筆拾遺』は主張したが、それはあやまりだという。この書きかたは、城郭史研究のきまりきったパターンになっている。『梧窓漫筆拾遺』に言及して、それを否定する。以上のような筆法が、この問題を論じる多くの研究者たちに、共有されている。

天守閣にキリスト教を付会して、世をまどわす。そんなこまった俗説の元凶として、この本は位置づけられているのである。

では、その『梧窓漫筆拾遺』で、太田錦城はどのようなことをのべていたのだろう。何を根拠にして、天守閣とキリスト教を、むすびつけようとしていたのか。これからは、錦城の具体的な書きっぷりを、紹介していこう。彼は、まずこうきりだすことで、天守閣＝天主教起源説をはじめている。

西洋人は、家宅を五重七重に作りて、其第一の高層の処に、天主を祭る。信長公天主の邪教を仮りて、仏法を破却する志あり……安土に大櫓《おおやぐら》を立てられて、天主と称す。是天下天主の始なり……実は其第一の上層に、天主を奉祀する故に、名付けたるにて、西洋人の真似をしたるなり。[*13]

建築を高層にするのは、西洋人の流儀であるという。なかなか、うまい書きだしである。周知のように、木造の日本建築は、そのほとんどが低層でたてられていた。高層の天守閣は、例外的な建築だといえる。だからこそ、西洋建築が高層であることを、錦城はまず強調した。そうすることで、言外に暗示をかけようとしたのだろう。天守閣も、じつは西洋的なんだということを。

西洋建築の最上階に天主がまつられているという話は、どこからしいれたのだろうか。情報入手のルーツが、わからない。それに、この話はまちがっている。キリスト教のイコンなどを、とくに最上階へおくというきまりは、なかったはずである。錦城はキリスト教の風習を、誤解していたというしかない。

ただ、錦城は天守閣の最上層に天主が奉祀されていたと、信じていた。その前提で、天守閣が「西洋人の真似をした」という話を、おしとおせばどうなるか。お手本となる西洋建築も、最上階は天主祭祀の場なんだという話に、とうぜんなる。あんがい、そういう論述上の都合で、あるべき西洋建築像が捏造されたのかもしれない。

では、天守閣の名が天主信仰に由来するという確信は、どこからもたらされたのか。何か典拠になるような文献でも、あったのか。錦城は、そのあたりのことを、つぎのようにのべている。

> 信長公の天主を奉ぜられて、天主と名付けられたりと云ふこと、信長記[*14]、総見記等にも記載せず。今は天守など書き改めて、心付くべき様もなかりしに……

天守閣＝天主教起源説をしめすような古記録は、ないという。当の錦城じしんが、文献的に実証できないことを、みとめている。これは、じじつそのとおりである。錦城説に都合がいいような記録は、たしかに存在しない。

ならば、どうして錦城の脳裏に、そのような考えがよぎったのだろう。なぜ、天守閣は天主の櫓だと思えるようになったのか。錦城の筆は、こうつづく。

> 一諸侯の臣の、予が門人、予が少《わか》かりし時に、物語せるに、是れはあらはには申し上げがたきことなれど、不思議のこと故申すなり。我国城の天主の上層に、何か怪しき神を安置せり。切支丹《キリシタン》の神なりと言ひ伝へたりと。予此言を聞きて、豁然《かつぜん》として了悟《りょうご》したり。信長公の天主を安置せられて、天主とは付けられたるなり。諸国の天主も、是れと同じ。御制禁となりて、皆取り棄てたるに、其《その》国などは辺土にて、今に其ままあることならん。[*15]

自分の国（藩）では、天守閣にキリシタンの神をまつってきたと、言いつたえられている。門弟のひとりがそう語るのを聞いて、錦城は確信がもてたという。信長が天主を奉祀したから、天主（守）という名称が成立したのだ、と。

いったい、この門弟は何藩の武士なのか。その国元《くにもと》は、ざんねんながら、よくわからない。錦城は、ただ遠方の辺境地だというに、とどめている。

当時は、キリシタンの信仰が禁じられていた。だから、その藩名をあきらかにすれば、幕府が同藩をとがめるおそれもある。それはまずいという配慮もあって、とくにその名をふせたのか。

いずれにせよ、天守閣へ天主をまつっていた城が、現実にあったとは思えない。錦城の門弟も、国元の城でそれを見たわけではないのである。ただ、家中でそう「言ひ伝へ」られているのを、聞いたという。つまり、それは、伝聞情報でしかなかったのである。錦城は、その伝聞にとびついたというしかない。

ただ、こういう「言ひ伝へ」があったという点は、重要である。天守閣天主祭祀というストーリーは、ひとからひとへと語りつがれていた。それこそ、都市伝説めいた様相を、もうこのころには呈していたのである。

太田錦城は、そんな伝説を、自分の随筆に書きとめた。言ってみれば、一種の民俗学的な記録をのこしたということにもなる。

城郭史の研究者は、天主教起源説になると、よく錦城へ言及する。『梧窓漫筆拾遺』はまちがっていると、書きたてる。前にものべたが、まるですべての元凶はこの本だというように。

だが、天守閣天主祭祀伝説じたいは、『梧窓漫筆拾遺』が書かれる前から、流布していた。天守閣は、それ以前の時代でも、キリスト教につながっているとされていたのである。

錦城は、「少《わか》かりし時」に、門弟からこの伝説を聞いたと、のべている。なお、錦城が生まれたのは、一七六五（明和二）年である。弟子ができはじめたのは、一七九〇年代になってからだろう。この話をしいれたのも、だから十八世紀末のことだと思われる。おそければ、十九世紀初頭にはいりこんでいたかもしれない。

そして、そのころには天守閣天主祭祀伝説が、「言ひ伝へ」られていた。つまり、錦城へそれを語った門弟以外にも、同じ話を口にする者はいたのである。もちろん、錦城以外の別人が、その話を聞くこともあったろう。なかには、記録として書きとめた者も、いたかもしれない。

後世の研究者は、錦城の『梧窓漫筆拾遺』ばかりを、ことあげする。錦城だけの、とっぴな解釈としてかたづけてしまう傾向がある。しかし、この議論に関してなら、ほかにも筆記者がいなかったとは、言いきれない。「言ひ伝へ」である以上、別人が同じことを書きのこしている可能性は、大いにある。

どうやら、江戸後期の文献を、もういちど読みかえしたほうがよさそうである。とりわけ、十八世紀末~十九世紀初頭の文章には、注目してみる必要があるだろう。じゅうらいの城郭史研究が見おとしていた何かを、すくいあげられそうな気がする。

平賀蕉斎《ひらがしょうさい》という儒者が、十八世紀後半の広島にいた。小川白山という号でも、知られている。病没したのは、一八〇四（文化元）年である。太田錦城より、すこし上の世代にぞくする学者だといえるだろう。

その蕉斎が、城郭の天守閣について、おもしろいことをのべている。晩年に書きあげた『蕉斎筆記』（一八〇〇年刊）での指摘である。

> 古《いに》しへは城々に天守といふことなし、信長公の時より始りたり、其頃は切支丹《キリシタン》の宗門行はれける故、上の主には天帝を祭りし所也、故に天主と唱へたり、肥後の熊本城には、今に仏壇のごときもの有けると也、学丹居士の咄《はな》し也。[*16]

信長の時代には、キリスト教がさかんであり、天守閣へ天帝（天主）をまつっていた。

だから、あれを天主とよぶようになったのだという。

太田錦城と、まったく同じ天守閣理解になっている。そして、蕉斎はそれを『梧窓漫筆拾遺』より早い時期に、書いていた。

興味深いことに、平賀蕉斎もあの「言ひ伝へ」を、聞いている。「学丹居士」から、熊本城には仏壇めいた施設があると、おそわっていた。キリシタンの祭壇が、今でもしつらえられているというのである。

ともかく、このての伝説を聞かされていたという点では、蕉斎も錦城もかわらない。ふたりは、どちらもそういう話を知ってから、天守閣＝天主教起源説を書いている。けっきょく、それは、この時代によくある、常套的な着想だったのではないか。

つづいて、京都の豪商・百井《ももい》塘雨《とうう》があらわした文章を、読んでみよう。彼は、一七七〇年代から八〇年代にかけて、諸国遍歴の旅へでかけている。そして、各地で見聞したことなどを、漫遊記風に書きとめた。『笈埃《きゅうあい》随筆』とよばれる書物が、それである。

なお、筆者の塘雨は、一七九四（寛政六）年に急死した。必然的に、それより早い時期の記録だということになる。

その『笈埃随筆』に、こんなことを書いたくだりがある。

我国の城内に五重三重の楼あるもの天守といふ。則《すなわち》信長公、この安土城に楼を建てられしを権輿とす。是全く要害の為にあらず。信長切支丹《キリシタン》の法を信ずる事深く、其宗の仏を祭れる為に建られたり。故に天守といふ。天守とは其宗の本尊の名なり。[*17]

織田信長は、キリスト教を信じていた。だから、その神を礼拝するために、天守閣をたてたのだという。

情報を入手したいきさつについては、ふれていない。その点では、『梧窓漫筆拾遺』や『蕉斎筆記』と、ちがっている。だが、着想のありかたそのものは、まったくかわらない。この考え方は、十八世紀末の日本各地にでまわっていたことが、よくわかる。

サツマイモの普及で有名な青木昆陽《こんよう》にも、興味深い指摘がある。『昆陽漫録』（一七六三年起稿）での言及だが、それにはこうある。「我国ノ城ノ制ハ、西土ニコレナシ。織田殿ノ時、南蛮人今ノ城制ヲ伝フトイフ」[*18]。日本の城制は、中国ではなく南蛮から、織田信長の時代にはいってきたというのである。

天守閣の語源がキリスト教の天主だというような説には、なっていない。だが、日本の城郭をポルトガル伝来の建築だとする歴史観には、興味をそそられる。天守閣＝天主教起源説とも、どこかでつうじあうコメントだといえる。

時代はすこし下るが、山崎美成《よししげ》の『海録』からもひいておこう。美成は、江戸で薬種商をいとなんでいたが、読書を好み、やがて学問に傾斜した。『海録』は、その美成が随筆風に書きためていった記録である。一八二〇（文政三）年から一八三七（天保八）年まで、十八年間にわたってしるされた。

その『海録』第一巻に、「天守幷《ならびに》城制」と題された記述がある。そして、ここでも天守閣＝天主教起源説が、つぎのようにくりかえされた。

城の中央に、殊に高やかに矢倉《やぐら》をつくりなし、これを殿守《でんしゅ》といへり、これはもと吉利支丹《キリシタン》の天主をまつれる所なるより、天主といひたりしを、彼宗門御制禁の後、文字を改めてかきたる也、そのよしは、織田信長切支丹《キリシタン》の法を殊に信仰され、その本尊を祭れる為、安土城に立られたり、これ殿守の出来し初なり。[*19]

さらに、こうものべている。

或《ある》筆記に、「……信長の時耶蘇《ヤソ》宗の者差図《さしず》して、石にて築き建たることと成たり、天守といへるは、その宗旨の本尊を安置せし所なる由《よし》、談海に見えたり」[*20]

安土城を設計したのは、キリスト教徒だったと『談海』に書いてある。山崎美成は、

「或《ある》筆記」からの孫引きというかたちで、そう紹介した。

『談海』は、江戸時代の歴史をあらわした文献である。江戸の学者にしてみれば、一種の現代史であったといえようか。もっとも、一般に公刊されたりは、していない。美成が、原本を見ていなかったという可能性は、けっこうある。孫引きですませたのは、そのせいかもしれない。

さいわい、『談海』は、その写本（一八一〇年書写）が内閣文庫につたわっている。だがそれを読みとおしても、天守閣＝天主教起源説はでてこない。安土城＝耶蘇《ヤソ》宗差図説も、見あたらないのである。けっきょく、美成の参照した文献に、ミスがあったということか。

そういえば、美成もその典拠を、「或筆記」によればと、言葉をにごして書いている。美成じしん、自分がよりどころにした文献を、そう信用していなかったのかもしれない。

しかし、天守閣＝天主教起源説には、自信をもっていた。どうどうと、このストーリーで書ききっている。

「今の如く石垣もて城を築くは……蛮制なること著し」[*21]。石垣での築城じたいが、ポルトガル伝来の建築法だという主張さえ、なされている。

青木昆陽の『昆陽漫録』にも、似たような指摘はあった。信長以後の城郭を、南蛮渡来の建築だとする観念は、ふたりに共有されている。これもまた、かなりひろまっていた城郭観だったといえるだろう。

あと一箇所、山崎美成の『海録』からひいておく。美成は、「天守并城制」の末尾で、こんなふうにものべていた。

蘭画に家ごとに高く塔の如きものあり、みな天主を祭れる所也、今の殿守は、かの邦の制を移したるものなる事詳《つまびらか》なり……天主の事、笈埃随筆参考すべし。*22

オランダの絵には、各家屋に高い塔のある光景が、えがかれているという。煙突のことをさしているのだろうか。それとも、家屋が高層になっていることじたいを、そううけとったのか。

どちらにせよ、美成はそれを天主祭祀の施設だと考える。そして、日本の天守閣にも同じものを読みとった。そのうえで、天守閣をヨーロッパ伝来の建築だと、位置づけたのである。

高層であるという点に、西洋の影響を感じとる。この見方は、太田錦城の『梧窓漫筆拾遺』に、つうじあう。これもまた、当時一般に流布していた、よくある城郭理解だったといえようか。

山崎美成は、「天主の事、笈埃随筆参考すべし」とのべている。さきに紹介した百《もも》井塘《いとう》雨の『笈埃《きゆうあい》随筆』を、参考文献としてあげている。また、べつのところでは、「或筆記」から『談海』をひいていた。だが、『梧窓漫筆拾遺』への言及は、まったく見られない。

もし、天守閣＝天主教起源説が、『梧窓漫筆拾遺』のおかげでひろまったのなら……。『海録』も、これをこそ参考文献として、とりあげることになっただろう。だが、山崎美成はほかの文献ばかりを、あげている。まあ、美成のほうが錦城よりもさきに、このことを書いていたのかもしれないが。

天主教説は、『梧窓漫筆拾遺』という一冊の本だけから、ひろまったわけではない。その流布と伝播をささえた文献は、ほかにもたくさんあった。『梧窓漫筆拾遺』だけを、天主教説の元凶として非難するのは、あやまっている。これは、太田錦城だけのユニークな指摘では、けっしてない。このころには、多くの学者が、同じようなことを考えていたのである。

天守閣＝天主教起源説の初出は、つきとめられなかった。誰がいつどんなふうに言いだしたのかは、わからない。

だが、さかんにとなえられだしたのは、まちがいなく十八世紀末からのことである。

そして、十九世紀末まで維持された。江戸後期から明治前半期にかけて流行した歴史観だと、みなしうる。

にもかかわらず、後世の研究者は、『梧窓漫筆拾遺』だけをことあげする。いったい、なぜか。

もちろん、そこにはいくつかのわけがある。まず、いちばん直接的な理由をあげておこう。

『古事類苑《こじるいえん》』という、百科事典がある。明治大正期に編纂された、日本では最大の史料類聚である。各項目ごとに、関連する記録を、古典籍、古文書などから抜粋してひいてある。当該項目の起源と沿革の概略も、それらの史料をつうじて読みとれるしくみになっている。

じっさい、たいていの事項は、これでじゅうぶんしらべがつく。おおざっぱな事物起源の調査などには、たいへん便利である。大部でもあり、巻数も多く、場所をとるのでめいわくがる歴史家は多い。だが、少なからぬ専門家が、これを座右にそろえている。

もっとも、専門の研究者たちには、これへ依存しきった調査を、軽視する風がある。なんだ、『古事類苑』でしらべただけじゃないかと、見下す癖がないとはいえない。『古事類苑』だけではわからないことを、しらべるのが研究である。専門家たちは、そんな職業倫理をいだいているといってよい。

さて、天守閣に関係する文献類も、この『古事類苑』に紹介されている。「兵事部」の「城郭」編に、それらはある（一九〇六年）。「天守」という項目名になっているが、合計二十二箇の文献が引用されている。

そして、天守閣＝天主教起源説をとなえたものとしては、『梧窓漫筆拾遺』がひかれていた。ほかのものは、ひとつもない。ただ、これだけが引用されている。『古事類苑』は、『梧窓漫筆拾遺』で、天主教説を代表させているのである。しかも、「天守」という項目がはじまる、その第一ページ目で。

『古事類苑』が『梧窓漫筆拾遺』をえらんだ理由は、わからない。まあ、編集作業上の偶然であろう。

だが、そのことは、後世の研究者に決定的な影響をあたえていく。ほとんどの研究者が、天主教説を『梧窓漫筆拾遺』の論だと、これで判断するようになった。また、『梧窓漫筆拾遺』だけのユニークな珍説として、位置づけるようにもなる。天主教説を論じた江戸後期の文献は、ほかにもたくさんあったのに。

『古事類苑』の編集が、後世の研究者に誤解をあたえてしまったと、いうほかない。逆に言えば、専門の城郭史研究者も、『古事類苑』しか見ていなかったことになる。その怠慢は、せめられるべきだろう。

ずいぶん、大きな口をたたいてしまった。いささか、おもはゆい。『古事類苑』からの孫引きで、引用をすませたところは、本書にもある。そんな自分を棚にあげて、大それたことを言うべきではなかったかもしれない。しかし、やはりそれは怠慢であったと、あえて書いておく。

じっさい、『笈埃随筆』や『蕉斎筆記』などに、天主教説があることは、すぐわかる。調査には、ほとんど努力を要しない。『日本随筆索引』(太田為三郎編・一九二六年刊)をひけば、それだけで判明することなのである。その労さえ、城郭史の専門家たちは、おこたった。

だが、同時にこうも言えるだろう。たしかに、後世の専門家たちは、『古事類苑』だけしか見なかった。しかし、それは天守閣=天主教起源説が、ばかばかしいと思われていたからではないか。

あまりにもくだらないので、わざわざその由来など、しらべようとも思わない。『古事類苑』が『梧窓漫筆拾遺』をひいているのだから、それでじゅうぶん。『梧窓漫筆拾遺』の珍奇な説だということにしておけば、ことたりる。と、そのていどにしか、思われていなかったのではないか。

意義のある議論なら、『古事類苑』などですまさずに、もっと深くしらべただろう。だが、天主教説のいわれなど、調査をしても意味がない。そんな価値判断が、『古事類苑』を短絡的にうけとめる姿勢へ、つながったのではないか。

たしかに、現代の学問水準から見れば、とるにたらない愚説と思えよう。城郭史の研究者たちが軽くあつかう気持ちも、まったくわからないわけではない。

しかし、天主教説を『梧窓漫筆拾遺』の珍説として処理するだけでは、やはりこまる。この話が、江戸後期にひろく流布していたことを、見えにくくさせてしまうからである。ある時代にそれが蔓延していたことの意味を、きちんと考える。そのきっかけを、なくしてしまうことになりかねない。

十八世紀末から十九世紀末にかけて、天守閣はキリスト教の施設だとされていた。多くの学者たちが、そこにキリシタンの影響を読みとっていた。キリスト教が禁止されていた時代であったにも、かかわらず。

いったい、なぜそんな考え方が、この禁教時代にひろまっていったのだろう。そこには、なにか特殊な時代背景があったのではないか。禁教時代において、ひとびとの精神がキリスト教を指向する。あるいは、キリスト教へ目をむけさせられてしまう。その精神史的な契機は、どのようなものだったのか。

これからは、天主教説を隆盛へむかわせた時代相について、考えたい。じゅうらいの研究者が、見むきもしなかった精神のありように、目をむけることとする。そこに、まったく新しい精神史叙述の可能性が浮上すると、思いたい。

太秦のネストリアン

京都に、太秦《うずまさ》とよばれるところがある。東映の映画村があるせいだろう。ここをおとずれる観光客は多い。修学旅行生などは、たいていたちよることになる。

寺めぐりの好きなひとなら、太秦と聞けば広隆寺のことを思われよう。あるいは、その堂内にある弥勒菩薩半跏思惟像《みろくぼさつはんかしい》のことも、想起されようか。いずれにせよ、古美術マニアにはひろく知られた寺である。じじつ、映画村ほどではないが、ここをおとずれるひとびとも、少なくない。

その広隆寺を、もともとはキリスト教の寺だったとする説がある。ほんらいは、キリスト教の神をまつっていた。それが、いつのまにか仏教寺院となって、今にいたるとする解釈である。いや、創建当時には、古代ユダヤからの感化をうけていたとする声さえ、なくはない。

広隆寺は、六〇三（推古十一）年にたてられた寺であるという。聖徳太子の命令で、秦河勝《はたのかわかつ》が建設したと、『日本書紀』には書いてある。

この記録を、そのまま信じることができるかどうかは、さだかでない。異説をとなえる学者も、けっこういる。だが、ともかく、古代からつたわる寺であることは、まちがいない。現在の広隆寺は、焼失後に再建されたものだが、その創建は、七、八世紀へさかのぼる。

さて、日本へキリスト教がつたわったのは、十六世紀のことである。フランシスコ・ザビエルが来日したのは、一五四九（天文十八）年であった。

広隆寺は、それより八、九百年ほど前に、たてられている。そんな古い時代に、どうしてキリスト教の寺ができたと、いえるのか。古代ユダヤの影響などという話にいたっては、とうてい了解することができない。常識的には、まずこういう反論がおこるはずである。

だが、広隆寺＝キリスト教説にくみするひとは、動じない。彼らにも、彼らなりの理屈はある。

七世紀の中国、唐の国には、西方からキリスト教の一派がつたわっていた。ネストリウス派のキリスト教徒たちである。彼らは、自分たちのメシアを、景尊とよんでいた。その「景」にちなみ、中国では景教という名で知られている。

首都・長安には、波斯寺あるいは大秦寺とよばれるネストリウス派の寺が、存在した。ここまでは、学界のアカデミシャンたちも、うたがわない。西安（旧長安）の郊外にある大秦景教流行中国碑が、それを如実にしめしている。唐の時代にキリスト教がつたわったことは、否定のしようもない。あきらかな証拠が、記念碑となって今日にものこされているのである。

ネストリウス派は、中国へ、西方から追放されてやってきた。西暦四三一年のことである。トルコのエフェソスでひらかれた宗教会議は、この一派を異端だときめつけた。以後、彼らは東方に活路を見いだそうと、中央アジアをこえて、唐までやってくる。そして、唐の王室にとりいり、長安を拠点として、布教活動へのりだした。

中国へ伝来したのは六三五年、その活動が公認されたのは六三八年のことであったという。日本では、ちょうど舒明《じょめい》天皇が在位していたころである。

そして、このころには、日本からも大勢の遣唐使が派遣されていた。ネストリウス派＝景教のはやっていた長安には、たくさんの留学生がいたのである。

では、もしこれらの留学生たちが、日本へ景教をもちかえっていたとしたら。あるいは、西方からきた景教徒たちを、日本へも同行させていたとしたら……。古代の日本に、キリスト教の寺院があったとする空想は、こんな着眼からふくらみだす。

太秦の広隆寺が、この文脈でよく話題となるのは、「太秦《うずまさ》」という地名のせいである。

唐の長安にあったネストリウス派の寺院は、「大秦」寺とよばれていた。「大秦」は、中国の漢籍で、いっぱんに古代ローマのことをさしている。あるいは、シリアのことだとする意見もある。どちらにせよ、西のかなたを意味することは、まちがいない。

この寺も、西方からやってきたということで、「大秦」を名のることになったのだろう。

そして、広隆寺がたてられたあたりも、「太秦《うずまさ》」としるされていた。

「太秦」を「うずまさ」と読ますのには、そうとうな無理がある。かなり不自然な読み方だといえる。だが、その一帯は、いつのまにか「太秦」と書きあらわされるようになっていた。

長安のキリスト教寺院が「大秦」寺で、広隆寺が「太秦」にたっている。「大秦」と「太秦」の表記をならべれば、誰でもよく似ているなと感じるだろう。「大」と「太」のちがいは微妙だが、類似していることもいなめない。じっさい、古代では、「太」と「大」が混用されることも多かった。

だから、空想的なひとびとは、ついついそこにある種のつながりを見てしまう。京都の太秦《うずまさ》も、唐の長安にあった大秦寺と、縁があるのではないか。西方の大秦、地中海方面にも、ゆかりがあったのではないか。

ひょっとしたら、大秦寺の景教も京都の太秦へつたわっていたのかもしれない。いや、それが伝播していたから、「太秦」と書かれるようになったのではないか。表記上の無理はおしきって、「うずまさ」を「太秦」と。だとすれば、やはり広隆寺は、キリスト教の寺だったと考えたほうがいい……。

以上のように、ファンタジーがふくらんでいってしまうのである。

いや、このぐらいなら、まだ話はおとなしい。さらに空想の羽根をのばして、とほうもないストーリーをくみたてる者もいる。たとえば、つぎのように。

かつて、広隆寺の境内には、大酒神社《おおさけの》という神社があった。『延喜式』には、同じものが「大辟の神《おおさけ》」として記載されている。

その「大辟」だが、「辟」に門がまえをそえれば、「大闢」という文字ができあがる。景教にくわしいひとなら、ピンとこられただろうか。この「大闢」という表記は、しばしば景教の教典にも顔を出す。それも、イスラエルの大王、ダビデをさす言葉として。

広隆寺にユダヤの影響を読むひとは、この符合を強調する。太秦の「大辟」は、景教でいう「大闢《ダビデ》」につうじていた。そこでは、ユダヤのダビデをまつっていたのだというように。

大秦＝ユダヤ説には、もうひとつべつの論拠もある。広隆寺の西にある「伊佐良井《いさらい》」という井戸をとりあげる論者も、すくなくない。

彼らは、「いさらい」の音が、「イスラエル」ににていることを特筆する。そこにイスラエルの民がいたからこそ、「伊佐良井」という名前が成立した。以上のように主張されることも、けっこうある。

大酒神社がユダヤのダビデで、伊佐良井はイスラエルを意味していた。もしそうだとすれば、話はキリスト教の伝来だけにとどまらない。さらに飛躍して、広隆寺は、古代ユダヤ文化をも、とりいれていたということになる。へたをすれば、太秦は日本のエルサレムだったというような話にも、なりかねない。

もちろん、今日の学者で太秦＝ユダヤ説を肯定する者は、ほとんどいないだろう。キリスト教＝景教の日本伝来説も、基本的には黙殺されている。太秦の広隆寺も、仏教の寺だとふつうに考えられているはずである。

だが、ひとたび学界から目をはなせば、様子はちがってくる。一般的な歴史の読みものには、こういう話をとうとうと論じたものが、少なくない。いわゆる超古代史、古史古伝の本には、よく太秦＝ユダヤ説が紹介されている。

まじめな研究者なら、言及の必要なしと判断するだろう。考えるのもばかばかしいということで、一顧だにしないと思う。

しかし、こういうアイデアの由来と系譜は、気にかかる。太秦広隆寺へ、古代キリスト教、さらにはユダヤ文化の感化を読む。いったい、誰がこういうとっぴょうしもないことを、思いついたのか。また、どのようにして、今日まで語りつがれてきたのだろう。日本人がいだいてきた想像力の歴史をさぐる、そのケース・スタディとして興味がわく。

まずは、着想の起源をさぐることから、はじめたい。

江戸後期の儒学者・太田錦城が、天守閣＝天主教起源説を主張したことは、前にのべた。南蛮渡来の天主、キリスト教の神をまつることから、天守閣が成立したとする説である。『梧窓漫筆拾遺』で、この説がのべられていることも、すでに紹介しておいた。

太秦の広隆寺をキリスト教の寺だとする見解も、じつはこの同じ本にのっている。それも、天守閣＝天主教起源説をのべた、そのすぐ前の箇所でとなえられていた。『梧窓漫筆拾遺』から、その部分をひいておこう。

京師の西に、大秦と云へる邑名ありて、ウズマサと称す。天主をデイウスなど云ふの語にも近し。二十歳の時、通鑑を読みたるより、是れは先王の唐制に效《なら》ひて、大秦寺を建て給へる旧跡ならんと心付きたり[*23]

京都の西郊に、「大秦」（ウズマサ）という地名がある。これは、唐の「大秦寺」にならって、日本でも同名の寺がたてられたことを、しめしている。この地名こそ、そこに大秦寺があったことの証拠であると、いうのである。

ずいぶん、無茶な理屈である。地名の類似や一致だけから、こういう議論ができるとは、思えない。こんな話がとおるのであれば、なんでも言えてしまうことになる。たとえば、現代日本の中国地方も、中国人移民が多いからそう名づけられたのだ、と。

そんなとんでもない暴論が、なりたつようになるのである。とうてい、納得できることではない。

もちろん、錦城にも地名以外の論拠はあった。『梧窓漫筆拾遺』からの引用を、つづけたい。そこには、こんな思考の筋道もしめされていた。


太秦を何とてウズマサと唱ふべきや。ウズマサと云ふは、胡語蛮語の伝はりたること、明白なり。奈良の朝より、平安城の初《はじめ》まで、大小の事、唐の制を效《なら》はれたる世なれば、大宗、玄宗の大秦寺を建てたるに效ひて、京西に大秦寺を建てられたることと必定と覚ゆ。[*24]

ウズマサは、日本本来の言葉ではないし、中国のものでもない。「胡語蛮語」であるという。中国の西方か北方、あるいは南の異民族がつかう言葉だと、主張する。つまり、遠方から渡来した名前であることを、強調しているのである。

さらに、奈良時代、平安初期の日本が、唐制をならっていたことも力説する。当時の日本は、なんでも唐の制度にしたがった。だから、長安の都に大秦寺がたてば、同じものを日本でも造営させたにちがいない。

錦城は、こうした推理にもとづいて、太秦に大秦寺があったと、断定する。

一八二〇（文政三）年のことであったという。錦城は、京都滞在のおりに、三度ほど太秦の広隆寺をおとずれた。そして、そのうちの一度は、内陣の仏像などを、くわしく見学するにいたっている。以下は、その時にいだいた錦城の感想である。

本尊は薬師などにて、常の仏像なり。左右の脇立に細く長き笠を蒙りて、棹の先に銀の月金の日を差し上げたる像なり。仏家のものとは、努々《ゆめゆめ》思はれず。波斯大秦などの天教を奉ずる家の、像設たること明白なり。[*25]

広隆寺には、日光菩薩、月光菩薩として知られた一対の像がある。薬師如来の左右に位置する脇士である。

この両菩薩だが、どう見てもふつうの仏像とは、思えない。やはり「波斯大秦」、つまりペルシアや地中海方面から渡来した像ではないか。そして、そこには、西方の「天教」すなわちキリスト教が、たくされている。錦城は、それを「明白なり」と、強い口調で言いきるのである。

七、八世紀なら唐制をまねたはずだという推理。日光月光両菩薩は、キリスト教風に見えるとする直感。いずれも、決定的な証拠にはなりえない。ずいぶんあやふやな根拠である。だが、錦城はこの思いつきに、自信をもっていた。

此等《これら》の穿鑿《せんさく》は無用の事なれど、此《この》事を知り、此事を言ふは、天下に我一人なり。後の人、我此言を信じて、広隆寺の像設等を検閲せば、面白く古きものも出づべき歟《か》*26。

広隆寺には、唐からつたわったキリスト教の痕跡が、のこっている。このことを知っているのは、日本中で自分だけ。錦城が見いだした、まったくオリジナルな発見だというのである。

たしかに、独創的な見解ではあったろう。いまのところ、『梧窓漫筆拾遺』以前に、こういうことを指摘した文献は、見あたらない。先行例を皆無だと言いきる自信はないが、ユニークな着想であったことは、事実である。

天守閣=天主教起源説に関しては、錦城の前にも、思いついていた学者がけっこういた。のみならず、ひろく「言ひ伝へ」られてもいたのである。それは、十八世紀末からの、常套的な考え方だったといえるだろう。

そちらとくらべれば、太秦へのキリスト教渡来を語るほうが、はるかに独創的である。「此事を知り、此事を言ふは、天下に我一人なり」。錦城が、そう見得をきる気持ちは、よくわかる。

まだ、伊佐良井《いさらい》がイスラエルの転語だというような指摘は、なされていない。大酒神社がユダヤのダビデだといったコメントも、絶無である。

太秦とユダヤ文化のつながりが語られるのは、もっとあとになってから。二十世紀にはいって以後のことである。錦城の時代には、まだユダヤまで発想がとどかなかったと、いうことか。

だが、だからといって、錦城を視野のせまい学者だというのは、あたらない。ともかくも、彼はネストリウス派のキリスト教が日本へ伝来した可能性に、目をつけた。鎖国のせいで、キリスト教が禁じられていた時代だったのに。

そんな制約があったにもかかわらず、太秦の大秦寺建立を思いつく。唐からの文化伝播という観点から、キリスト教寺院の存在を、古代の日本に想像した。なんともスケールの大きいアイデアである。彼の生きた時代背景を考えれば、やはりその歴史的構想力を、高く評価したくなる。たとえ、それがまちがっていたとしても、である。

いったい、どうしてこんなことを思いつけたのか。あの時代に、何を読み、どんな勉強をすれば、こういうアイデアへたどりつけるのか。どうしても、そのことが知りたくなってくる。

キリスト教史学の権威である海老沢有道《えびさわありみち》は、錦城の太秦論を「俗説」としてしりぞける。京都の太秦を「大秦・波斯教に結びつけることは飛躍がある」と、論難する。[*27]

たしかに、今日の研究者から見れば、暴論であろう。「飛躍がある」のでついていけないという気持ちにも、なると思う。では、その「飛躍」は、いったいいかにしてもたらされたのか。なぜ、こんな「飛躍」が可能になったのか。

海老沢は、錦城の説を俗説や暴論だということで、かたづけてしまう。いかにもアカデミックな処理である。しかし、こういうあつかいかたをしてしまうと、錦城説をささえた背景が見えなくなる。日本の古代史にも、キリスト教の感化を想像する。そんなイマジネーションをうながした時代精神が、読みとれない。

さきほどは、錦城の指摘を独創的だと、書いた。時代的な制約をのりこえた発想だと、評価した。

だが、にもかかわらず、同時にこうも言えるのである。太秦＝キリスト教伝来説は、この時代がうみだした。江戸後期、十九世紀初頭ならではのアイデアだ、と。時代をこえた着眼ではあったが、時代にささえられた一面もあったのである。

では、どのような時代精神が、いかにして錦城説をつむぎだしたのか。この問題を考える前に、もうひとり、江戸後期の学者を紹介しておきたい。じつは、太秦へのキリスト教伝来に思いをはせた学者が、ほかにもいたのである。

『甲子夜話《かっしやわ》』と題された書物がある。江戸後期を代表する博識家、松浦《まつ(う)ら》静山《せいざん》があらわした随筆集である。正編は百巻、続編も同じく百巻、そして後編が七十八巻におよぶ。合計二百七十八冊をかぞえる、たいへん大部な著述であった。

周知のように、静山は九州肥前平戸藩の藩主である。一八〇六（文化三）年には、当主の座をしりぞき隠退した。その後は、江戸の本所へすみこみ、読書や学術にあけくれる日々をおくっている。

『甲子夜話』を執筆しはじめたのは、一八二一（文政四）年から。同年十一月十七日、甲子の夜に稿をおこしたので、この題目をつけたという。

その『甲子夜話・正編』第六十三巻に、とんでもない話が紹介されている。

> 或人曰。上州多胡郡の碑にある羊《ひつじ》（人名）は、蓋し遣唐の人なり。後其《その》墓中より（墓中とは碑下を云や。又羊の墓と云もの別にあるや）十字架を出だす……唐に景教と云有り……遣唐使も専ら此後の頃なれば、或はこの教を伝来《つたえきた》りしなるべし。[*28]

上州＝群馬県には、「多胡郡の碑」とよばれる石碑がある。いわゆる上野《こうずけ》三碑のひとつである。

そこには、「三百戸郡戌給羊成多胡郡和銅四年」という文字が、きざまれている。三百戸で多胡郡という郡を設置した。そして、それを七一一（和銅四）年に、「羊《ひつじ》」

へ贈与したというほどの意味である。

この「羊」をめぐって、古来よりさまざまな解釈がなされてきた。その詳細にふれるのは、ひかえておく。ここでは、八世紀初頭に多胡郡ができたことをつたえる記念碑だと、了解しておけばよい。

さて、『甲子夜話』によれば、記念碑の下から十字架が見つかったという。あるいは、「羊」の墓中が発見の場所だったのではないかとも、書きそえられている。とにかく、八世紀初頭の遺跡から、十字架が出土してきたというのである。

静山と面識のある「或人」は、そこからひとつの推測をめぐらせた。

「羊」は遣唐使のメンバーだったにちがいない。八世紀初頭のころだと、唐には景教というキリスト教の一派がいた。その景教が、遣唐使の帰国とともに、日本へもちこまれた可能性は、おおいにある。多胡郡から十字架が出土したことも、そう考えれば納得しうる。そして、もしそうだとすれば、多胡の「羊」は遣唐使の一員だったと見るしかない。

そう、ここでもネストリウス派のキリスト教が、日本へ渡来したと説かれている。太田錦城の太秦論と、まったく同じ文化伝播説が、語られているのである。「或人」の話を、つづけたい。この「或人」は、太秦の広隆寺についても、おもしろい見解をいだいていた。

或人又云ふ。凡《およそ》天主教の徒は牛を尚ぶ……夫《それ》につき窃《ひそか》に思ふに、京師に太秦《ウヅマサ》広隆寺と云あり。この寺推古の朝十二年の所レ建、聖徳太子の創立とぞ。この時隋の末、唐の初の事なれば、若《もし》くはかの大秦の教も吾邦に伝へたりしか。此寺今に牛祭と云ことありて、異体の仮面を蒙れる者、牛に乗りて進退すること有るよし。[*29]

キリスト教徒は牛をとうとぶ。そのならわしも、唐の大秦寺から京都の太秦へつたわった。太秦の牛祭りが成立したのも、日本へ伝来した「天主教」の感化によるものではないか。

牛とキリスト教がむすびつく、などという話はどこからでてきたのか。インドのヒンドゥー教あたりと、混同されたのではないかという気もする。余談だが、もしこの「或人」が、「神の小羊《ひつじ》」というキリスト教の文句を知っていたら。そのときは、多胡郡の「羊」をそれと付会させたかもしれない。

いずれにせよ、「或人」は太秦の牛祭りから、太秦へのキリスト教伝来を発想した。着眼の筋道は錦城とちがっているが、結論はかわらない。どちらも、ネストリウス派が太秦までやってきた可能性に、ふれている。

『甲子夜話・正編』を静山が書きおえたのは、一八二七（文政十）年のことである。

多胡碑や太秦に関するところは、一八二〇年代の記述だったといってよい。太田錦城の『梧窓漫筆拾遺』と、ほぼ同じころである。

さきほどは、ネストリウス派への着眼を、肯定的に評価した。鎖国という体制下にありながら、錦城の視野がそこまでひろがったことを、ほめあげた。もちろん、この評価をかえるつもりは、さらさらない。

だが、似たような見方なら、錦城の同時代にも提示できた学者はいた。松浦静山の『甲子夜話・正編』が、そのことを如実にしめしている。

じっさい、静山が錦城からアイデアを盗用したとは、思えない。静山の「或人」は、多胡碑と牛祭りから、景教へ思いをはせている。着想のルートは、かさならない。同じ結論が、同時代に、それぞれ独立のかたちで書きしるされたのだといえるだろう。

錦城は、「此事を知り、此事を言ふは、天下に我一人なり」と、自負していた。だが、「我一人」以外にも、「此事を知り、此事を言ふ」ものは、いたのである。

たしかに、彼らの発想は時代の制約をこえていた。とはいえ、同じ着想が同時代にならんで浮上していったことも、また事実なのである。だとすれば、太秦＝景教伝来説もまた、この時代がうみだした物語だったとはいえまいか。

思いつけるのは、たしかに卓越した想像力の持ち主だけだろう。しかし、一八二〇年代の学者は、それができるようになっていた。太田錦城や松浦静山ほどの構想力があれば、景教の日本伝来をうんぬんしうる。江戸後期、十九世紀初頭の知識人たちは、そんな時代におかれていたのだと考えたい。

ところで、多胡郡の石碑から十字架が見つかったという話は、ほんとうなのだろうか。ほかの文献で、このことを書きとめたものは、ひとつもない。唯一、『甲子夜話』だけが、それをしるしている。

静山によれば、石碑からの出土物が十字架であることは、こうして判明したという。

是を「イサアカテツチンギ」（先年舶来の紅毛人）に長崎屋の旅舎にして、上州の御代官より示せしに、「テツチンギ」是を鑑定せよとは甚《はなはだ》不審なりと言しと（この意は、此物は天主教の所用。吾邦制禁のものなる故なり）[*30]。

文中の「イサアカテツチンギ」は、イザーク・ティツィングのことである。オランダの商人で、一七七〇年代末には、長崎の出島へ商館長としてやってきた。そのティツィングに、禁制の十字架であることを、鑑定してもらったというのである。

見せたのは、「長崎屋の旅舎」であったらしい。「長崎屋」は、オランダ人がよくとまる江戸の宿屋であった。どうやら、この鑑定はティツィングの江戸参府中になされたようである。つまりは、一七八〇（安永九）年か、一七八二（天明二）年のどちらかであったことになる。ティツィングの江戸訪問はその二回しかない。これ以外の年代はありえないと、言いきれる。

静山の文章は、一八二〇年代に書かれている。だが、多胡郡の十字架に不審感をいだいたのは、その四十年ほど前であった。いっぽう、太田錦城が太秦へのキリスト教伝来を着想したのは、「二十歳の時」だという。言葉をかえれば、一七八四（天明四）年だったことになる。静山と錦城は、同じ時期に似たような話を書いていた。のみならず、思いついた時期も、おおむね並行的であったようである。

静山は、十字架をオランダの商館長に見せたという。しかし、当のティツィングは、そのことに関する記録をのこしていない。彼には、『日本風俗図誌《イラストレイションズ・オブ・ジャパン》』（一八二二年）という著述がある。だが、多胡郡の十字架に言及したところは、見あたらない。

いったい、ほんとうにそんな十字架が、あったのか。ひょっとしたら、この話じたいが、でたらめだったのではないか。「又一説。かたがた十字架のこと疑はし」[*31]。松浦静山じしんも、最後にそうのべている。いずれにせよ、十字架の話はうたがわしいというのである。

ねんのため、のべそえる。多胡郡のあった群馬県の吉井町には、古墳が点在する。多くは円墳で、それらからは十字状の金具が、しばしば出土した。辻金具という馬具である。ティツィングが見たのも、この馬具ではなかったか。

確証はない。だが、以上のように考えれば、十字架の発見という話も、腑におちる。十字状の馬具を、十字架に見あやまったのだと、そううけとめることができる。つくり話であるかのようにながめる必要もなくなると考えるが、どうだろう。

だが、疑問はまだのこる。唐代の中国に、キリスト教徒たちがいた。景教が長安の大秦寺を拠点にして、布教されていた。いったい、なぜそんな歴史を江戸時代の学者が、知っていたのだろう。ネストリウス派についての知識は、どのように江戸の知識人たちへひろまったのか。

当時の学術事情にうといひとだと、まずそのことをいぶかしく思うだろう。だが、唐の大秦寺を知っていたことじたいは、べつに不思議でもなんでもない。江戸期の学者なら、とうぜん知りえたはずの知識であった。

たとえば、唐代の歴史をあらわした史書に、『旧唐書《くとうじょ》』がある。十世紀のなかごろに、中国の後晋で編集された史書である。司馬光の『資治通鑑《しじつがん》』も、唐代の記述は、この『旧唐書』によっている。日本の学者にも、ひろく知られた典籍だといってよい。

十八世紀の清《しん》朝、乾隆《けんりゅう》帝の時代には、これが正史として採用されている。江戸後期の学者には、その点でもねうちがあがって見えただろう。

この『旧唐書』に、大秦寺の話がのっている。これを読んで、西方の教えが唐へ伝来したことを知ったものは、いただろう。

　じじつ、松浦静山は、「太《ママ》秦寺の事……『旧唐書』にも見ゆ」とのべている。[*32] 太田錦城は、「通鑑を読みたるより……心付きたり」と、書いていた。『資治通鑑』で知ったというのである。また、錦城には「……旧唐書にも見えたり」という指摘もある。[*33]『旧唐書』と、それを典拠にした『資治通鑑』の両方から、知識をえたというのである。

　つづいて、『仏祖統記《ぶつそとうき》』のことを、紹介しておこう。十三世紀中葉に、南宋で編纂された仏教史の書物である。天台宗を正統としているが、唐代のマニ教やゾロアスター教にもその筆はおよんでいる。

　これを読むと、長安の大秦寺は「蘇魯支《ゾロアスター》」の寺院だということになっていた。波斯《ペルシア》からやってきた宗教という点で、混同されてしまったのだろうか。しかし、ともかく西方の宗教が唐の長安にあったことは、ここにもしるされている。

　静山は、この『仏祖統記』も読んでいた。「『仏祖統記』云……勅㆓京師㆒建㆓大秦寺㆒」と、『甲子夜話』には書かれている。[*34]

　さらに、『西渓叢話《せいけいそうわ》』のことも、のべておく。十二世紀の初頭、北宋末期に、姚寛《ようかん》という文人が編集した記録である。ここでも、大秦寺は波斯《ペルシア》からつたわった「祆教《けんきょう》」の寺として、しめされていた。すなわち、ゾロアスター教の寺院だと。

　錦城は、この本をつぎのように引用する。「西渓叢語《ママ》に云……立㆓祆寺㆒、号㆓大秦寺」と。[*35]

ふたりとも、さまざまな漢籍から知識を吸収していたことが、よくわかる。とにかく、唐代にペルシア方面から異教がつたわっていたことは、自明であった。大秦寺がそのためにたてられていた事実も、ちゃんと知っていた。このていどのことは、中国のオーソドックスな史書にも、書いてあったのである。

では、それがキリスト教、景教の寺だったという歴史は、どうして学習したのだろう。

明《みん》の末期、一六二三（元和九）年のことだったという。西安郊外の土中から、大秦景教流行中国碑が、見つかった。景教の布教活動を、漢文とシリア文字でしるした石碑が、出土したのである。この発見で、西方からはキリスト教の一派もきていたことが、確定した。大秦寺もその寺であったことが、判明したのである。

ニュースは、ただちに各方面へつたわった。当時、中国にいたイエズス会士は、さっそくローマへ報告させている。もちろん、漢文でも、いくつかのレポートが作成されていた。

明末には、中国のイエズス会士たちが、『天学初函《てんがくしょかん》』という叢書をまとめている。西洋の学術を、漢文で紹介するシリーズである。そのなかに、『唐景教碑』と題された一篇も、はいっていた。発見直後の石碑に関する情報が、はやくもおさめられていたのである。もちろん、それは日本にもとどいていた。

一六二八（寛永五）年に刊行されたこの叢書を、しかし、日本では二年後に禁書とする。いわゆる寛永の禁書令（一六三〇年）で、流通を禁止したのである。景教に関する情報も、国内へつたわりはしたが、非公然化されたというほかない。

もっとも、これで流入がとだえたのかというと、そんなことはないだろう。非合法のかたちで読みつがれていくことは、けっこうあったと思う。また、徳川吉宗の代には、禁書令がゆるめられもした（一七二〇年）。キリスト教に関する知識も、この処置で、目にとまりやすくなったはずである。

一八〇五（文化二）年には、大陸の清国で、『金石萃編《きんせきすいへん》』も完成した。古くからつたわる金石文をえらんで、まとめあげた書物である。編者の王昶は、そこに大秦景教流行中国碑の碑文も、のせていた。

もとより、キリスト教のことだけを論じた本ではない。金属器にきざまれた銘文や、石碑にしるされた記録を、書きうつした史料集である。イエズス会士たちの本よりは、日本国内でも流通しやすかったろう。

ともかく、十九世紀にもなると、景教の歴史は、けっこう知れわたるようになっていた。そのことは、幕府の書物奉行・近藤重蔵《じゅうぞう》が書いた『好書故事』を読めば、よくわかる。

一七九五（寛政七）年から、長崎奉行をつとめたせいだろう。重蔵は、はやくから西洋への関心をいだいていた。

紅葉山《もみじやま》文庫の書物奉行となったのは、一八〇八（文化五）年からである。以後十一年間のつとめをつうじて、重蔵は海外情報の摂取に努力した。ついには、禁書である『天学初函』の解題も、はじめている。キリスト教に関する書誌情報を、『好書故事』へ書きつけていったのである。景教に関しては、その第七十六巻と七十七巻（「禁書」編）で、言及した。

たとえば、そこでは艾儒略《アレニ・ジウリオ》の『西学凡《せいがくぼん》』（一六二三年）が、紹介されている。西洋の諸学術を論述した、『天学初函』所収の一書である。そして、重蔵が手にした『西学凡』は、「唐大秦寺碑一篇」をふくんでいた。例の碑文が、のっていたのである。

その景教に、興味をいだいたのだろう。重蔵は、『西学凡』の当該部分を強調して、景教の紹介につとめている。[*36]

いや、そればかりではない。重蔵は、さらに、『金石萃編』からも、景教碑文の引用をこころみた。しかも、それに大きくページをさいている。[*37]『好書故事』のそういうところを読むと、景教には通じていたことが、よくわかる。

十九世紀初頭の知識人たちも、こういう知識を共有しあっていただろう。あるいは、書物奉行からおそわることも、あったのではないか。太田錦城も松浦静山も、書物奉行とはつながりをもっていた。

錦城の『梧窓漫筆拾遺』には、『西学凡』からの引用がある。「艾儒略《アレニ・ジウリオ》が西学凡には、唐碑一篇を付載して云」とことわって、大秦寺に言及した。*38 重蔵と同じように、『西学凡』を読んでいたのである。ひょっとすると、書物奉行から、あらかじめそのことを、聞いていたのかもしれない。

静山の『甲子夜話』は、『金石萃編』をひいている。「唐に景教と云有り。これは『金石萃編』に出」と、ことわっていた。*39 この指摘も、書物奉行をとりまくネットワークからの耳学問である可能性は、高い。

とにかく、十九世紀初頭には、景教の情報がけっこうひろがりだしていた。このころの学者になら、それがとどいていたとしても、おかしくない。

よく、景教なんていうものを知っていたな。現代人のなかには、江戸の学術を見くびって、そう感じるむきもあろう。だが、そんな感想は、的はずれだといえる。当時の情報環境を考えれば、知りえないことではけっしてない。景教や大秦寺への言及があることじたいは、おおいにうなずける。

まあ、その景教が古代の日本へもきていたという飛躍には、おどろかされるのだが。

クルスの家紋

景教の知識は、十九世紀になると、ひろくゆきわたるようになっていく。なかには、それを知ることで、想像力を刺激された学者も、あらわれた。景教は、古代の日本へもつたわっている。京都の太秦に、そして上野《こうずけ》の多胡碑に、その痕跡がのこっている。以上のように考えるものが、登場しはじめた。

だとすれば、こういう想像が浮上する背景にも、景教情報の普及はあったと見られよう。十九世紀になって、景教のことがひろく知られだしたから、空想も同時にふくらみだす。誰しも、そんなふうに考えるはずである。

だが、はたして、京都太秦＝景教伝来説が登場した理由は、それだけか。

太田錦城は、太秦の大秦寺建立をのべると同時に、天守閣＝天主教起源説も論じていた。ポルトガル経由のキリスト教が、日本文化に影響をあたえたことも、力説していたのである。こういう主張の背景を、景教に関する知識の増大だけで説明するのは、無理だろう。それだと、天守閣＝天主教起源説が産出された理由は、説明しきれない。

同じことは、松浦静山にもあてはまる。じつは、静山も天守閣のルーツを、天主教にもとめていた。『甲子夜話・正編』第四十九巻には、こうある。

天守、以前は天主と書て、櫓《やぐら》の上層に天帝を祭ることとぞ。然《しか》るを上杉謙信天主の称を悪《にく》み、これを改めて天守とし、須弥の天守は毘沙門《びしゃもん》なりとて、この神を祭りしより、今は皆天守と書来《かききた》ると。*40

天守閣はもともと天主とよばれており、天帝をまつっていた。つまり、キリスト教の神を祭祀していたというのである。

静山もまた、同時代の学者たちと、天主教説を共有しあっていたことが、よくわかる。この説が、どれほど流布していたかも、読みとれよう。

そう、静山の場合も、景教の日本伝来だけにとらわれていたわけではない。錦城や他の学者たちと同じように、天守閣のキリスト教起源論へも、関心をよせていた。

いや、それどころではない。静山は、さらに、こんな話をも書いている。『甲子夜話・正編』第二巻での指摘である。

中川氏の家紋に、此《かくの》ごとき紋あり。彼家には轡《くつわ》くづし、又クルスとも云と聞く。予窃《ひそか》に思ふ、彼先《かのせん》、瀬兵衛の頃は南蛮寺盛に行はれて、瀬兵衛も此宗なりしと云。然《しから》ばこの紋は、彼の崇奉する所の十字聖架なるべし。今轡《くつは》くづしと謂《いふ》は、忌諱《きい》を避《さく》るなるべし。又クルスと云もキリスの蛮語転ぜしにや。*41

中川家の家紋は、くつわ十字という十字型になっている。松浦静山は、そのルーツが、キリスト教の十字架にあるというのである。

中川瀬兵衛は、織田信長から茨木城をもらった戦国武将・中川清秀のことをさす。キリシタン全盛のころであり、清秀もキリスト教を信じていた。十字型を紋章に採用したのも、信仰心のせいだろう。だが、キリシタン禁制の時代をむかえ、そのことをはばかり「轡くづし」と、改称した。

静山は、以上のように想像をはたらかす。太秦や天守閣だけではない。武将の家紋にまで、キリスト教の影を読みとろうとしたのである。

もっとも、この臆測には、根拠がない。中川清秀が入信していたことをしめす記録は、ないのである。十字の紋章から、静山が想像力をはたらかせたのだというしかない。誤解のないよう、念のため書きそえておく。

『甲子夜話』からの引用を、つづけたい。静山は、因幡の池田冠山と、中川家の十字紋について、あるとき語りあったという。じつは、その話し相手である冠山の池田家でも、家紋に十字型をあしらっていた。そのことについて、冠山はこう静山につげている。

吾家に、この紋を用《もちひ》ること由緒詳《つまびらか》ならず。伝《つたへ》る所は天王より拝領せし紋なりと云……思ふに中川の紋の類にて、恐くは十字ならん。天王の王は主の字なりしも計《はかり》がたし抔《など》、語りて一咲《いっせう》して止《やみ》ぬ。*42

池田家の十字も、中川家と同じように、キリスト教起源なのかもしれない。「天王」からもらったという家伝はあるが、どうだろう。ひょっとしたら、これも、「天王」ではなく「天主」だったのではないか。「王」の字は、後世のものが「主」の字をはばかり、さしかえた。つまり、もともとは「天主」＝教会からあたえられていたのかも……。

松浦静山と池田冠山は、そんな話題でもりあがっていたという。キリシタンの禁教下なのに、なぜこういう会話をたのしめたのか。禁じられていたからこそ、キリシタンがらみの話が、秘話めいた娯楽になったのか。それとも、十九世紀初頭のこの時期にもなると、禁教の規制がゆるみだしたのか。そのあたりの機微は、もうひとつつかめない。

だが、静山の好奇心が安土桃山時代のキリシタンにもむかっていたのは、たしかである。こういう知性のありようを、景教知識の普及だけで論じることは、できないだろう。

なるほど、静山は太秦や多胡碑に、キリスト教の影響をよみとった。だが、天守閣や、中川・池田両家の家紋にも、同じような読解をこころみている。つまり、日本文化のさまざまな局面に、キリスト教の感化を発見しようとしたのである。

どうして、太秦が注目されたのか。なぜ、天守閣が、この文脈で脚光をあびたのだろう。以上のように、ひとつひとつの問題をきりはなして考えても、しようがない。

この時代には、そんな個別アイテムをこえた、おおいなる好奇心がふくらみだしていた。日本文化とキリスト教を、つなげて考えたがる。南蛮渡来の、そして唐の景教からつたわったそれを、日本文化史の背後に読もうとする。以上のような気運が、もりあがりだしていたのである。問われるべきは、やはりこの点であろう。いったいなぜ、時代はそのような方向をむきだしたのか。

天守閣＝天主教起源説の登場も、そんな時代精神のありようとともに、考えたい。

江戸の西洋史

奈良の法隆寺は、ギリシア建築からの影響をうけていると、よく言われる。

古代ギリシアには、柱のなかほどをすこしふくらませた建築があった。柱の腹部、胴にあたる部分がはっているところから、その形状を胴張りとよんでいる。西洋ではこれを、エンタシスといいあらわす。日本でも、そのままエンタシスとよぶことが、しばしばある。

このエンタシス＝胴張りは、法隆寺の柱にも見いだせる。法隆寺の金堂と中門のところにも、同じような形の柱がたっている。やはり、なかほどがふくらんだような格好に、なっているのである。

ギリシア建築の柱とよくにた柱が、法隆寺にもあった。それは、ギリシアから奈良へエンタシスがつたわったからでは、なかったか。古代のユーラシアに、西と東をつないだ文化の伝播が、あったという。法隆寺の胴張り柱が、そのなによりの証拠となるのではないか。

西アジア一帯へギリシア文明がひろがったのは、紀元前四世紀のことである。アレクサンダー大王の遠征が、インドの北西部にまでギリシアの感化をもたらした。いわゆるヘレニズムの普及として知られている現象が、それである。パキスタンのガンダーラ遺跡が、ギリシアからのあきらかな影響を、今日につたえている。

そのヘレニズム文明圏を経由して、インドの仏教が日本までやってくる。そのため、日本へ伝来した仏教には、ギリシア的な要素がくっついていた。法隆寺の柱がギリシア風になったのも、そのためである……。

こういう話を、中学や高校の日本史でおそわったひとは、多かろう。ユーラシアをこえた古代文明の伝播という話に、感銘をうけたひとも、少なくあるまい。

もっとも、現代の考古学者や建築史家は、この話に懐疑的である。ギリシアと奈良のエンタシスは、それぞれ独立に成立した。たがいに呼応しあう部分は、どこにもない。法隆寺の柱に、ヘレニズムの影響を読むのは、まちがっている。今日の学界では、そう考えるのがふつうである。エンタシスの伝来説を、子供むきのメルヘンだといいきる研究者さえ、いなくはない。

では、いったいなぜ、そんなメルヘンができたのか。どうして、両者をむすびつけて考えるストーリーが、つくられていったのだろう。

法隆寺の柱に、ギリシアの感化があると言われだしたのは、十九世紀末からである。建築史家の伊東忠太が、一八九三（明治二十六）年に高唱して、世間へ知らしめた。およそ、百年ほどの歴史をもつ議論である。

当時のヨーロッパには、インド以東の建築を軽視する傾向があった。インドの西へは、ヘレニズムの影響がおよんでおり、とりあげるねうちもある。だが、それより東の、ギリシアの感化がとどかない地域は、軽くあつかってもかまわない。十九世紀の学者たちは、そんなギリシア偏重の価値観をもっていた。

ギリシアから遠ざかるにしたがって、建築のねうちが下がっていく。これは、極東＝日本の建築もつまらないということになりかねない考え方である。

そして、日本人の建築史家は、こういう日本を見下す価値観と、直面させられた。

西洋の学術が導入されたために、対決を余儀なくされていく。十九世紀のおわりごろは、ちょうどそんな時代になっていたのである。

伊東忠太が法隆寺の胴張り柱に執着したのは、そのためであった。ギリシアからの感化は、けっしてインドでとまっていない。仏教伝来のコースにそって、古代の日本へもとどいている。日本の建築を、ヘレニズムの圏外にあるからというのでみくびるのは、おかしい。日本もまた、ヘレニズムにつうじる、すばらしい歴史をほこっている……。

日本建築を、その日本的独自性ゆえに、自慢するという評価ではない。それとは、まったく逆のスタンスになっている。日本にも、ギリシアからのおこぼれはあったんだから、その点をみとめてくれ。以上のような卑屈ささえ、そこになかったとは、いいきれまい。

中学や高校でおそわるこの話も、ルーツをさぐれば、そんな拝外意識へたどりつく。ギリシア、ひいてはヨーロッパにあこがれる。つまりは、一種の西洋かぶれが、エンタシス伝来説の背後にはあった。

福沢諭吉が「脱亜論」をとなえていたことは、よく知られていよう。日本がアジアと連帯することをやめ、欧米の一員になることをすすめた主張である。

提案されたのは、一八八五(明治十八)年であった。欧化熱が高揚していたころである。福沢の「脱亜論」も、当時の欧化主義を端的にあらわしたうったえに、ほかならない。

この欧化をめざす精神は、その後も大勢の知識人たちに共有されていく。法隆寺の柱に、ギリシアとの接点を見いだす着想も、そうした精神を反映していよう。欧化の夢を、歴史解釈のなかでかなえようとする意欲が、あきらかに読みとれる。

同時期の十九世紀末には、にたような議論が、ほかでもたくさん提出されていた。たとえば、竹越与三郎という歴史家の主張が、あげられる。竹越は、一八九六（明治二十九）年に、古代の日本とフェニキアのつながりを、力説した。太古の日本には、海をとおってフェニキア文明が、たどりついているというのである。

日本人はアーリア系だときめつけた田口卯吉も、その例にかぞえうる。田口は一九〇一（明治三十四）年に、日本語をアーリア語の一種だと言いだした。その言語学的な判断から、日本人もアーリア人、つまりは白人だと論じたのである。

いずれも、日本とヨーロッパを、歴史解釈のなかでむすびつけようとしている。ヨーロッパ文明の延長線上に、日本を位置づけたがっていた。アジアから脱却し、ヨーロッパとつながりたい。そんな欧化主義の価値観を、歴史にも投影させた主張だといえるだろう。

ほかにも、当時の文献をさぐれば、にたような話があちこちで見いだせる。それが、十九世紀末から流行していた言論であったことも、よくわかる。そして、その流行は、二十世紀のはじめごろ、一九一〇年代までたもたれた。西洋への劣等感が、そういう状況を言論界へもたらしたと、いうほかない。

安土城の天守閣は、キリスト教の神をまつるために、たてられた。天守建築のルーツは、南蛮渡来のキリシタン文化にある。

古代の太秦《うずまさ》には、唐の長安から、ネストリウス派のキリスト教がとどいていた。太秦の広隆寺は、キリスト教を奉じる寺として創建されている。

十八世紀末からの日本には、そんな歴史観が出現した。日本文化史のなかに、西方からの宗教が伝播していたことを、強調する。そんな考え方が、江戸後期の学者には、ひろまっていたのである。

話の筋は、法隆寺の柱にギリシアの感化を読みたがるそれと、よく似ている。どちらも、西方、ヨーロッパからの文化伝播を、特筆した。このての話は、エンタシス伝来説が提案される、その百年ほど前からあったのである。

十九世紀末のエンタシス伝来説は、欧化主義的な精神にねざしていた。日本をヨーロッパとつなげたい。アジアからはぬけだして、ヨーロッパにちかづこう。学説の背後には、そんな西洋かぶれの気持ちがあった。

では、江戸後期のキリスト教を重視する歴史観のほうは、どうだろう。十八世紀末の日本に、はたして「脱亜論」的な西洋への憧憬は、あったのか。日本文化や歴史の解釈が、それによってかえられる。それほどの欧化熱が、この時代にあったといえるのか。

一部の蘭学者や蘭学趣味の知識人に、そういう傾向がなかったとは、いいきれない。たとえば、暦算術で知られる本多利明《りめい》に、『西域物語』という著述がある。一七九八（寛政十）年ごろに執筆された本である。そのなかで、利明はヨーロッパ、西方を文明のルーツだと位置づけた。「数理の学元来欧羅巴《ヨーロッパ》に起り、天竺《てんじく》、支那、日本と東移流来せり」という。[*43] 一種の文明東漸史観を、いだいていた。

興味ぶかいのは、アレクサンダー大王の役割を、強調している点だろう。利明は、アレクサンダーがキリスト教を、東方へひろめたと思っていた。さらに、それが仏教となって日本へもやってくるという理解を、しめしている。

アレキサンデルといふ大聖いづ。今いふジユデヤ、パルシヤ、アラビヤ等の国々に弘法《ぐほう》して……剰《あまつさへ》に天竺より仏法を支那へ渡し支那より又日本へ渡したり……何ケ《いか》様《よう》の法も……皆アレキサンデルが立法に縁《より》て其《その》教を建立せし者なり。[*44]

アレクサンダーは、古代ギリシア（マケドニア）の国王である。キリスト教などを、信じていようはずがない。本多利明は、あきらかにまちがいをおかしている。

ただ、利明が文明の西方起源という歴史観をいだいていたことは、たしかである。百年後のエンタシス伝来説が、同じ文化伝播のルートを想定していたことは、前にのべた。それを、百年前の利明が、すでにとなえていたのである。

博学の絵師として知られる司馬江漢《こうかん》も、文明の東漸論をとなえている。その代表的著述である『春波楼筆記』を、見てみよう。一八一一（文化八）年に脱稿した随筆で、そこにもこんな指摘がある。

彼の国の書にはアダム、エバと云ふ男女始めて生ず。是吾国に云ふ天神地神の時を云ふなり……吾日本、唐、天竺と共に己の国より世界は開けしやうに、古《いにし》へを推して伝記したる者なり、然《しか》るに能々是《よくよくこれ》を考ふるに、欧羅巴《ヨーロッパ》を以《もっ》て開闢の始めとす、夫《それ》よりして天竺、唐、日本なり。[*45]

天地開闢は、ヨーロッパからはじまった。それから、東のほうへしだいに推移して、日本にいたったという。西洋へ敬意をはらい、自国の歴史を軽く見るような認識は、ここでもしめされている。

さらに注目すべきは、やはり司馬江漢の『無言道人筆記』である。思想史の村岡典嗣がさぐりあてた文献だが、仏教のことをつぎのように論じている。書きとめられたのは、一八一〇年代の前半であったろう。

仏ノ起原ハ西洋天主教也、釈迦之を伝て仏道とす、日本往古ヨリ、百済之を日本ニ伝へて久しく衆俗の耳に入る。[*46]

仏教のルーツは、キリスト教だった。西方からやってきたキリスト教を、釈迦がアレンジして仏教にしたという。日本へはいってきた仏教も、もともとはキリスト教だったとする理解である。

本多利明とまったく同じキリスト教観であり、仏教観だといえる。両者はともに、仏教を東洋におけるキリスト教の亜流だと、考えた。つまり、文明は西から東へ伝播したという歴史理解を、共有していたのである。

利明も江漢も、西洋の科学には高い評価をあたえていた。和漢の学より洋学を普及させたいと、ねがっていた。そんな西高東低の考え方が、東西両洋の宗教をめぐる歴史解釈にも、投影されたのだろう。ともかくも、のちの欧化主義につうじる歴史観は、もうこのころからあったのである。

そして、こういった考え方がではじめたのも、おそらくこの時期からだろう。十八世紀末――十九世紀初頭あたりからの着想だったのだと思う。

じじつ、それ以前の学者たちは、仏教とキリスト教の関係を、しばしば逆に位置づけた。たとえば、新井白石の『西洋紀聞』を、見てみよう。一七一五（正徳五）年までの著述だが、「天主の教」をつぎのように論じている。

凡其《その》天地人物の始より、天堂地獄の説に至るまで、皆これ仏氏の説によりて、其説をつくれる所……[*47]

キリスト教をまねて、仏教ができたというのではない。反対に、キリスト教のほうが仏教を模倣したと、きめつける。十八世紀初頭の白石は、両者の関係を以上のようにとらえていた。

キリスト教を邪教視する江戸期には、こうした理解のほうが、一般的であったろう。とりわけ、江戸の前半期において、その傾向はいちじるしい。

十七世紀にはキリスト教を排撃する書物が、たくさん刊行されていた。いわゆる排耶書の類である。そして、そういった本のなかでも、同じような指摘を見かけることがある。たとえば、一六四八（正保五）年の『邪教大意』（多福寺雪窻著）には、こうある。「改梵天王名泥烏須《デウス》……改天堂名頗羅夷曾《バライソ》……改地獄名因辺婁濃《インヘルノ》」と。[*48] キリスト教は、仏教のまがいものであるという。それは、仏教の梵天を、デウスに改名させた。天堂すなわち極楽を、バライソ＝パラダイスとよびかえた。仏教の地獄はインフェルノへ……というぐあいに、話がすすんでいる。

仏教よりキリスト教のほうがましだと考えた当時の学者に、熊沢蕃山《ばんざん》がいた。だが、そんな蕃山でも、「畢竟《ひっきょう》仏法は吉利支丹《キリシタン》の先達」だと、のべている。[*49] 仏教のほうが、キリスト教のルーツになるというのである。一六七二（寛文十二）年の、『集義和書』にしめされた指摘であった。

もう、おわかりだろう。江戸期には、仏教からキリスト教が派生したと、見られていた。宗教をめぐる文明は、東から西へ伝播したと、ふつうに考えられていたのである。

本多利明、司馬江漢の宗教観は、この常套的な了解を逆転させている。江戸後期、十八世紀末からの彼らは、西から東への伝播史を構想したのである。蘭学が隆盛にむかう。そんな時代相が、以前とは反対の文明史観をもたらしたということか。

余談だが、どちらにせよ、両者が兄弟関係にあると見られていたことも、興味をひく。キリスト教と仏教の歴史的な連続性を強調することは、今日だとよほど少なくなっている。むしろ、まったくべつの宗教として、語られることのほうが多い。

それが、江戸期には、ひとつづきのものとして、しばしばイメージされていた。どちらをルーツにするかという点では、見解がわかれることもある。だが、両者を派生、伝播といった関係でとらえる見方が普及していた点は、おもしろい。今、その理由を考える余裕はないが、ひとつの課題として、ここにしるしておく。

さて、さきほどは、十八世紀末から文明史観が逆流しはじめたことを、指摘した。だが、この変化を、全面的なものだと考えるのは、あたらない。以前とかわらず、東から西へという歴史観をいだいていた知識人も、けっこういた。

その極端な例として、ここには国学者・平田篤胤の言辞を、紹介しておこう。篤胤は、『霊能真柱《たまのまはしら》』（一八一三年）で、こんなことをのべている。

> 遥西《はるか》の極《はて》なる国々の古き伝へに、世の初発《はじめ》、天神《あまつかみ》既に天地を造了《つくりおわ》りて後に、土塊《つちくれ》を二つ丸めて、これを男女の神と化《な》し、その男神の名を安太牟《アダム》といひ、女神の名を延波《エワ》といへるが、此の二人の神して、国土を生りといふ説《こと》の存《あ》るは、全く、皇国《みくに》の古伝の訛《なま》りと聞えたり[50]

聖書の天地創造伝説は、日本の国生み神話が西方へ伝播してできたものだという。アダムとイブの話は、イザナギとイザナミの話が変形してつたわった。辺境地で語られる、方言のような伝説ではなかったかというのである。

西洋へ敬意をはらうといった姿勢は、見られない。司馬江漢が、「アダム、エバ」をルーツに想定したのと、あざやかな対照をなしている。十九世紀にはいっても、篤胤のような国学者は、東から西へという史観をたもっていた。

十八世紀末からは、たしかにのちの「脱亜論」へつうじる見方が、浮上する。だが、知識人たちも、いっせいにそちらの方向をむきだしたというわけではない。蘭学の浸透により、西から東へという文明の伝播も、一部で考えられるようになりだした。そのていどの変化であるにとどまる。

文明東漸史観がいきおいをつけるのは、やはり明治期になってからだろう。西洋との本格的な接触がはじまってからは、たしかにそうした見方が、強まった。江戸後期の江漢、利明らは、その先駆的な前ぶれとして、位置づけたい。

江戸時代、十八世紀の末ごろには、天守閣＝天主教起源説が、語られていた。太秦への、ネストリウス派伝播説をとなえた学者も、いなくはない。それが、利明や江漢の文明東漸史観とともに、西方からの感化を強調する説である。それが、利明や江漢の文明東漸史観と同じ時期に、論じられていた。

この両者に、まったく関係がなかったとは、いえないだろう。天守閣＝天主教起源説も、いくらかはこの潮流とつうじあうように思われる。すくなくとも、西洋からの影響が視野にはいりだすというぐらいのことは、あったろう。

じじつ、天守閣＝天主教起源説をとなえた学者のなかには、蘭学的な知性がいた。たとえば、青木昆陽のことを考えてみよう。昆陽が、日本の天守閣を、ポルトガル伝来の城制だと考えていたことは、すでにのべた。一七六〇年代の指摘（『昆陽漫録』）である。

昆陽は、一七四〇年代になって、オランダ語の学習をはじめている。将軍吉宗から命じられたためだという。江戸参府のオランダ人や通詞たちをつうじて、言葉をおぼえるといった勉強である。『和蘭文訳』全十巻（一七四九―五八年）をはじめとした、蘭学方面の著作もある。『解体新書』の前野良沢《りょうたく》が、一時期昆陽の門下にあったことも、知られていよう。

また、昆陽は幕府の仕事で、関東各地をめぐり古書籍をさがしあつめていた。そうしたなかで、北条流軍学の祖・北条氏長《うじなが》があらわした『由利安牟《ユリアン》攻城伝』も見つけている。

由利安牟は、ユリアン・スハーデルというオランダ人のことをさす。スハーデルは、一六五〇（慶安三）年に、江戸で臼砲射撃の演習をおこなった。そのときの記録を書きとめたのが、『由利安牟攻城伝』という文献である。

そして、それを目にした昆陽は、こんなコメントをのこしている。「北条流ニテハ、阿蘭陀《オランダ》ノ八葉城ノ制ニ倣フト云フ」と。[*51] 北条氏長は、スハーデルからオランダの築城術などを、聞きとった。べつに、模倣しようとしていたわけではない。だが、昆陽は、北条流がオランダの城制をまねていると、その記録を目にして判断した。

昆陽のころには、西洋の軍学がしだいに重んじられだしている。じっさい、将軍吉宗の時代には、江戸城の塀が、その大部分をとりはらわれた。西洋砲術の知識が普及して、塀が無用の長物になったためだと、よく言われる。

北条流は、オランダの城制をとりいれようとした。昆陽が、そう読みとった背景には、西洋軍学を重視しだした時代相もあったろう。

そして、昆陽は北条流へ言及した、その同じ箇所でこうのべている。「我国ノ城ノ制ハ……織田殿ノ時、南蛮人今ノ城制ヲ伝フト」。日本の城制は、ポルトガルにルーツをもつというのである。

天守閣の南蛮起源説と、オランダ軍学への注目には、つうじあう部分がある。やはり、蘭学の隆盛が、西洋からの文明東漸という歴史観につながった。すくなくとも、そうした一面のあることは、否定しにくいと思う。

蘭学に興味をもっていた文人の一例として、もうひとり松浦静山のことを、あげておこう。十九世紀初頭になるが、静山も天守閣の天主教起源説をのべていた。太秦への景教伝来説も、となえている。さらに、十字をあしらったいくつかの家紋を、キリスト教の影響だと論じていた。

静山が蘭学に関心をいだいていたことは、周知の事実である。のみならず、キリスト教に関しても、好奇心をよせていた。

長崎平戸の松浦史料博物館には、『旧新約聖書註解』の蘭訳書十四巻が、収蔵されている。もともとは、ヘンリー・マシュウというイギリスの聖書学者があらわした著作である。そのオランダ語訳が、平戸の史料館にのこっていた。いうまでもなく、松浦静山がとりよせたものである。

日本文化史にキリスト教が感化をあたえたという話を、よろこんで物語る。そんな静山の筆致も、なにほどかはその蘭学趣味にねざしているだろう。やはり、江戸後期には、ヨーロッパへとむかう知的好奇心が、増大していった。そんな時代相と、天守閣＝天主教起源説などが無縁だったとは、思えない。

だが、こういう見方だけで説明をおわっても、かまわないのだろうか。

たしかに、明治の十九世紀末にもなると、欧化熱はたいへんな高揚ぶりをしめしていた。そのなかで、文明の東漸史がたくさんはぐくまれたのは、まちがいない。

しかし、江戸の十八世紀末に、はたしてそれだけの欧化熱が、ひろがっていただろうか。なるほど、西洋崇拝へといたるそのきざしぐらいは、あったろう。蘭学の浸透が、そうした気運をささえたのは、じじつである。しかし、十九世紀末ほどの熱気が、知識人全体をおおっていたとは、思えない。

にもかかわらず、江戸後期＝十八世紀末には、天守閣＝天主教起源説などが、沸騰した。百年後の欧化時代とよくにた言論状況が、成立していたのである。それほどの欧化熱が、蔓延していたとも思えない。なのに、西洋化をめざした時代と同じような西方起源説が、できていた。いったいこのことを、どう考えればいいのだろう。

近年は、鎖国下の江戸が意外に国際的だったという話を、よく耳にする。さまざまな海外情報も、日本にとどいていたと、しばしば語られる。だが、開国後、明治期とくらべれば、やはりとざされていたと言わざるをえない。江戸の開放性ばかりを揚言するのは、話にかたよりがありすぎる。

そのとざされていた江戸の言論界に、十九世紀末―二十世紀初頭を思わす言辞がでまわった。このことの意味は、きちんと考えてみるべきだろう。

青木昆陽や松浦静山が蘭学に傾斜していたことは、さきにのべた。だが、天守閣＝天主教説などの論客が、みなそうだったのかというと、そうでもない。

天主教説は、平賀《ひらが》蕉斎《しょうさい》、百井《ももい》塘雨《とうう》、山崎美成《よししげ》らもとなえていた。いや、この説を口にしていたのは、学者や知識人だけにかぎらない。ふつうの武士たちにも、あるいは市井の世界でさえ、それを語るものはいた。つまり、蘭学へ興味をもたないひとにも、天主教説はひろまっていたのである。

そんなに、蘭学的な価値観がひろく普及していたとは、思えない。にもかかわらず、天主教説などは、蘭学の流通範囲をはるかにこえて、拡散した。こうした現象を、蘭学の浸透という理屈で説明しきるわけには、いくまい。これとはちがった解釈を、新たに考えだす必要があるのではないか。

天守閣＝天主教説と太秦＝景教伝来説の両方をとなえた学者に、太田錦城《きんじょう》がいた。錦城は、当代を代表する第一級の儒学者である。その博覧と精密な文献考証は、当時から評価が高かった。評判は遠く中国へも、とどいていたらしい。錦城の書いた『九経談』全十巻は、清人が長崎へ買いつけにきたこともあったという。

学問的な系譜をたどれば、宋学になるのだろう。だが、古典的な経典にも、実証的なあやまりがあれば、批判をこころみた。その意味では、いわゆる考証学に持ち味のあった学者だといえる。

天守閣＝天主教説などを読まされれば、どこが考証学なんだと、疑問をいだかれようか。いいかげんな思いつきにすぎないじゃあないかという反発も、わいてくるかもしれない。

天主教説などは、『梧窓漫筆拾遺』にのっている。錦城は、四十九歳になってから、『梧窓漫筆』という随筆集を書きだした。『梧窓漫筆後編』、『梧窓漫筆拾遺』とつづく三部作の随筆である。そして、これらの読みものでは、持ち前の厳格な考証がひかえられていた。どちらかというと、世俗へむけて道をとくといったスタイルに、なっている。

一代の碩学が後半生になって、エッセイを書いていくといったところだろう。そんなエッセイ集のなかに、天主教説をはじめとする思いつきは、おさめられていた。この、錦城としてはお手軽な着想だけで、その学問全体を低く見ることはつつしみたい。ともあれ、太田錦城にも、蘭学や西洋を崇拝するような気持ちは、希薄である。ほとんどなかったと言ってよい。その精神的なバックボーンは、儒学をはじめとする和漢籍から、構成されていた。にもかかわらず、錦城は天守閣のキリシタン起源などを、論じていたのである。

やはり、天主教説などの流行を、蘭学の浸透だけで語るのには、無理がある。それだと、蘭学にそまらなかった錦城らが、この説へいたった理由を説明しきれない。どうやら、まだまだ錦城らの文章を、読みこんでいかなければならないようである。

キリシタンへの想像力

太田錦城は、京都の太秦に景教が伝来していたと、書いていた。さらに、太秦の広隆寺は、もともとキリスト教の寺だったと論じている。そして、そうのべた文章の末尾を、こんな言葉でむすんでいた。
「是れは国禁の事にて、寺僧の忌むことなれば、彼徒には語るまじきことなり」[*52]。キリスト教は、禁じられている。そのタブーにふれるような過去があったと聞けば、広隆寺もいやがろう。だから、広隆寺の寺僧へは、それをないしょにしておきたいというのである。わざわざ、それは内密だという話を書きつけるあたりに、諧謔味があるということか。

こういう筆法に、キリスト教、あるいは西洋への敬意を読みとることは、むずかしい。どちらかといえば、逆だろう。いまわしいものを、広隆寺の過去に見つけたという含意が、うかがえないだろうか。恥部をあばいてしまったといわんばかりのニュアンスも、感じられる。

『梧窓漫筆拾遺』は、太秦を論じたすぐ後で、天守閣＝天主教起源説を、展開した。その結末部分にも、おもしろい文章がそえてある。やはり、キリスト教を忌避する、つぎのような文句になっている。

信長公の心得違より出でたることにて、天守は天主なりと云ふことは知るべき理《ことわり》なり。今かく御制禁に、官名までも、其《その》称呼を用ふることは然るべからざること歟《か》と覚ゆ。天下一統に、天守と云ふ語を禁じて、大櫓と云ふべき事なり。[*53]

天守閣は、もともとキリスト教の天主をさしていた。いくらそれを天守へあらためても、根が天主にあることは、かわらない。キリスト教はタブーだから、ほんらいなら、そういう名称もゆるされないはずである。だから、天守というよび名をあらためて、大櫓《おおやぐら》にしてはどうかと、問いかけた。

ここにも、キリスト教を拒絶する気持ちが、はっきりうかがえる。欧化主義などは、どこにもない。むしろ、そんなものが天守閣の事始《ことはじめ》に関与していたということを、なげいている。そして、それをあばきたてようとする意志も、読みとれよう。

天守閣には、気をつけろ。あそこには、キリシタンの影がひそんでいる。おぼえておけ。太秦の広隆寺にも、ゆだんはするな。あれも、もともとはキリスト教とつながっているのだから……。

なにやら、かくれキリシタンを捜査して、摘発におよぶ姿がほうふつとしてくる。当局の禁教政策へ奉仕する密偵のおもむきも、ただよってくる。すくなくとも、キリスト教の感化があったことをよろこぶ気持ちからは、ほど遠い。

山崎美成《よししげ》の『海録』(一八二〇—三七年)も、天守閣＝天主教起源説をのべていた。そして、それを論じきったすぐあとに、つぎのようなコメントをそえている。

「要害にはならぬもの也、却りて害はあるべしとおもはる」[*54]。天守閣がいままでに役立ったことはない。あんなのは、あってもじゃまになるだけじゃあないかという。キリスト教へつながるとされた天守閣を、そう否定的にあつかっていたのである。

なお、天守閣がこのころ無用の長物とみなされていたことは、興味ぶかい。江戸城のそれが、火災焼失後に再建されなかった点は、すでにのべた。なんのために、あんなのがたっているんだという思いをいだいていた者も、いただろう。そういう不信感が、キリシタンという邪推を増幅していった部分は、あったかもしれない。山崎美成の議論などは、じっさい、その方向ですすめられていた。

あとひとつ、西田直養《なおかい》という国学者のあらわした『筱舎漫筆《ささのや》』も、紹介しておこう。一八四〇年代前半の著述だが、ここでも天守閣のキリスト起源論は、説かれていた。「天守といふものは、……かの天主教の本尊を安置せられしなり[*55]」と。そして、同時にこうも、言われている。

> 城になくてよき物が天守なり。されば[*56]江戸にも再造なく、大坂にも、二条にも、ふたたびつくられざることうべなりけり

天守閣などは、いらない。不用だという。そんな文脈のなかで、天主教との関連が論じられている。やはり、このことから、キリシタンにまつわる疑惑をよんだという

一面は、あったろう。

山崎や西田に、キリスト教の影響を歓迎する気分は、まったくない。錦城と同じように、いやがっている。さらに、潜伏キリシタンを発見して、それを告発するような姿勢も見えてくる。

けっきょくのところ、彼らは鎖国＝禁教体制から、すこしも逸脱していない。蘭学には、そこから脱却していこうとする勢いがあった。本多利明や司馬江漢の文明東漸史観にも、鎖国への反発はうかがえる。だが、太田錦城や山崎美成、そして西田直養にはそれがない。逆に、鎖国＝禁教体制のなかで、それを護持しようとする保守的な態度がうかがえる。

なるほど、キリスト教に関する知識はふえていた。十八世紀後半以後の彼らなら、西洋文明への知的な好奇心も、そなわっていただろう。

だが、それにあこがれていたわけでは、けっしてない。たんに、その情報をしいれていたというだけのことである。しかも、警戒を要する、どちらかといえば流入してほしくない文化にまつわる情報として。

青木昆陽や松浦静山には、蘭学へのシンパシーがあったろう。彼らの天守閣理解になら、西洋への敬意も、まったくなかったとはいいきれまい。司馬江漢や本多利明の文明東漸史観と軌を一にする面は、あったと思う。まあ、江漢や利明ほどに、その度合が強かったかどうかは、疑問だが。

しかし、そういう精神が、他の天守閣＝天主教起源論者にもあったとは、思えない。じじつ、太田錦城や山崎美成には、むしろ逆の感情がそなわっていた。日本文化史に、キリスト教的な要素がひそんでいる。そのことを摘発しようとする気持ちのほうが、強かったのである。

そして、たいていの論者は、こちらの思いを共有していたろう。なんといっても、鎖国＝禁教体制の時代である。キリスト教への親近感が、大勢をしめていたとは思えない。

徳川家康が、いわゆる禁教令をだしたのは、一六一二（慶長十七）年のことであった。これ以後、江戸幕府は、キリシタン弾圧の姿勢を強めていく。宣教師や信者を海外へ追放する。あるいは、改宗をせまったりといったぐあいに、強権を発動させている。

長崎では、神父のカルロ・スピノラをはじめ、五十五名の信者や宣教師が処刑された。一六二二（元和八）年のことである。元和大殉教として知られる迫害だが、ヨーロッパにもたいへんな衝撃をあたえていた。

一六三八（寛永十五）年には、島原天草一揆が鎮圧されている。二万から三万におよぶ数のキリシタンが、この騒動で死亡したという。

幕府の強圧的な態度は、多くのキリシタンに、その信仰をすてさせた。大半の信者は、キリスト教を放棄し、仏門に改宗する。いわゆる「転《ころ》び」とよばれる現象が、それである。

もちろん、少数のキリシタンたちは、その信仰を堅持した。といっても、その信心をおおっぴらに表明することは、ありえない。こっそり信じるというかたちで、その信仰を延命させていた。かくれキリシタンとして、くらしていくことになったのである。

社会の表面からは、しかし、キリシタンが一掃された。そのため、キリスト教というものの実態が、しだいにわかりにくくなっていく。何がキリシタンの指標になるのか。どういうふるまいが、キリシタンであることをしめすのか。当時のひとびとには、それが判然としにくくなってきた。

ここにいたり、キリシタンというレッテルを、乱用する現象がおこってくる。なにか得体の知れないものがあれば、キリシタンにちがいないと思いこむ。あれは、あやしい。きっと、キリシタンだというように。

たとえば、由比正雪はキリシタンの魔法につうじていたという風説が、あげられる。幕府の代官頭・大久保長安《ながやす》が、キリシタンのスパイだったとするうわさも、同様である。いずれも、反幕的なうごきにキリシタンのレッテルをはる、一種の神話作用ではあった。

思想的な面でも、林羅山《らざん》は熊沢蕃山《ばんざん》のことを「耶蘇《やそ》の変法」だと、難じている。母親を儒葬でとむらった野中兼山にも、キリシタンのうたがいが、かかっていた。とにかく、不可解なものを、キリシタンのひとことでおとしめようとする。そんな傾向も、あきらかにめばえだしていたのである。

一六三〇（寛永七）年には、漢訳のキリシタン書籍が、輸入を禁じられた。一六三〇年代には、後世から鎖国令とよばれる規制が、何度もさだめられている。キリシタン弾圧ともあいまって、鎖国＝禁教体制が確立していったのである。

と、同時に、キリシタンのレッテルが、拡散して使用されるようにもなっていく。キリスト教とは、直接関係のないものを、そうよぶことがふえだした。

そして、十八世紀後半には、西洋に関する知識が、知識人のあいだへひろまりだす。西方からの文化伝播が、日本にとどいていたという話も、受容されやすくなってきた。得体の知れないものに、キリシタンのレッテルをはりつける。そんな感受性をもっていたひとびとが、文明東漸の歴史があった可能性を、学習した。そのため、過去の歴史をも、その文脈で考えやすくなっていく。日本文化史のなかにも、得体の知れないキリシタン的なものを、さがそうというように。

十八世紀の末から、そんな好奇心のわきやすい時代がはじまったと評せよう。とりわけ、天守閣のような無用の、つまり正体がわかりづらい施設にたいしては。じじつ、天守閣＝天主教起源説も、このころからはやりだしていた。

こういった言説は、うさんくさいものを、歴史のなかに見いだそうとしている。潜伏キリシタンを捜査しようとする情熱が、日本文化史に投影された感もある。キリシタンを邪教視する、古い観念にねざした説だというしかない。

とはいえ、西洋事情を知ろうとする気分が高まっていたことも、たしかである。そこに、十八世紀末からの新しい時代相を読みとることは、できるだろう。のちには、西洋を崇拝する欧化主義へと、発展する。そこへいたるまでの第一歩くらいは、ふみだされていたとみなしたい。

十八世紀末から、天守閣＝天主教起源説などが語られだす。それは、キリシタン＝邪宗観を、まだひきずっていた。だが、同時に西洋への知的な興味は、ましている。

そして、十九世紀末のエンタシス伝来説などは、欧化主義にねざしていた。キリシタンを邪教視するような観念は、ほぼ払拭されている。だとすれば、十八世紀末からの天主教説などがしめていた位置も、読めてくる。それは、古い禁教時代の精神が、新しい知識と遭遇したところに、成立した。欧化時代の文明東漸史へいたる、その前段階で浮上した歴史理解だと、考えたい。

天守閣＝天主教起源説は、西洋から日本への文化伝播に着目した。その点では、百年後のエンタシス伝来説と、よく似ている。だが、両者をささえる精神史的な背景には、やはり百年の差異がある。十八世紀末と十九世紀末のちがいを、かんたんに見おとすべきではない。

あと、かくれキリシタンが摘発されてきた歴史について、かんたんにふれておく。さきにものべたが、キリシタンたちは天草一揆のあとも、わずかながら生きのびた。社会の裏面で信仰をかくしながら、その生活をつづけている。当然、当局によるチェックも、そのまま継続されていく。ときどきは、潜伏キリシタンが発覚する事件も、発生した。

十八世紀末になってさえ、その種の摘発はなされている。たとえば、一七九〇（寛政二）年に、長崎の浦上村でキリシタンのさわぎが、出来《しゅったい》した。十九人の村人が、キリシタンだとしてうったえられたのである。証拠不十分でとがめはなかったが、キリシタンの潜伏している可能性は、思い知らされた。今日では、浦上一番崩れとして知られている事件である。

熊本の天草でも、一八〇五（文化二）年には、いわゆる天草崩れが発生した。今富、崎津、大江、高浜の四村で、五千名をこえるキリシタンが、発覚したのである。時の幕府は、問題の拡大をいやがり、彼らを改心させることで事件をおさめている。

十九世紀へはいってからも、キリシタンのかくれていることが判明した。キリシタンは、さがせば見つかる。潜伏キリシタンの存在は、そういう思いをも、当時の知識人たちにあたえたろう。日本文化史の裏面に天主教の痕跡を、見つけようとする。そんな歴史への好奇心も、どこかで、彼らの存在に触発されていた可能性はある。

長崎・平戸の藩主だった松浦静山には、やや開明的な面もあったかもしれない。静山の蘭学趣味を見ていると、邪教観はそれほどなかったような気もする。潜伏キリシタンにも、やや同情的な気持ちを、そそいではいなかったろうか……。しかし、このあたりの微妙なニュアンスについては、判断を静山研究者へゆだねたい。

余談というわけでもないが、ここで中山太郎という民俗学者の仕事を紹介しておこう。中山は、一九一六（大正五）年に、透逸な天守閣論を書いている。その後、城郭史の研究者たちが、この中山論文をとくに参照した形跡はない。研究史的には、孤立した論文だといえる。その黙殺されてきた研究に、光をあててみよう。

中山も、太田錦城が、天守閣の天主教起源説をとなえたことに注目した。そして、なぜ「太田錦城ともあらう者が」、こういう愚論へはしったのかを、問うている。[*57]また、松浦静山の太秦＝キリスト教関与説をも、同じ文脈でとりあげていた。

つぎに、中山が提示した推論も紹介しておこう。彼は、以下のような事情で錦城らの歴史観ができあがったと考えた。

当時有司が異教に対して余りに神経過敏で……少しく変つたものであれば、直ちに異教徒視して禁止した其反動として、知識階級の間には太秦を波斯《ペルシア》伝来のものと考へるやうな思想が、期せずして磅礴《ほうはく》してゐたのであらう。それであるから錦城の天守は天主にありとの説は、先づ此事を知悉してから引用立論せねばならぬと思ふ。[*58]

当時の禁教政策が、彼らの歴史理解を左右した。キリシタンを邪教視する習慣が、太田錦城の天守閣像をもたらしたというのである。

卓見だと思う。自分と同じ解釈をほめるようで気もひけるが、そのとおりであったろう。この本で、のべてきたことにも、中山太郎の二番煎じめいた部分はあったと思う。まあ、それだけだと考えているわけでは、もちろんないのだが。

正直に書くが、中山論文を見つけたときは、複雑な気持ちがわいてきた。そうか、先人がもうこういうことを、言っていたのか。自分だけのオリジナルな着眼ではなかったんだなと、がっかりしたことをおぼえている。

しかし、同時にこういう先学との遭遇をよろこべたことも、書きそえたい。中山太郎の業績は、あまり評価されてこなかった。その天守閣論だけが無視されてきたわけではない。民俗学の学界では、おおむね軽んじられてきたとみなせよう。そんな中山太郎を、もういちど顕彰してみたいという気分も、わいてきたのである。

けっきょく、ひとは自分と似たところのある者を評価してしまうということか。

伊丹城に天守閣はあったのか

歴史の読みものには、とんでもない話を紹介しているものが、ときどきある。たとえば、ジンギスカンは源義経だったというような話が、あげられる。平清盛をペルシア人だとする説なども、その例にふくめられようか。

こういう話を、一種のファンタジーとしてたのしんでいるひとは、いるだろう。だが、真にうけて信じこむ者はあまりいないと思う。物語としてはおもしろいが、現実的にはありえない。歴史愛好家の大半は、そのていどにうけとめているはずである。

では、天守閣＝天主教起源説は、どうか。

日本で本格的な天守閣がたてられたのは、織田信長の安土城を嚆矢とする。そして、信長の安土入城は、一五七六（天正四）年のことであった。ちょうど、南蛮渡来のキリシタンが、隆盛へむかいだしていた時期である。

信長は、この三年後に安土への教会建設を、許可させた。五年後には、学校《セミナリオ》の設置をみとめている。キリシタンの施設を、安土という新都市の荘厳化に、利用しようとしたのである。

そんな信長なら、天守閣にもキリシタン風のよそおいを、ほどこしたのではないか。

たしかに、天守閣へ十字架をまつっていたとまでは、思えない。だが、キリシタン経由の南蛮風くらいは、とりいれようとしたのではないか。とにかく、そのころの信長は、キリシタン優遇の政策をとっていたのである。

天守閣＝天主という名称も、やはりキリシタンに由来するのではないか。天主をまつる天主教とも、なにほどかの接点があったのではないか。だからこそ、安土城の中央楼閣は、天主とよばれていた……。

まんざら、的はずれな話とも思えない。そこそこの蓋然性は、あるように見える。すくなくとも、ジンギスカン＝源義経説などにくらべれば。

ここまでは、天守閣＝天主教起源説を、とるにたらない暴論としてあつかってきた。ありえない話だが、江戸後期にそれが浮上したことの意味は、考えておく必要がある。どうして、こういうとほうもないアイデアが、十八世紀後半からひろがりだしたのか。その精神史的な背景をさぐりたいというスタンスで、議論をすすめてきた。

だが、どうだろう。それは、ほんとうに暴論だったのか。まったくありえない、歴史ファンタジーでしかなかったと、いえるのか。ひょっとしたら、あんがいあたっているのではないか。安土城の天守閣は、ほんとうにキリシタン的な何かを反映させていたのではないか。

読者のなかには、そんなふうにとまどわれたむきも、あるだろう。

天守閣とキリスト教のあいだには、因果関係などありえない。天守閣（天主）という名前の由来を、天主教にもとめるのは、まちがっている。こう最初に、正面切って主張したのは、歴史家の田中義成《よしなり》である。一八九〇（明治二十三）年の「天主閣考」に、その指摘があることは、すでにのべた。

ここに、天守閣＝天主教起源説を否定する田中の論拠を、紹介しておこう。田中は、「天主」の語源を「梵典」、つまり仏教の経典にあるという。天を主宰する神のことを、仏典では「天主」とよんでいた。田中は、帝釈天《たいしゃくてん》がそれに該当するという。その仏典にいう天主、帝釈天が天守閣の語源になるというのである。

じゃあ、キリスト教の可能性は、どうなのか。

キリスト教の神を「天主」とよびだしたのは、中国の明である。宣教師のマテオ・リッチが、デウス＝ゴッドの漢訳語にそれをあてたことから、はじまった。そして、リッチの入明は一五八二（天正十）年のことである。安土城は、もうすでに完成されていた。その天守閣は、キリスト教の神が天主と命名されだす前に、できていたというのである。

田中義成は、このことを強調しつつ、つぎのように天主の仏典起源説をとなえている。

天主閣ノ天主ハ、梵語ニ属スルカ、将《はた》洋教ニ出ルカヲ考ルニ、梵語ナルベシ、何トナレバ、安土天主ノ建ハ、利氏《リッチ》ノ明ニ入ルヲ去ルコト五年ノ前ナレバ、我レ素ヨリ天主ノ称アリテ、利氏ノ訳語ト毫モ関係セザレバ、其梵語ニ出ルヲ決スベシ、又信長時代ニハ、洋教ヲ称シテ伴天連《バテレン》ト云ヒ、其《その》国ヲ指シテハ切支丹《キリシタン》国ト云ヒ……天主トハ唱ヘザレバ、其天主閣ト相関セザルコト益々《ますます》明ナリ*59

日本の天主（天守閣）は、ゴッドの漢訳語である「天主」が出現する前に、できていた。また、信長の時代には、ゴッドを天主とよぶ用例が、見あたらない。つまり、天守閣＝天主教起源説は、なりたたないという。だから、天主（天守閣）の語源も、仏典の天主にもとめざるをえないというのである。

さらに、田中は天守閣のルーツを安土城だとする見方も、否定する。天守閣は、安土城ができあがる前に、存在した。そのことを、『二川分流記』という文献によりつつ、論述する。

この古記録は、一五二〇（永正十七）年に「天守」のあったことを、つたえている。この年に、伊丹《いたみ》城の「天守」で二人の武将が切腹したと、書いてある。

なお、『二川分流記』は、室町幕府の管領であった細川家の事跡をしるしている。十六世紀のなかごろに、編纂された記録である。家督をめぐるあらそいから、細川家が二つにわかれたことをさして、「二川分流」と題された。いっぽんには、『細川両家記』と通称されている。伊丹城が「天守」をそなえていた話は、その上巻（一五五〇年）に、記載がある。

田中は、そのくだりを引用しつつ、こううったえた。

天主ノ起源ハ……管見ニテハ、二川分流記永正十七年二月、伊丹城将伊丹但馬守野間豊前守自尽ノ条ニ［……天守にて腹切ぬ］トアルヲ初トス……コレ安土ノ建ニ先ツ五十七年、洋教ノ入ルニ先ツ二十二年……*60

一五二〇（永正十七）年の伊丹城に、天守閣のあったことが確認された。これは安土城が建設される、五十七年前のことである。ザビエルによるキリスト教伝来より、二十二年もさかのぼる。

そんな古い時代からできていた日本の天守閣に、キリスト教が関与できるはずもない。やはり、天主（天守閣）の語源は、仏典の天主だと考えるべきだろう。田中は、以上のように自説を展開したのである。

もちろん、キリスト教説が否定されたというだけで、仏教説をもちだせるわけではない。田中には、仏典の天主をルーツだといいきる論拠が、もうひとつべつにあった。

それを、以下に紹介しておこう。

城郭では、石垣の上に多聞《たもん》櫓とよばれる長屋を、もうけることがある。一種の倉庫であり、それじたいが城壁の役割をになっている。本丸の天主が、多聞櫓にまもられているという配置を、思いうかべていただきたい。

田中は、この多聞櫓と天主の関係を仏教的なコスモロジーで、つぎのように説明した。

帝釈ハ須弥《しゅみ》三十三天ノ主ニシテ、其《その》絶頂ニ居リ、須弥ノ外ニ……四天王アリテ須弥ノ外衛ヲ為ス、多聞天ハ其一ナリ……帝釈ハ最高ノ処ニ居リテ内外ノ主タリ、天主閣蓋《けだし》之ニ象《かたど》リ、四天王ハ外ニ在テ内ヲ衛ル、多門即多聞蓋之ニ象ル[*61]

仏典では、須弥《しゅみ》山《せん》の中央に帝釈天《たいしゃくてん》＝天主がいる。そしてその帝釈天を、四天王が周囲で護衛する。たとえば、多聞天も帝釈天＝天主をガードする四天王のひとつである。城郭の配置にも、天主と多聞天をめぐるこの仏教的構図が、反映しているのではないか。だからこそ、天守閣をまもる石垣の上に、多聞という名の建物が設営された。田中は、天守閣と多聞櫓の存在じたいが、天主（天守閣）の仏教的な起源を物語っている。田中は、そう大胆に推測する。

なお、多聞櫓は、多門櫓と表記されることもある。田中論文に「多門」とあることを、いぶかしく思う必要はない。田中は、その「多門」が、どんな事情でできたのかを、ここでのべているのである。「多門」櫓は、「多聞」天に由来するのだ、と。ねんのため、書きそえておく。

天守閣＝天主教起源説をうちけすところは、たいへん実証的である。安土城の天主が、マテオ・リッチの「天主」に先行する。『細川両家記』が、ザビエルの来日以前に天守閣のあったことを、つたえている。それらのデータを提示することで、キリスト教の関与を、考証学的に否定した。

だが、天主の起源を仏教に求めるくだりは、そうでもない。あるていどの根拠もあるが、基本的には臆測と想像で仮説をくみたてている。もちろん、多聞櫓の存在から須弥山へ目をむける発想の妙には、うならされる。しかし、それを、文献考証のつみかさねによる結論だとみなすことは、とうていできない。

いずれにせよ、天守閣とキリスト教のつながりは、学術的にほうむりさられていく。かわって、仏教起源という仮説が浮上していった。田中義成は、天守閣のルーツを、キリスト教から仏教へと、うつしかえたのである。

『細川両家記』という文献について、若干の補足をしておきたい。

田中義成はこの記録から、安土城より半世紀以上前に天守閣があったことを、指摘した。だが、それを、田中の先駆的な発見とみなすことは、できない。じつは、江戸時代の学者にも、それを知っていたものはいた。国学の大家・小山田《おやまだ》与清《ともきよ》が、田中より前に気づいていたのである。

与清は、江戸の後期を代表する学者である。養家の高田家が、その富にあかせて万巻の書籍を収集したせいもあろう。与清のもとへは、大勢の愛書家があつまり、文献考証をたのしむサークルが成立した。『色葉《いろは》類函』や『群書捜索目録』といった索引が、そこで完成したことも知られていよう。

その与清に、『松屋《まつのや》筆記』と題された考証随筆がある。一八一〇年代から、病死するまで、三十年間にわたって書きつがれた文集である。ここでは、晩年の一八四〇年代になってしるされた第百十五巻へ、注目してみたい。与清はそのなかで、こんな天守閣起源説を紹介した。

細川両家記上巻十二丁左に摂津国伊丹城中に……天守にて腹切ぬ云々　按《あんずる》ニ伊丹城にて細川野間が腹切しは永正十七年……天正四年の安土の天守よりは五十七年前なり[*62]

『細川両家記』は、安土城より五十七年も前に天守閣のあったことを、記録している。

小山田は、そんな文献を見つけだしていた。約半世紀後に、田中義成がたどりついた発見と、まったくかわらない。田中もまた、『細川両家記』をひきながら、こう書いていた。伊丹城天守閣の切腹事件は、「安土ノ建ニ先ツ五十七年」と。

田中が『松屋筆記』を読んでいたかどうかは、不明である。田中の「天主閣考」には、小山田与清や『松屋筆記』への言及が、見あたらない。あらかじめ読んでいて、黙殺したのか。それとも、『松屋筆記』のことは知らずに、同じ記録を見いだしたのか。なんとも、判断がつきかねる。

ただ、『細川両家記』の発見に、先行者がいたことはたしかである。田中を最初の発見者だとする本がしばしばあるので、ねんのため書いておく。

もっとも、小山田与清の『松屋筆記』は、天主教起源説にぜんぜんふれていない。それを『細川両家記』は、天主教渡来以前に天守閣があったことを、しるしていた。それを発見した与清であれば、とうぜん知っていただろう。当時流行の天主教説が、まちがっているということを。その気になれば、約半世紀後の田中義成と同じ指摘も、できたはずである。だが、与清はそういった反応を、まったくしめさなかった。

与清ほどの教養人が、そのことに気づかなかったとは思えない。とうぜん、自分の発見が天主教説の否定につながることは、自覚していたろう。では、どうしてそれを論じようとしなかったのか。

幕末史にくわしい読者なら、いわゆる蛮社の獄を、その理由に考えるかもしれない。一八三九（天保十）年のことであった。幕府は、高野長英をはじめとする蘭学者たちを、逮捕させている。幕藩体制をゆさぶりかねない西洋的な知へ、弾圧をくわえたのである。

与清が、天守閣の起源論を書いたのは、その数年後であった。ちょうど、蛮社の獄が、洋学知識をタブー視させていた時期である。与清も、この時勢をおもんぱかって、天主教への言及をひかえたのかもしれない。「天主」や「切支丹」などという不穏な文字は、書かないでおこうというように。

だが、この事変後に書かれた『篠舎《ささのや》漫筆』は、天守閣＝天主教起源説をのべていた。著者の西田直養《なおかい》は、前にも一部ふれたが、こう書いていたのである。一八四〇年代の前半に。

そもそも天守といふものは、織田大臣、安土につくりはじめたまひ、かの天主教の本尊を安置せられしなり[*63]

洋学が禁圧されだした時代でも、天主教起源説をのべるものはいた。この説には、さしたる禁忌がともなわなかったということか。だとすれば、小山田与清がそれに言及しなかった理由も、考えなおさねばならなくなる。

与清は、その学識を水戸の徳川斉昭に、買われていた。水戸の歴史編纂所である彰考館へ、こわれてでむいたりもしている。そんな自分の立場と、洋学禁圧の時流を意識して、執筆を遠慮したということか。

真相は、わからない。だが、いずれにせよ与清は、天守閣とキリスト教のつながりを、否定しなかった。内心では、そのあやまりに気づいていたはずである。だが、それを書くまでには、いたっていない。この説が正式に論破されるのは、半世紀後の田中義成をまたねばならなかったのである。

『細川両家記』について、もうひとつ書いておきたいことがある。

くりかえすが、この文献は一五二〇（永正十七）年に天守閣があったと、つたえている。そして、田中義成がそのことを紹介してからは、大半の城郭史研究者がこの見解に追随した。十六世紀初頭には天守閣の出現していたことが、『細川両家記』を読めばよくわかる。以上のように、書きつづけてきたのである。

だが、この記録をそのまま真にうけても、いいのだろうか。

じっさい、十六世紀前半に天守閣があったことをつたえるほかの文献は、ひとつもない。『細川両家記』だけが、そう書いているのである。これは、ひょっとしたら、あやしいのではないか。だいたい、安土城より五十七年も前にできていたという話じたいが、うたがわしい。

一九七〇年代から、そんな疑問が提出されだした。最近の学界では、信じられないとする声のほうが、ふつうになっている。

最初にうたがいだしたのは、おそらく、城郭史研究者の鳥羽正雄である。鳥羽は、一九七一（昭和四十六）年の段階で、その疑問をのべていた。『細川両家記』は、後世の編纂物である。一五二〇（永正十七）年に、天守閣が実在したかどうか。そのことの「裏付けとなる確証が」、このような文献からはさぐれない、と[*64]。

建築史家の宮上茂隆も、おいうちをかけていく。『細川両家記』は、その原典が今日にのこっているわけではない。最初に書かれた記録は、すでにうしなわれてしまった。あとにつたわったのは、いくつかの写本のみである。その写本が、筆写の過程でうつしまちがえられた可能性を、宮上は指摘した。一九七六（昭和五十一）年のことである[*65]。

翌年には、歴史家の藤本正行が、さらにつっこんだ調査をおこなっている[*66]。内閣文庫にのこる『細川両家記』の写本を、すべて見くらべる調査である。そのけっか、「天守」ではなく、「しゅてん」や「主殿」と書いた写本が見つかった。

「主殿」は、古代からの寝殿造にいう「寝殿」が、中世になって簡略化された施設である。略式の寝殿、わかりやすくいえば、広間というほどの意味になる、これならば、安土城より五十七年前にあったとしても、うなずける。

『細川両家記』の原本に書いてあったのも、この「主殿」だったろう。そして、それを「天守」と書きまちがえた写本が、後世につたわった。さらに、その誤記を、歴史の実像だと考える学者も、登場するようになっていく。十六世紀初頭という、早すぎる時期に天守閣の成立が想定されたのも、そのためではないか。

藤本は、この推論をみちびきだす根拠として、「しゅてん」と書いた写本をあげている。この写本では、「しゅてん」へふれた文章の行頭に、朱筆の書きこみがなされていた。すなわち、「てんしゅナルヘシ」と。

あとで書写をおこなったものには、「しゅてん」の意味がわからなくなっていた。城といえば天守閣を連想する。そんな時代にそだったおかげで、「しゅてん」も「てんしゅ」のことだと思ってしまう。

だから、当人は善意のつもりで、「てんしゅ」に書きかえた。修正をしようとして、逆に原典の字句をゆがめてしまったのである。こうした誤解がかさなって、「主殿」が「天守」へと変更されたのではないか。

以上にのべたところが、藤本の類推である。まことにあざやかな考証であり、みごとな推論だといえる。

なお、藤本によれば信用できる「天主」の初出は、一五七〇年代になるという。このころの二条城、室町将軍の居所には、「天主」があったらしい。『元亀二年記』、『兼《かね》見《み》卿記』などの記録から、それが読みとれるというのである。

この指摘は、建築史家の内藤昌も、そのままうけついだ。[67] 今のところ、それが学界の定説になっている。

いうまでもなく、室町将軍の二条城をたてさせたのは、織田信長である。けっきょくのところ、天守閣のルーツは信長にあったということか。

ところで、信長の時代には、もうキリスト教がはいっていた。「天主」がはじめて記録された一五七一（元亀二）年は、その伝来から二十二年後にあたる。そう、キリシタンの布教開始は、天主（天守閣）の成立より、早かった。だとすれば、天守閣＝天主教起源説にも、また脈がでてきたと早合点されようか。

だが、ゴッドを「天主」とよびだす時期は、今でも一五八〇年代以後だとされている。それ以前には、さかのぼれない。

近年は、マテオ・リッチの漢訳より古い「天主」も、見つかっている。ミカエル・ルッジエリがリッチよりさきに、明でつかっていたことが判明した。だが、それでも一五八二（天正十）年以後のことなのである。キリスト教の神に「天主」をあてた、それより古い中国の用例は、見あたらない。[68]

じつは、日本でも「天主」の早い用例が、発見されている。それも、明の「天主」より古いものが、である。日本では、一五八〇（天正八）年から、『日本ノカテキズモ』が編纂されていた。そこに、「天主」が二例ほど「ゴッド」の意味で、姿を見せている[*69]。だが、この場合でも、一五八〇年代以後の用例であるという点は、うごかない。

やはり、信長の天主（天守閣）は、キリスト教の天主より古いのである。城郭の天主が、天主教の天主を語源にするという話は、今でもなりたたないというしかない。

天主にまつわる諸宗教

話をさかのぼる。もういちど、江戸時代の天守閣論を考えてみることにしよう。それも、十八世紀末になって、天主教起源説がはやりだす前の様子を、さぐりたい。キリスト教がルーツだと言われる前は、何がその起源にあたるとされたのか。

八幡《はちまん》信仰や愛宕《あたご》信仰からはじまったという指摘が、江戸の初期になされている。小《お》瀬《せ》甫庵《ほあん》があらわした『永禄以来出来初之事《えいろくいらいできはじめのこと》』に、そうしるされている。寛永末ごろ、おそらく一六三〇年代の記録だと思われるが、そこにはこうある。


永禄元年春の事なるに、尾州楽田之城を敵不意に攻入し事有レ之時、城主之父家督之後殿守と名をかつて、城中に高さ二間余に壇を築き、其上に五間七間に矢倉を作り、真中に八畳敷の二階座敷をこしらへ、八幡大菩薩愛宕山権現を勧請し奉り、つねに信仰有し、かり弓手たて等をも縁通りに多く掛置しが、古此所を能持固め、是にて敵を追出し候ひき、如ㇾ此有し事を他国に至て聞及び……殿主の図を写しよせ、高き壇を築き、いかにもそさうに殿守を立しと也[*70]

八幡大菩薩と愛宕山権現をやぐらにまつって、敵をおいだした。神仏の加護で城を防衛したという話が、一五五八（永禄元）年の尾張にあったという。そして、その祭祀施設は、殿守（天守の別称）とよばれていた。殿舎を守禦するというほどの意味あいか。

その霊験は、たちまち他国でも評価されるようになる。そのため、城に殿守をもうけるスタイルが、各地へ普及した。つまり、天守閣のルーツには、八幡大菩薩と愛宕山権現への信仰があったというのである。

この記録が、そのまま信用できるとは、思えない。フィクションの可能性は、多分にある。ただ、天守閣＝八幡愛宕信仰起源説をとなえるものがあったことは、銘記しておきたい。なお、著者の小瀬甫庵は、『太閤記』などの軍記物で知られる著述家である。

八幡大菩薩も愛宕山権現も、神仏混淆の信仰がうみだした。『永禄以来出来初之事』

は、神と仏を習合させた信仰に、天守閣の起源をもとめている。これにたいして、仏教そのものをルーツに想定する説も、存在した。たとえば、伊勢貞丈《さだたけ》の『貞丈雑記《ていじょう》』が、そうである。

『貞丈雑記』は、一七六三（宝暦十三）年から一七八四（天明四）年にかけて、しるされた。伊勢流武家故実をまとめあげた書物である。刊行は一八四三（天保十四）年、貞丈没後六十年目の出版ということになる。だが、その内容は十八世紀後半の認識を、つたえているとみなしうる。

ここでは、天守閣の起源が、つぎのように説明されていた。

城の天守は、上古これ無し。織田信長公、天正四年、江州安土に城を築く。この時城内に高楼を作り、その内に多門（聞）天・増長天・広目天・持国天の四天王を安置し給へり。四天王守護の心にて、天守と名付けしなり。四天王を軍神に祭る事、聖徳太子、守屋を亡ぼし給ひしより始まるなり*71

多聞天などの四天王が、天守を守護する神々としてイメージされている。これは、天守閣を仏典にいう須弥山へなぞらえた解釈である。十九世紀末になって田中義成がとなえだした説とも、つうじあう。田中説の先駆をなしているということも、できるだろう。

あとひとつ、『武用弁略』で説かれていた解釈を、披露しておきたい。一六八四（貞享元）年にだされた兵法書だが、そこではこんな説明がなされていた。「天守ト書……天下ノ主将タルヲ以ノ故ナリ」と。[*72] さらに、もうひとつの可能性として、こうも書いている。「天守ハ天下ヲ守衛ノ意」であろうか、と。[*73]

「天下」をまもるのか、「天下」の主なのか。どちらにせよ、「天下」を象徴する用語として、「天主」を位置づけている。「天下」の「天」を強調する、ある種儒教的な解釈だというべきか。

十八世紀末になれば、天守閣の天主は、キリスト教起源の言葉だといわれだす。しかし、それまでは、神仏、あるいは仏教にルーツがあるとされていた。儒教的な説明をほどこしたものもいる。

神仏混淆の八幡信仰や愛宕信仰か。それとも、仏教的な須弥山か。はたまた儒教的な「天下」観に由来するものか。その起源解釈には、日本あるいは東洋の宗教や思想が、動員されていた。とにかく、実用的な理由があって成立したとは、思われていない。宗教、あるいは思想的な何かを象徴する、いくぶんミステリアスな存在だとされていた。

だとすれば、そこにキリシタンというレッテルがはられたことも、よくわかる。

なにか得体の知れない宗教的な現象があれば、キリシタンではないかと思いこむ。禁教後の日本に、そんな精神風土ができていたことは、すでにのべた。その風潮が、神仏などで天守閣の起源を説明する理屈とぶつかれば、どうなるか。

八幡か須弥山か、それとも儒教の「天」なのか。よくはわからないが、なにか宗教めいたルーツがあるらしい。それは、あやしいぞ。ひょっとしたら、キリシタンなんじゃあないか。と、そんなふうに想像がふくらむことは、おこりやすかったろう。とりわけ、十八世紀後半に、蘭学知識がひろがりだしたころならば。

じじつ、この時期からなのである。天主教起源説が流布しだしたのは。

さきにものべたが、田中義成は、十九世紀末になって天主教説を否定した。そして、それにかわる代案として、仏教＝須弥山説をもちだしている。

田中としては、新しい解釈を提出したつもりにもなっていただろう。だが、昔の解釈へ回帰したという一面のあることは、否定しきれまい。

もちろん、田中ならではの新味はある。多聞と天主＝帝釈天のコスモロジーを、多聞櫓と天守閣に投影する。この着想は、それまでになかったところであり、新機軸がしめされたといえるだろう。だが、考え方の基本は、天主教説が流布される前のそれへ、もどっている。江戸―明治の天守閣解釈史を、大局的にながめれば、そう言わざるをえないのである。

余談だが、田中は多聞櫓への着目について、こんなふうにも書いている。「僚友吉岡徳明君ノ説ニ参シテ、頗《すこぶ》ル得ル所アリ、多門ハ……」[*74]。論文の中で、須弥山の図示をこころみているところでも、こうのべた。「是ハ吉岡君ニ聞テ図スル所ニテ……」[*75]。

けっきょく、田中説の新しさは、吉岡徳明の示唆によっていたということか。田中義成には気の毒な話となったが、無名の吉岡を、すこし顕彰しておきたい。


天守閣＝天主教起源説はなりたたないと、田中義成は論述した。『細川両家記』への史料批判がなされていない点に、今日の史家なら未熟さを感じよう。だが、当時の歴史家たちは、田中の「天主閣考」が天主教説を破却させたと考えた。『細川両家記』の紹介は、それだけの説得力をもったのである。

では、天守閣の建築が南蛮経由で、西洋からの感化をうけているという点は、どうだろう。

ポルトガル人たちが、ヨーロッパには高層建築があることを教示した。それを聞かされた織田信長ら戦国武将が、日本にも高層の天主をたてていくという。江戸時代の十八世紀末からは、そんな言説も流布していた。

太田錦城は、天守閣のことを「西洋人の真似をした」建築だと、きめつける。山崎美成も、「かの邦の制を移したるもの」だと、論じていた。「我国ノ城ノ制ハ……織田殿ノ時、南蛮人今ノ城制ヲ伝フ」とのべたのは、青木昆陽である。

十九世紀末の「天主閣考」は、たしかに天主教起源説を論破した。だが、天守建築へポルトガルからの感化があったかどうかについては、言及をさけている。そのことに関しては、なにものべていない。田中の考え方を、この論文から読みとるのは、無理である。

さいわい、「天主閣考」の発表と同じ年に、『稿本国史眼』が刊行されている。『稿本国史眼』は、明治前期の史学を代表する日本通史である。それが、一八九〇（明治二十三）年に、出版されていた。

編集にあたったのは、重野《しげの》安繹《やすつぐ》、久米《くめ》邦武《くにたけ》、星野恒《ひさし》の三人である。みな、帝国大学文科大学（東大文学部）の教授であり、発行者も帝国大学になっている。ひとことでいえば、東大の国史学科でつかわれた日本史の教科書ということになろうか。

その『稿本国史眼』が、天守閣のことをこんなふうに書いていた。

> 天主閣ハ梵典ヨリ出デ、須弥山ニ象《かたど》ル。天主ハ帝釈ナリ。須弥三十三天ノ主宰ニシテ上層ニ位シ、其《その》下ニ四天王アリ。多聞天其一ナリ。故ニ天主閣ノ下ニ多聞櫓アリ。[*76]

仏典の帝釈天をイメージして、天主（天守閣）はいとなまれた。多聞天へつうじる多聞櫓が、天主のあしもとにあるのもそのためだという。これは、田中義成の「天主閣考」と、まったく同じ指摘である。『稿本国史眼』は、さっそく田中論文の成果をとりいれていたのである。

当時の田中は、臨時編年史編纂掛の一員として、東大につとめていた。重野や久米らとは、ごく近いところにいたのである。その仕事も、彼等の眼にはとまりやすかったろう。あんがい、『稿本国史眼』の編集作業も、てつだっていたかもしれない。

こういう側面へのせんさくは、ひかえておく。さらに、引用をつづけたい。『稿本国史眼』は、天主教起源説やヨーロッパ建築文化伝来説へ、こう対応した。

世ニ天主ハ耶蘇ノ天主堂ニシテ、安土ニ創ルト謂フハ非ナリ。当時耶蘇教師ノ伝ヘタル肥前某港ノ城図モ、石塁上ニ数層ノ楼櫓ヲ連子《ネ》タレバ、我城廓ノ制ハ洋法ニ倣ヒシナラン*77

キリスト教の天主が天主（天守閣）になったという説は、明確に否定した。この点でも、田中の「天守閣考」と同じ論旨になっている。

そして、ヨーロッパの築城術が渡来したという話は、肯定的にうけとめた。「我城廓ノ制ハ洋法ニ倣《なら》」ったというのである。田中は、築城術の伝来があったかどうかを、論じていない。だが、この時期、東大の国史学科は、それをみとめる判断を下している。

日本の天守閣は、キリスト教の影響と西洋築城術の導入によって成立する。十八世紀末以後、そんな歴史理解がひろまったことは、何度ものべてきた。

そして、十九世紀末の学界は、キリスト教の関与を否定するにいたっている。だが、西洋築城術については、その流入があったという理解を堅持した。十八世紀末からの解釈を、この点では、たもちつづけることになったのである。

天守閣の着想は、仏典の須弥山に由来する。だが、具体的な築城術は、ポルトガル人からヒントをもらっていた。『稿本国史眼』がしめしたこの理解は、その後の日本通史叙述へも、浸透しはじめる。たとえば、二年後に書かれた『大日本帝国全史』には、こうある。

天主閣ハ天主堂ト称スルノ説アルモ、仏法ノ須弥山ニ象《かたど》ルト云フ説モアリ。然レドモ築城法ハ多ク洋式ヲ執リシト云フ*78

天主教起源説と、仏典須弥山起源説を、並記させている。まだ、キリスト教をルーツとする考え方に未練をもっていることが、よくわかる。だが、須弥山説と洋式築城術伝来説のくだりは、『稿本国史眼』をそのまま踏襲した。時代がそちらのほうへむきだしたことを、読みとれよう。

一九〇三（明治三十六）年の『日本文明史』は、全面的に『稿本国史眼』へ傾斜した。大町桂月の書いた書物だが、そこではつぎのように論じられている。

安土城は中央に高さ十丈の天主閣を造れり。これ西洋の法式に倣ひしものなりと伝ふ。天主閣とは、耶蘇《ヤソ》の天主堂の意に非ず。天主は帝釈の事にて、諸天の中の最上に位し、其中に四天あり、多聞其一に居る。されば天主閣の下に多聞櫓あり。[*79]

天主教起源説を否定して、仏典須弥山起源説と西洋建築模倣説に立脚する。『稿本国史眼』とまったく同じ見解である。歴史の書物には、この書き方がひろく普及していくのである。

なお、桂月の『日本文明史』には、こんなコメントもあった。「天主閣とは……当時の僧侶の名付けしものなるべし」。[*80]「天主」は坊主のネーミングであろうという。どうやら、『稿本国史眼』以上に、仏教説へ傾斜してもいたらしい。

つぎに、『日本城郭誌』のことをあげておこう。市井の城郭研究者であった小野清が、ひとりでまとめあげた仕事である。一八九九（明治三十二）年ごろの著述だと思われるが、そこにもこうある。

信長……安土ニ堅城ヲ築キテ大ニ我邦築城ノ生面ヲ開ケリ。或ハ云フ其《その》縄張ノ計画ニハ当時渡来ノ西洋宣教師モ亦与《あず》カリシト*81

やはり、西洋築城術が導入された可能性を、のべている。宣教師が設計をてつだったのではないかという想像さえ、なされていた。

仏教とキリスト教については、つぎのような理屈のもとに、仏教説をえらんでいる。

天主……此名称ハ蓋シ仏説三十三天ノ主タル梵天主（梵天主一ニ帝釈天主又一ニ天中大自在天主ノ名号アリ）ヲ此矢倉ニ祀リタルニ出テタル者ナリ。*82

これも田中義成らの解釈と同じである。帝釈天ではなく梵天を強調したところに、ちがいがあるといえばいえようか。だが、この筆者は帝釈天を梵天の別名として、とらえている。けっきょく、田中との相違はほとんどないということか。

ともかくも、仏教起源説が、急速にひろまっていったことは、よくわかる。なお、キリスト教起源説は、こんなふうにかたづけられていた。

或ハ云フ信長西洋宣教師ノ説ヲ聴キテ耶蘇《ヤソ》教ノ天主ノ影像ヲ此矢倉ニ祀レルニ因リテ此名称出デシモノナラント。然レトモ信長ハ……固《もと》ヨリ耶蘇宗教ヲ信奉セズ。且此時ハ其宗名ノ如キモ……天主ノ文字ハ固ヨリ未ダ我邦ニ現ハレズ。然ラバ信長ノ此矢倉ニ祀リタル者ハ耶蘇宗教ノ天主ニアラズシテ仏説ノ梵天主タルコトヲ決スベキナリ[*83]

信長はキリスト教を信仰していない。安土城ができたころには、まだキリスト教の神を天主とよんでいなかった。だから、天守閣＝天主教起源説はなりたたない。やはり、ルーツは仏教だというのである。

今日の読者なら、仏教説が熱心にとかれていたことへ、違和感をもつかもしれない。だが、当時はそれが、天守閣＝天主解釈の主流になっていた。須弥山の天主を起源とする見方が、しだいにオーソライズされていったのである。

一九〇七（明治四十）年には、笹川臨風が『帝国史講義』を、あらわしている。その天守閣観は、こんなふうになっていた。「天主閣の義は仏教より来る。天主は帝釈のことにして、須弥山に象《かたど》れるなり」と[*84]。

翌年にだされた『大日本歴史』も、同じ筆法になっている。「天主閣ハ、仏説ノ須弥山ニ象リ……天主ハ、帝釈ナリ」と仏教説を、継承した。[*85] たいていの日本通史が、そう書くようになっていったのである。

同じ一九〇八（明治四十一）年には、『国史大辞典』の編纂が完成した。当時の日本史研究を、集大成させた辞典である。そして、このなかでも、天守閣についてはこうしるされていた。

天守は天主の借字にして、即ち帝釈天の義なり……帝釈天は須弥三十三天の主にして其絶頂に居る、天守閣は蓋し之に象りたるものなり（天主はまた耶蘇《ヤソ》教の神、即ちデウスの訳にも用ふれども、天主閣の天主は梵語より出づ、我国天主閣あるは、耶蘇教渡来の以前なるを以て知るべし）[*86]

キリスト教と天守閣をつなげて考えるのは、まちがっている。そのルーツは、仏教の理念を反映させたところにあった。『国史大辞典』は、田中義成以来のそんな筆法を、とりいれている。キリスト教説がおとろえ、仏教説のもりあがっていったことが、よくわかろう。

ずっとあとになるが、一九三一（昭和六）年の『国史新辞典』も、同じ姿勢を見せている。「天主とは、帝釈天の義にして……基督《キリスト》教の天主を祭るとするは非なり」と。*87

歴史家たちは、キリスト教説をすて仏教説へと、傾斜していったのである。

ここでもういちど、江戸時代前期の天守閣理解について、考えたい。天主教起源説がはやりだす前は、仏教、神仏、儒教にそのルーツがあるとされていた。それが、十八世紀末になって、キリスト教へ起源をもとめる見方に傾斜する。そして、十九世紀末以後、キリスト教説がおとろえ、仏教説が浮上した。キリスト教説が流布される前の状態に復帰したと、さきにのべたとおりである。

しかし、仏教説だけが、江戸前期に流通していたわけではない。ほかにも、八幡・愛宕への信仰や、儒教的な「天」の観念を重視する説が、流布していた。

にもかかわらず、十九世紀末以後になってよみがえったのは、仏教説である。八幡・愛宕説や儒教説が、同時に再浮上したとはいいがたい。つまり、天主教説以前の状態へ、そのままもどったわけではないのである。

なぜ、仏教説だけが、特権的にうかびあがっていったのか。仏教説を浮上させるような時代背景があったのかもしれないと、そう考えるむきはあろう。だが、この時期に、仏教への興味を増幅させるような強い時流があったとは、思えない。それを、むりやり時代精神の変容という文脈で説明するのは、強引にすぎる。すべてを精神史で語るような無茶は、ひかえたい。

田中義成は、多聞櫓の位置が、須弥山のコスモロジーにつうじる可能性を、呈示した。このあざやかな着眼が、時流の有無をこえて、のちの研究者を魅了したのだと考えたい。

ただ、もうすこし時代が下れば、儒教説へ目をむけるものも登場する。また、神仏混淆的な信仰への着目も、散見するようになっていく。つまり、けっきょくは、江戸前期的な状態へもどっていくのである。

そのあたりの様子は、またあとで論じたい。

歴史家たちのヨーロッパ

織田信長のたてた安土城は、一五八二（天正十）年に焼失した。本能寺の変で信長が殺害された、その直後にやけおちている。そして、今日にいたるまで、廃墟として放置されてきた。

今では、だから当初の姿が、わからなくなっている。そのことが、歴史家の好奇心をそそるのだろう。幕末ごろから、多くの研究者が、安土城の復元図をつくってきた。

近年では、建築史家・内藤昌の復元図が話題になったことを、おぼえておられようか。一九七五（昭和五十）年のことである。内藤は、安土城の天守閣に、西欧からの影響があることを力説した。天守閣の内部は、ヨーロッパの教会建築か宮殿をヒントにして、設計されている。そんな新説が、たいへんな脚光を、あびたのである。

この解釈があたっているかどうかについては、何もいうまい。あとで、くわしく論じるが、今は判断をひかえる。ここでは、西洋からの感化説が大きくアピールしたという現象に、注目しておきたい。

いったい、なぜこの発表が、おどろきをもってむかえられたのか。じっさい、江戸後期―明治期には、洋式築城術の伝来説が、ひとびとの常識となっていた。それが通説だったのである。こういう時代に、西洋の影響を強調する内藤説が、大きな反響をよびおこすとは思えない。そして、二十世紀後半の内藤は、建築や歴史の学界をゆるがせた。

その学説史的な事情を、かんたんに説明しておこう。

江戸期以来の洋式築城術伝来説は、一九一〇年代から、だんだん下火になっていく。かわって、海外からの影響を否定する見方が、ひろまりだす。日本人の創意がうみだした、日本文化のたまものだと、言われるようになりだした。国粋主義の沸騰した一九三〇年代、とりわけその後半には、この傾向が強くなる。そして、一九六〇―七〇年代まで、そのまま国産説は維持された。

内藤説が圧倒的な注目をあつめたのも、ひとつにはそのためである。当時は、学界の潮流が、日本文化の創造性を強調する方向へ、むいていた。西洋からの感化説は、すっかりわすれられていたのである。西欧とのつながりを論じた内藤説が、目新しく新鮮に思えたのも、無理はない。

逆に、内藤説のあびた脚光こそが、洋式築城術伝来説の衰退を物語るとも、いえるだろう。一九六〇年代までの学界は、ほとんど国産説に支配されていた。その壟断ぶりが、内藤説へよせられた注目から、陰画のかたちで読みとれよう。

では、なぜ日本人の創造を言いたてる議論が、そんなに普及しだしたのか。どうして、西洋からの感化説は、わすれさられていったのか。その背景を、これからは、二十世紀の精神史にさぐりたい。

天守閣の成立にキリスト教が関与したという説は、十九世紀末の段階で、否定された。もっとも、西洋からの影響があったとする見解まで、同時になくなったわけではない。天守閣は、洋式築城術の伝来によって、その出現をうながされていた。二十世紀にはいってからも、しばらくのあいだは、そう言われつづけている。

最初に疑問を呈したのは、おそらく中川清次郎であろう。中川は、外交や経済の評論で知られた論客だが、『西力東漸史』という史書も書いていた。一八九八（明治三十一）年の著作である。そこでは、信長の安土城天守閣造営が、つぎのようにコメントされていた。

「之ヲ以テ築城ノ法ヲ伝ヘタリト云フハ余ガ聊《いささ》カ服スル能ハザル所」[*88]。西洋の築城術がつたわったという話は、承服できないというのである。

なぜ、みとめられないのか。その理由を、中川はなにもしるさない。ただ、納得できないというだけである。いままでの通説にたいする批判としては、少々ものたりない。

そのせいもあるのだろう。中川の指摘は、当時の歴史家たちに、まったくアピールしなかった。けっきょく、これ以後も、十数年間ほどは、洋式築城術伝来説がつづくことになる。じじつ、たいていの日本通史は、あいかわらずこの説を踏襲した。

情況がかわったのは、歴史家の大類伸《おおるいのぶる》が新説を発表してからである。

いっぱんに、大類は西洋中世史の研究者として、知られている。とくに、ルネッサンスの文化史的な研究で、学界をリードした。だが、その一方で、日本城郭史の研究にも、大きな足跡をのこしている。城郭マニアの多くは、むしろ、そちらの専門家だと思っているにちがいない。

大類が、はじめてその城郭論をあらわしたのは、一九一〇（明治四十三）年のことである。そして、彼ははやくもその第一論文で、いままでの定説を否定した。「本邦城櫓並天守閣の発達」と題された論文が、それである。

じゅうらいの歴史家は、天守閣の出現を、突発的なできごととして、えがいてきた。天守閣は、五層七層におよぶ高層建築である。そして、伝統的な日本建築は、低層で構成されてきた。すくなくとも、人間のすむ居住空間は、ひくいままにおさえられてきた。そんな慣例をうちやぶり、十六世紀になって、とつぜん高層の天守閣建築があらわれる。史上空前の画期的な建築が、登場した。これが、それまでの常套的な天守閣理解だったのである。

西洋からの影響がうんぬんされたのも、ひとつにはこういう認識のせいだろう。日本建築史上前例を見ないという。そんな見方に終始していたせいで、外からのインパクトをどうしても考えたくなってくる。あれほどの新機軸を、国内だけの自律的な歴史で説明するのは、むずかしい。海外からの刺激を、想定したほうがわかりやすいというふうに。

大類は、その常套をうちやぶる。天守閣の出現も、日本建築史の自律的な発展ということで、じゅうぶん説明がつく。外からの影響は、考慮しなくてもいいというのである。

高層建築へいたるコースも、「金閣並銀閣及び……飛雲閣」あたりを、考えればいい。[*89] 伝統的な日本建築のなかにも、金閣寺をはじめとした多層建築の例はある。そして、それらは、天守閣ができる前から、高層化のきざしをみせていた。「此の如き建築界の趨勢」が、「天守閣建築出現の前提」になっていたのではないか。[*90] 大類は、そんな建築史像を提示する。

天守閣の具体的なルーツには、室町時代の武家屋敷にあった主殿のことを、あげている。主殿が発展をとげて、天守閣にいたったとする理解である。

さらに、大類は天守という言葉の語源にも、主殿がなっていたと想像する。主殿という文字がひっくりかえって、殿主になる。それが、天主、そして天守と書かれるようになったのではないかと、いうのである。

あと、望楼用につくられた高櫓が、天守閣の前身になっていた可能性も、指摘した。そして、城の櫓と倉庫を融合させたのが天守閣ではないかとも、試論的にのべている。

いずれも、大類がそう論証したというような話ではない。彼なりの想像で、議論をくみたてている。だが、とにかく彼は、日本建築の自律的な発展が天守閣をうみだしたと、強弁した。その図式で、話の全体をおしきったのである。

とうぜん、西洋築城術の導入を強調するじゅうらいの定説とは、なじまない。どうしても、否定的な態度になる。

もちろん、大類も日本の天守閣がヨーロッパの高層城郭ににていることは、知っていた。にもかかわらず、両者がかかわりあった可能性は、こんなふうに黙殺してしまう。

天守閣の観念は中世よりして夙《はや》く本邦築城の内に萠《きざ》せしものにして、必しも之を他国に学ぶの要なし。少くとも他国城制の影響を顧慮することなくして、天守閣の自然的発達を説明し得ること上述の如し。[*91]

外国からの影響などを考えなくても、天守閣の成立は了解することができる。国内の事情だけで、説明はことたりる。大類はそう力説したあとで、つぎのような結論を呈示した。

吾人は天守閣と天主教更《さら》に西欧築城との関係を否認し、更に進で本邦城郭に対する欧州人の感化を疑ふものなり。[*92]

西洋からの影響は、なかったんじゃあないかという。なんとも、だいたんな結論である。

たしかに、大類はこうのべていた。外国からの影響を考えなくても、天守閣の成立は説明できる、と。だが、彼に論じられたのは、そこまでである。外国からの刺激は、考えなくてもいいと、そうのべたにとどまる。外来の要素を考えてはいけないと、そこまで主張できているわけではない。

考えなくてもいいということと、考えてはいけないということ。このふたつは、話の筋道が、まったくちがう。前者が論証できたからといって、後者をみちびきだせるわけでは、けっしてない。しかも、大類は、その前者さえ、満足に証明しきれていなかった。ただ、そう論述しているだけなのである。

にもかかわらず、大類はこう書いた。「吾人は……西欧築城との関係を否認し……欧州人の感化を疑ふ」と。けっきょく、そういう結論にしたかったんだなと、いうしかない。

大類は、その後も、天守閣に関する文章をたくさん書いている。だが、西洋との関係については、論旨をかえなかった。天守閣は、日本建築史の枠内で、その成立を説明しうる。外国の影響など、考えなくてもいいし、考えるべきではない。この主張を、その後も反復しつづけた。

こう書くと、大類のことを日本びいきのナショナリストだと、思われようか。西洋追随の拝外主義に反発して、国粋主義的な天守閣解釈を発表した学者なんだな、と。だが、じっさいには、そうでもない。大類にも、彼なりの欧化熱はあった。あとでくわしくのべるが、脱亜入欧風の歴史観さえ、いだいていなかったわけではない。

では、なぜそんな学者が、西洋築城術の伝播を否定するようになったのか。さしたる根拠もないのに、西洋の感化を黙殺したがったのは、どうしてなのだろう。

公平を期すためにのべておくが、大類伸にもナショナリスティックな感情はあった。そんな思いを、城郭に投影することだって、なかったわけではない。

たとえば、一九一二(明治四十五)年に、こうのべている。「西洋の城郭は、景色としては頗《すこぶ》る面白く、風景にも富むが……日本の城に劣る感じがする」[*93]。デザインでは日本のほうがいいと、そうお国自慢を書いているのである。

また、一九一六(大正五)年には、日本の城をつぎのように評していた。「外国に誇り得べき日本文化の産物として……城郭保存の急務を唱へなければならない」[*94]。いずれも、日本文化に共感をしめした発言である。彼に国粋的な気持ちが、まったくなかったとは、いいきれまい。

だが、天守閣を日本建築史の自律的な文脈で論じた背景は、またちがう。偏狭なナショナリズムゆえに、西洋の影響を否定したわけでは、けっしてない。

大類伸は、日本の城郭に関する研究で、学位論文をまとめている。一九一五(大正四)年には、その一部を『城郭之研究』として、出版した。そして、この本からは、西洋の影響を黙殺したがった彼の本音が、読めてくる。

まず大類は、西欧の城と日本の城が、ともに天守閣をもつ点でにている点へ、注目する。中国には、類似のものが見あたらない。だが、ヨーロッパと日本には、それがあるという。

要するに天守閣は封建時代の階級的思想の表現である。少数の武士階級が、多数の民衆を圧服して、社会に立つた時代の産物に外ならぬ。これが支那思想の産物であるとは到底考へられぬ。併し西洋の封建城郭には厳として天守閣の存するのを認めるのである。固より其の構造も名称も本邦のものとは全く別物であるが、一城の中枢たる最も壮大な建築たる点に於ては全然同一である。之を以ても天守閣が時代の産物であることが知られやう。*95

ヨーロッパにも日本にも、いわゆるフューダリズム（封建制）の時代があった。封建諸侯、大名などといった戦士階級が、それぞれの所領で、民衆を支配する。そんな時代を、日欧がともに通過してきたことへ、大類は目をむける。と同時に、文官優位の中国がそういう時代をもたなかったことも、書きそえた。

けっきょく、天守閣は、戦士階級が民衆を圧迫する封建制の産物であるという。だから、封建時代のあった日本と欧州には、それが成立した。だが、封建諸侯の割拠しにくい中国だと、その出現は「到底考へられぬ」ことになる。これが、大類伸のいだいていた基本的な見取図である。

大類からの引用をつづけよう。日本とヨーロッパの天守閣がにていることを強調したうえで、彼はつぎのようにのべている。

予は本邦の天守閣と西洋のそれとの間に、直接の関係があつたと説くのではない、予は寧ろ両者を以て全然無関係のものと信じて居る。ただ東西相似たる社会状態は互に相似たる文化を生んだに過ぎないのである。[*96]

ヨーロッパと日本は、社会のありようがよくにていた。両者とも、その歴史に封建時代をもっている。だからこそ、日欧には同じような天守建築が、封建時代の産物として出現した。大類は、天守閣が成立する歴史的背景を、そうまとめている。

じゅうらいは、洋式築城術の伝播が天守閣の成立をうながしたと、されてきた。しかし、この図式を採用すれば、日欧の社会的類似という構図が、めだたなくなってしまう。両者とも共通して封建時代をもっていたという説明の、その影がうすくなる。たんなる技術伝播論に、なってしまいかねない。

そして、大類は、社会構成史上の類似を強調したがっていた。日本とヨーロッパは、同じような歴史をたどっている。天守建築の出現が、日欧の歴史的類似を、あきらかにしめしている。この点を、なによりもきわだたせたかったのである。

大類が、文化交渉史的な面から目をそむけたのも、そのためにほかならない。日欧が、ともに封建時代を通過した。これは、社会構成史上の重要なテーマである。そういう大問題のかがやきを、技術伝播論などでくもらせたくはない。築城術の伝播などという、文化交渉史の一エピソードに矮小化させるのは、こまる。

築城術がつたわったから、西洋とにたような天守建築ができたのではない。そもそも、日本とヨーロッパは、社会状態がよくにていた。だからこそ、同じような施設が出現したのだと、考えたい。けっきょく、大類伸がうったえたのは、そういうことなのである。

歴史研究の、実証的なてつづきがもたらした判断だとは、いいがたい。ある種のファンタジーに、つきうごかされていたというべきだろう。日本とヨーロッパは、同じコースをたどって、社会が発展してきたんだという。そんな信念が、彼の歴史叙述を左右したのである。

こういう思いこみが、歴史家のあいだにひろがりだしたのは、比較的新しい。明治以後、それも二十世紀にはいってからのことだろう。

それまでの歴史家には、王朝の衰退する時代を悪く見る歴史観が、あった。とりわけ、尊王論の擡頭した江戸後期には、その傾向がいちじるしい。王政復古の明治期にも、この図式は維持される。

王朝時代から武家時代へうつって、日本の文化はおとろえた。武家時代とは、王朝の権威が弱まった、武力がものをいう野蛮な時代にほかならない。そんな武家時代＝暗黒史観も、けっこうひろまっていたのである。

だが、日本の歴史家たちも、西洋史を知るようになってからは、その見方をかえていく。

かつてのヨーロッパでは、ゲルマンの騎士たちが封建制をつくっていた。そのことを学習した日本の歴史家たちは、それが日本の武家時代に似ていると、思いだす。日本にも、武士たちが、封建的主従関係をいとなんでいた時代はあった。ヨーロッパと同じような歴史を、日本ももっているんだと、考えるようになっていく。

さらには、この類似をよろこぶ気持ちも、めばえてくる。

いままでは、日本史を中国文明の影響下に展開された、辺境の歴史だと位置づけてきた。とりわけ、武家時代には、ますます辺境的な立場へおいこまれたと、思っていた。政治の中心が東国へシフトし、中国的な畿内文化の影響力が衰退したというように。

しかし、どうやらそうでもないらしい。東国の武士たちは、中世ヨーロッパと同じような封建制を、構成しだしていた。たしかに、中国的な文明の影響は、弱まっていっただろう。だが、だからといって、野蛮になったと考えるべきではない。そのことによって、日本の歴史は、ヨーロッパ型のコースを、あゆみだしたのだから……。

中世の日本は、中国の影響からぬけだし、ヨーロッパ的な発展をとげていく。二十世紀以後の歴史家たちは、そんな歴史観を、いだくようになりはじめる。文字どおりの脱亜入欧的な歴史理解だと、いうべきか。そして、当時の歴史家たちは、その欧化論的な解釈をよろこんだ。日本も、武家時代＝中世からはヨーロッパになったのだ、と。

そのため、武家の擡頭を暗黒時代の開始だと考える尊王論的な歴史観は、衰退する。逆に、それをかがやかしいヨーロッパ化のはじまりとしてとらえる史観が、浮上した。

その端緒をひらいたのは、原勝郎の『日本中世史』（一九〇六年）あたりだろう。福田徳三の『日本経済史論』（一九〇七年邦訳）も、その方向で歴史を書いている。中田薫《かおる》による同時期の法制史研究も、欧化の意欲をしめしていた。

のみならず、こういう歴史観は、いわゆる戦後史学にまでとどいている。竹内理三、石母田正、永原慶二……。みな、日本の中世にヨーロッパを投影する史観へ、大なり小なりそまっていた。これが本格的に克服されだすのは、ようやく二十世紀の後半をむかえてからだろう。

こういう考え方の盛衰については、べつの機会をもうけて、検討してみたい。二十世紀の日本史解釈を席捲した、おおいなる知的系譜を、いずれはまとめるつもりである。ここでは、それが欧化の情熱とつながっていたことを、指摘するにとどめておく。

さて、大類伸の天守閣論は、封建時代が日欧に共有されている点を、強調した。日本もヨーロッパも、戦士階級が割拠するという、同じ歴史をもっている。だから、天守建築が、両者に共通して成立したとする見方を、とっていた。

あきらかに、日本中世史へヨーロッパの中世を投影した解釈である。大類もまた、二十世紀初頭からの、新しい歴史観にくみしていたというべきだろう。

くりかえしになるが、『城郭之研究』が刊行されたのは、一九一五(大正四)年であった。ちょうど、欧化論的な日本中世=ヨーロッパ史観が、隆盛にむかいだした時期である。大類伸の天守閣論も、こういう時流のなかではぐくまれた解釈に、ほかならない。

大類は、日本の天守閣が成立する経緯を、国内事情で説明できると、書いていた。外国からの影響は無視しうるとも、のべている。そして、ここだけを読むと、偏狭なナショナリストの議論かなとも、思えてくる。

しかし、大類には、まったく逆の思いこみが、そなわっていた。日本の歴史をヨーロッパになぞらえたい。そんな欧化のファンタジーを、自分の天守閣論にたくしていた。洋式築城術の影響を否定したのも、欧化論的な歴史観をいだいていたためなのである。

一九三〇年代になると、天守閣も日本ナショナリズムの文脈で、語られだす。日本びいきのあまり、その成立を日本起源だとみなす見方が、定着してしまう。しかし、一九一〇年代の大類が、そういう思いで歴史を書いていたとみなすべきではない。偏狭な国粋主義へと時流がむかうのは、もっとあとになってからのことなのである。

明治期のおわりごろに、早稲田大学から『大日本時代史』という叢書が、刊行された。早稲田の史学科でつかっていた、日本史の講義録である。古代史から明治維新史までを全十巻にまとめあげた、一種の日本通史となっている。

そのなかに、『安土桃山時代史』と題された一編がある。中世史家・渡辺世祐《よすけ》の講義を筆記して、一九〇七（明治四十）年に上梓した本である。公刊の時期は、大類伸の新説が発表される、その三年前にあたる。

もちろん、渡辺は安土城の天守閣にも、言及した。大類説より早い時期に、書かれたせいだろう。渡辺の記述は旧説の常套を維持している。

安土城は単に旧来の日本築城法のみならず外人の渡来に伴ひ外国文物輸入に連れ欧州の築城法をも加へ用ゐ築城法に関し一の発展をなしたり。*97

西洋築城術が、安土城の天守閣にとりいれられているという。じゅうらいからのそんな通説を、この本もくりかえしていた。

さて、『大日本時代史』は、十年ちかくたってから訂正増補版をだしている。渡辺の『安土桃山時代史』も、一九一六（大正五）年に、新版が発刊された。大類の新説を意識したためだろう。『安土桃山時代史』の訂正増補版は、さきに引用した部分を削除した。洋式築城術うんぬんという話を、まったくしるさないようになったのである。

のみならず、安土城の天守閣については、つぎのような文言を、あたらしくそえている。「従来既に発達せる築城法なれども更に之に改良を加へ七重となせしなるべし」[*98]。日本建築史の自律的な発展が、天守閣をもたらしたという。大類の新説が、そのままとりいれられることに、なったのである。

一九一六（大正五）年には、中村孝也の『日本近世史』（全三冊）も、刊行されだした。その第二巻、『国民統一の時代』（一九一七年）も、大類には好意をよせている。「畏友大類博士は更に説をなし」と、その名をあげて彼の新説を紹介した[*99]。そして、つぎのような結論をそえている。

天守閣が突如として安土城に現はれたるにあらず。久しき歴史を重ねて、茲に到れるものなること自ら明か也[*100]。

やはり、日本建築史の自律的な展開を、強調させている。大類の新説は、早くも一九一〇年代からオーソライズされていったことが、よくわかる。

あとひとつ、黒板勝美《かつみ》があらわした『国史の研究』からも、ひいておこう。黒板のこの本は、明治末年から昭和戦前期に、ひろく愛読されていた。日本通史の、ある種教科書的な本だったと、いってよい。

『国史の研究』は、一九〇八（明治四十一）年に、その初版がだされている。大類説が発表される、二年前のことである。そして、そこでは、安土城のことが、こう論評されていた。


或は当時渡来した西洋人の設計に成つたかも知れぬ……築城術と云ふ方面から見たならば、基督《キリスト》教の影響と云ふものを注意しない訳にはいかぬ、其《その》工合は欧羅巴《ヨーロッパ》に於ける城廓と余程《よほど》似て居るのである。*101


やはり、ヨーロッパからの感化を強調している。西洋人の設計ではなかったかとさえ、書いていた。大類の新説がでる前は、そんなふうに考えていたのである。

しかし、黒板は、大類説の提出後に、西洋からの感化説を放棄した。初版の十年後に書きなおした『国史の研究』改訂版では、すっかり筆法をかえている。一九一八（大正七)年の改訂だが、さきに引用した部分を、けずりとっているのである。*102
渡辺世祐の『安土桃山時代史』とよく似た軌道修正だといえる。両者とも、大類の新説にひきずられるかっこうで、叙述の姿勢をあらためた。大類説は、当時の歴史学界に、それだけのインパクトをおよぼしていたのである。

黒板勝美は、東京帝大の国史学研究室を、ひきいていた。大類へエールをおくった中村孝也も、同じ研究室のスタッフである。そして、渡辺世祐は、史料編纂官として、東大につとめていた。

それだけの面々が、一九一〇年代になって、大類説へなびいていったのである。国史学界全体の趨勢も、そちらへむかいだしたと言ってよい。

もちろん、この潮流にまきこまれなかった歴史家も、すこしはいた。たとえば、歴史地理学の開拓で知られる大森金五郎が、そのうちのひとりにあげられる。彼の『大日本全史・中巻』(一九二二年)は、安土城天守閣の成立を、こう説明していた。「欧州の築城法をも加味してある様である」と。*103

さらに、『滋賀県史』の第三巻(一九二八年)も、見てみよう。ここにも、「何となしに南蛮様の加工をも思はせる」という記述が、のっている。*104

『滋賀県史』でこの部分を執筆したのは、牧野信之助である。堺の郷土史家でもあった牧野は、これとまったく同じ指摘を、自分の著書でも反復した。「何となしに南蛮風の加工をも思はせる」と。[*105]

たしかに、一九二〇年代でも、西洋からの感化を否定しない指摘は、のこっていた。しかし、それらが歴史学界の主流をなしていたと見ることは、できない。そんな議論も、すこしは残存していたというに、とどまる。すくなくとも、一九一〇年代以後の趨勢は、反対方向をめざしていた。そのことだけは、まちがいない。

大類伸の新説は、それだけの支持を、歴史学界からとりつけていた。けっして、彼ひとりだけの、孤独な見解だったわけではない。多くの歴史家が、天守閣＝日本起源説へと、解釈をかえていったのである。

しかも、国史の学界を席捲したこの変化は、一九一〇年代から進行した。さきにものべたように、まだまだ国粋主義が学界を席巻していく時期ではない。日本主義のナショナリスティックなかけ声が沸騰しだすのは、ずっとあとである。

にもかかわらず、天守閣を日本文化のたまものだとする見解は、はやい時期から浸透した。けっきょく、歴史家たちの多くも、大類と同じ思いをいだいていたのだろう。日本の中世は、封建制を構成していたという点で、ヨーロッパにつうじあう。中世の日本は、アジアから脱却して、西欧にちかづいた。この欧化論的な歴史理解を、他の歴史家も大類と共有しあっていたにちがいない。

一九一〇年代という、まだまだ国粋論が擡頭しきらない時代に、日本起源説へ傾斜する。国史学界のこういう趨勢を、偏狭な日本ナショナリズムでは、説明しきれない。大類個人の場合と同様、この学界的な潮流も、脱亜入欧の夢にささえられていた。ヨーロッパへのあこがれこそが、日本自成説をふくらませていたのである。

二十世紀初頭までは、西洋築城術の伝来説が声高に語られていた。国史の学界のみならず、建築史や美術史の世界でも、事情は同じである。天守閣の成立には、西洋の感化が大きくあずかったと、それらの学界でもされてきた。

岡倉天心も、『東洋の理想』(一九〇三年)で、こう書いている。信長以後の城郭は、「ポルトガルの技師の影響によるものだ」と。[*106]

同じころに、建築家の大沢三之助が、こんな安土城解釈を演説のなかでしめしている。「計画には当時渡来の西洋宣教師も亦与《あず》かつたといふことが記録に載て居ります」[*107]。一九〇四(明治三十七)年に、建築学会の通常会で披露した見解である。

もちろん、宣教師が安土城の設計に関与したという記録は、どこにもない。大沢の話は、まちがっている。だが、ついそうしゃべってしまうくらいに、洋式築城術の伝来説は定着しきっていた。その浸透ぶりが、こういう誤解からも読みとれよう。

なお、大沢演説は『建築雑誌』へ、「和城に就て」という題で掲載されている。のみならず、同じ表題で『考古界』にも、転載されていた。大沢の説は、「頗《すこぶ》る有益」

とか。

宣教師の関与をしめす記録があるという話も、肯定的にうけとめられていたということなのでとくに「請ふて之を転載する」。『考古界』編集部は、そんな釈明をのべている。[*108]

黒板勝美が書いた『国史の研究』も、その初版本では、大沢説を好意的にあつかっている。[*109] 二十世紀初頭までは、そう考えてしまう傾向があったのである。

だが、大類伸が新説を発表してからは、情況が一変した。一九一〇年代をさかいに、国史の研究者たちは天守閣解釈を、かえていく。西洋築城術の伝来説をすてて、日本建築史の自律的発展説へと、うつっていく。『国史の研究』も、改訂版ではその書きかたを、あらためた。

とはいえ、こうした変化が劇的に進行したのは、国史の学界だけである。他の分野では、一九一〇―二〇年代になっても、旧説が維持された。西洋からの感化はあったと、じゅうらいどおりの解釈が、くりかえされていくのである。

たとえば、彫刻家の朝倉文夫に『和洋建築及彫刻』(一九二三年)という本がある。そして、そこでは安土城のことが、つぎのように論じられていた。「その構築上の技術は東洋的ならずして、西洋建築の影響を受けてゐることは明かである」。[*110]

評論家の徳富蘇峰があらわした『近世日本国民史』も、同じ安土城理解をしめしている。その第二巻、『織田氏時代・中篇』(一九一九年)には、こうある。「間接には新到の外国知識を利用したこともあらう」[*111]。

人類学者の西村真次も、やはり西洋からの感化を強調した。一九二二（大正十一）年に書かれた『安土桃山時代史』を、読まれたい。安土城に流入した西洋文明というストーリーが、そこでは高らかにとなえられている[*112]。なお、その具体的な論述ぶりは、またあとで紹介することにしておきたい。

いずれにせよ、国史学以外のフィールドでは、まだまだ旧説のほうが強かった。一九二〇年代にはいってからも、西洋からの影響がことあげされていたのである。西洋とのつながりを、一九一〇年代から否定しだしたのは、国史学界だけにかぎられる。

一九三〇（昭和五）年のことである。建築学者の塚本靖が、「城の話」と題した講演を、日本機械学会で発表した。やはり、国史学界の趨勢にはなじめず、西洋からの感化説へ執着する姿勢を見せている。のみならず、大類伸の日本起源説を、わざわざとりあげて非難した。

大類博士は唯社会相の変化に依り築城法が斯《か》く変遷したとせられて居るが、私は社会相の変化のみならず、確に外国殊に欧羅巴《ヨーロッパ》との関係があると信ずる[*113]。

塚本靖は、安土桃山時代の城郭が、平面計画の点で西洋城郭につうじる点を、強調する。南蛮人との交渉がはじまったころから、日本の城郭平面がかわってきた。西洋風の複雑な形式に、ちかづきだす。それは、やはりヨーロッパからの影響をうけたからだと、いうのである。

大類伸も、西洋城郭との類似は、知っていた。にもかかわらず、社会構成史的な背景という筋道で、すべてを説明しようとする。技術史や建築史より、社会構成史を尊重する。そんなこだわりが、やはり、歴史学者の大類にはあったということか。もちろん、平面計画の類似を揚言する塚本にも、建築学者らしいかたよりはあったのだが。

あとひとこと、塚本の演説からひいておく。同じ工学系の機械学者を前にした塚本は、大類への不満を、つぎのようにものべていた。

> 近頃では文学博士大類伸君が城に就ての研究論文で学位を得られたが、これは文学者の立場から見た研究で、私共工学者として見れば未だ少しく徹底せぬ感がある。[*114]

社会構成史にこだわる大類を、文学的だとなじっている。文学者ならではの謬見だというのである。まあ、じっさいには文学的というより、文学部史学科的とでもよぶべきだったろう。大類の日本起源説は、歴史研究者に特有の見方が、うみだしたものなのだから。

そして、建築学者が、歴史学のよりかかる社会構成史に共鳴することは、むずかしい。塚本の反発が、その困難をあざやかにしめしている。塚本のみならず、国史学畑以外のものがなじめなかったのも、そのせいだろう。

一九一〇年代からの天守閣＝日本起源説は、あまりにも歴史学的な観念に、ねざしていた。国史学からしか、支持をとりつけられなかったとしても、じゅうぶんうなずける。天守閣の出現を、封建社会の必然だという理屈で論じきる。その強引さに、美術史や建築史などの学者は、ついていけなかったのである。

とはいえ、西洋築城術伝来説の背後にも、脱亜論的な思いこみはあったろう。ヨーロッパの文明が、安土桃山時代の天守閣にとどいていたと、思いたい。そんな思考の裏側に、西洋へのあこがれを読みとるのは、容易である。

そして、大類らの天守閣＝日本起源説にも、ヨーロッパへの憧憬はあった。日本中世史を西欧中世史と、同列にあつかいたい。日本にも、ヨーロッパ型の歴史があったと考えたい。このファンタジーが、大類らにあったことは、さきにものべたとおりである。

けっきょく、一九一〇―二〇年代の学者は、欧化思想をそのまま歴史叙述に反映させていた。その同じ欧化熱が、国史学界には天守閣＝日本起源説となって、あらわれる。そして、それ以外の学界では、洋式築城術伝来説の維持につながった。

一見すれば、この両説は正反対の方向をむいているようにも、うつる。だが、その精神史的なバックボーンは、どちらも通底しあっていた。ともに、西洋へのあこがれが背後にあり、かたちをかえながら浮上していたのである。

一九三〇年代以後の、自閉的なナショナリズムへいたる時代とは、ぜんぜんちがう。やはり、精神史的な転換期は、もっと後にくるのだと考えたい。

擬洋風建築の天守閣

擬洋風とよばれる建築のことを、ごぞんじだろうか。

幕末のいわゆる開国とともに、日本でも西洋式の建築が、たちだした。日本人の大工棟梁が西洋建築の建設をてがけるケースも、おこってくる。

といっても、彼らの場合は、西洋の建築形式を正確に模写しきれない。見よう見まねでとりくむため、日本人大工の勝手な解釈も顔をだす。また、伝統的な和風の造作がすてきれないことも、多かった。

そのため、当初は和洋混合のハイブリッドな建築が、いくつもたてられている。洋風まがい、あるいは洋風もどきの施設が、けっこう出現した。後世から擬洋風と通称されているのは、そんな建築群である。

その代表例として、ここでは、三井組の銀行建築をとりあげよう。一八七二（明治五）

年のことである。三井組は、東京・兜町、海運橋のたもとに、自前の銀行を建設した。三井御用所、あるいは為替座三井組などと称された建物が、それである。

この建築は、竣工のすぐあとで、政府に売却された。その後は、第一国立銀行の施設として、活用されている。史書によっては、そちらの名前で記載しているものも、すくなくない。

一階と二階は比較的まともに、西洋建築の様式をまねている。しかし、三階から五階までに目をむけると、様子は一変する。近世城郭の天守閣を手本にした塔屋が、そこにはもうけられていた。洋風建築の頂部へ、和風の天守閣がのせられたようなつくりになっている。典型的な和洋折衷の、擬洋風建築だと言えるだろう。

もちろん、今日までこわされずに、保存されてきたわけではない。一八九七（明治三十）年、つまり竣工の四半世紀後には、解体されている。当初の姿は、写真や図面、そして絵画類などから復元しているのが、現状である。

ところで、この建築はどうして、天守閣形状の塔屋をいただくことになったのか。城郭の天守閣は、旧幕時代における「社会的地位の象徴」であった。三井組は、そういう権威をほしがったのだろう。銀行の設計を、日本人の清水喜助にまかせたのも、そのせいではないか。たんなる西洋建築を、もとめていたわけではない。洋風とともに、「封建時代の建築に用いられた社会的地位の象徴を工作でき」る。そんな人材を

う。

これは、建築史家・初田亨の解釈である。初田は、一九七七（昭和五十二）年にそう言いだし、今もこの見解を維持している。[*116] 旧大名のみにゆるされていた建築形式を、新興のブルジョワジーが欲望したという。ある種の歴史社会学的な説明だと、評せよう。

初田は、三井文庫を調査して、為替座三井組の設計図面を発見した。のみならず、合計四度の設計変更がなされたことも、つきとめている。そうした史料発掘の実績は、学界でも高く評価されてきた。

しかし、三井側が旧幕時代の権威に執着したことをしめす記録は、見つかっていない。三井がそれをほしがったというのは、初田の想像であるにとどまる。ただ、この見方に説得力があることは、たしかである。じっさい、学界のなかにも、これといった異論は見あたらない。初田の見取図が、おおむね了承されてきたと言って、まちがいないだろう。

のみならず、この図式をよりいっそうふくらませた解釈も、登場するようになった。たとえば、藤森照信は、こう言っている。三井組には、「〝自分にも家を、きっと城を〟という執着」があったろう。前にひろがる兜町一帯は、「城下町」としてさえイメージされていたかもしれない、と。[*117]

もとめての人選ではなかったか。[*115]

おそらく、そういう気分もあったのだろう。しかし、天守閣の形状が、新時代の洋風建築にとりいれられたのは、そのためだけなのか。もっとほかの理由は、考えられないのだろうか。

天守閣は、十八世紀末から、西洋建築の影響をうけていると、されてきた。一種の西洋建築だとみなすむきさえ、なかったわけではない。しかも、そうした認識は、かなりはばひろく共有されていた。擬洋風建築のたてられていたころは、それこそが一般的な天守閣観だったはずである。

洋風であるべき銀行が、天守閣の姿になったのは、そんな理解のせいでもあったろう。三井組が、銀行を西洋建築のスタイルでたてようとする。棟梁の清水喜助は、西洋式という注文から、天守閣を連想した。そして、天守閣のあしらわれた設計図を、三井側へ提案する。三井組も、このアイデアをごく自然に納得することができたので、うけいれた……。

このストーリーに、実証的な根拠があるわけではない。しかし、天守閣を西洋的だとみなす見解が、一般に流布していたのは事実である。そのことを考慮すれば、じゅうぶん可能性のある話だと、自負している。

それに、現在の定説である初田説も、決定的な証拠はもっていない。その点では、天守閣じたいが西洋的だとされたことを重視する立場と、互角である。この説を提案することに、まったく意味がないとは、思わない。あえて、ここへ書きつらねたゆえんである。

ずいぶん、三井御用所＝第一国立銀行に、こだわった。だが、天守閣を模した擬洋風建築の例は、ほかにもある。横浜市役所、東京為替会社、蠣殻町米商会所、奥山閣などでも、同じ手法は見いだせる。天守閣の形状は、ある時期けっこう流行していたのである。

天守閣は西洋的だという観念が、それだけひろく浸透していたせいでも、あったろう。天守閣を混入させた洋風建築の流行から、逆にそのことも言えそうな気がする。おおかたの判断を、あおぎたい。

第一章　註

＊1　奥村多喜衛「回顧四十年」一九三四年（『恩寵七十年』一九三五年所収）一〇～一一ページ。
＊2　北川藤太『日本文明史』一八七八年　九二ページ。
＊3　物集高見『修訂日本文明史略』大日本図書　一九〇二年　四三一～四三三ページ。
＊4　岡倉天心「日本美術史」（『岡倉天心全集　第四巻』平凡社　一九八〇年）一二二ページ。
＊5　高梨健吉訳『日本事物誌二』平凡社（東洋文庫）一九六九年　一九四～一九五ページ。
＊6　同右　一九五ページ。
＊7　大槻文彦『言海　第四冊』一八九一年　六九八ページ。
＊8　博文館編輯局編『伝家宝典明治節用大全』博文館　一八九四年　六二五ページ。
＊9　岡野知十『少年週話』教文館　一八九九年。ただし、原典未見。星野麦人「春夕（秋声会の想ひ出）」『俳句研究』一九四一年三月号の引用より転載　四九ページ。
＊10　同右　五〇ページ。
＊11　同右。
＊12　大類伸・鳥羽正雄『日本城郭史』雄山閣　一九三六年　六二四ページ。
＊13　太田錦城『梧窓漫筆拾遺』（『随筆叢書百家説林　第一〇巻』一八九二年）四八ページ。
＊14　同右。
＊15　同右　四八～四九ページ。

＊16　平賀蕉斎『蕉斎筆記』（『百家随筆　第三巻』国書刊行会　一九一八年）二六九ページ。
＊17　百井塘雨『笈埃随筆』（『日本随筆大成　第二期第六回』日本随筆大成刊行会　一九二八年）四九七ページ。
＊18　青木昆陽『昆陽漫録』（『日本随筆大成　第一〇回』吉川弘文館　一九二八年）四八四ページ。
＊19　山崎美成『海録』（国書刊行会　一九二二年）三〇ページ。
＊20　同右。
＊21　同右。
＊22　同右。
＊23　太田錦城前掲『梧窓漫筆拾遺』四六ページ。
＊24　同右　四七ページ。
＊25　同右。
＊26　同右。
＊27　海老沢有道「景教伝来説」一九六〇年（『地方切支丹の発掘』柏書房　一九七六年）一〇九～一一一ページ。
＊28　松浦静山『甲子夜話・四』平凡社（東洋文庫）一九七八年　三一一～三一二ページ。
＊29　同右　三一二ページ。
＊30　同右　三一一ページ。
＊31　同右　三一三ページ。
＊32　同右　三一一～三一二ページ。

＊33 太田錦城前掲『梧窓漫筆拾遺』四六ページ。
＊34 松浦静山前掲『甲子夜話・四』三一二ページ。
＊35 太田錦城前掲『梧窓漫筆拾遺』四六ページ。
＊36 近藤重蔵『好書故事』（『近藤正斎全集 第三巻』国書刊行会 一九〇六年）二三〇〜二三一ページ。
＊37 同右 二三一〜二三八ページ。
＊38 太田錦城前掲『梧窓漫筆拾遺』四六ページ。
＊39 松浦静山前掲『甲子夜話・四』三一一ページ。
＊40 同右・三 一九七七年 三〇四ページ。
＊41 同右・一 一九七七年 二七ページ。
＊42 同右。
＊43 本多利明『西域物語』（『日本経済叢書 第一二巻』日本経済叢書刊行会 一九一五年）一二九ページ。
＊44 同右 一三四ページ。
＊45 司馬江漢『春波楼筆記』（『司馬江漢全集 第二巻』八坂書房 一九九三年）一〇二〜一〇三ページ。
＊46 司馬江漢『無言道人筆記』（同右全集）一五七ページ。
＊47 新井白石『新訂西洋紀聞』平凡社（東洋文庫）一九六八年 九四〜九五ページ。
＊48 海老沢有道『南蛮学統の研究・増補版』創文社 一九七八年 二七五ページ。原典未見。
＊49 熊沢蕃山『集義和書』（『日本思想大系 第三〇巻』岩波書店 一九七一年）二二三ページ。
＊50 平田篤胤『霊の真はしら』（『平田篤胤全集 第二巻』一致堂書店 一九一一年）二〇ページ。
＊51 青木昆陽前掲『昆陽漫録』四八四ページ。

＊52　太田錦城前掲『梧窓漫筆拾遺』四七ページ。
＊53　同右　四九ページ。
＊54　山崎美成前掲『海録』三〇ページ。
＊55　西田直養『筱舎漫筆』（『日本随筆大成　第二期第二回』日本随筆大成刊行会　一九二八年）二〇四ページ。
＊56　同右。
＊57　中山太郎「天主閣に就いての思索」『国学院雑誌』一九一六年四月号　一一ページ。
＊58　同右　一二ページ。
＊59　田中義成「天守閣考――付多門」『史学会雑誌』一八九〇年一月号　二〇ページ。
＊60　同右　二一～二二ページ。
＊61　同右　二三ページ。
＊62　小山田与清『松屋筆記』（国書刊行会　一九〇八年）四七五ページ。
＊63　西田直養前掲『筱屋漫筆』二〇四ページ。
＊64　鳥羽正雄『日本城郭辞典』東京堂出版　一九七一年　二一七ページ。
＊65　宮上茂隆「天主と名付けられた建築」『日本建築学会大会学術講演梗概集（東海）』一九七六年一〇月　一六八九～一六九〇ページ。
＊66　藤本正行「『細川両家記上巻』に見える〈てんしゅ〉と〈しゅてん〉」『日本歴史』一九七七年二月号　四三～四四ページ。
＊67　内藤昌「天守（主）の創始」『歴史公論』一九七七年四月号　八〇～八一ページ。

＊68 柊源一「吉利支丹文献に現れた『天主』なる語をめぐって――明版の天主教書との交渉」『キリスト教史学』（関東学院）第一一輯 一九六一年 一～一四ページ。
＊69 海老沢有道・松田毅一『ポルトガル・エヴォラ新出屏風文書の研究』ナツメ社 一九六三年 五八ページ、七二～七六ページ。
＊70 『古事類苑・兵事部』一九〇六年（吉川弘文館 一九八四年）一一一一ページ。
＊71 伊勢貞丈『貞丈雑記・四』平凡社（東洋文庫）一九八六年 一〇四ページ。
＊72 前掲『古事類苑・兵事部』一一一一ページ。
＊73 同右。
＊74 田中義成前掲「天主閣考――付多門」一七ページ。
＊75 同右 二三ページ。
＊76 『稿本国史眼 第五巻』（帝国大学蔵版）大成館 一八九〇年 三五丁。
＊77 同右 三五～三六丁。
＊78 小林鉄之輔『大日本帝国全史』一八九二年 五二〇ページ。
＊79 大町芳衛『日本文明史』博文館 一九〇三年 一八六ページ。
＊80 同右。
＊81 小野清『日本城郭誌』（『大坂城誌』名著出版 一九七三年）四ページ。
＊82 同右 一一ページ。
＊83 同右 一一～一二ページ。
＊84 笹川臨風『帝国史講義』一九〇七年 三一三ページ。

＊85　有賀長雄『大日本歴史　下巻』博文館　一九〇八年　四四一ページ。
＊86　八代国治他編『国史大辞典』吉川弘文館　一九〇八年　一八二七ページ。
＊87　堀田璋左右『国史新辞典』雄山閣　一九三一年　一五五九ページ。
＊88　中川清次郎『西力東漸史』春陽堂　一八九八年　一〇九ページ。
＊89　大類伸「本邦城櫓並天守閣の発達・第二回」『史学雑誌』一九一〇年四月号　三五ページ。
＊90　同右。
＊91　同右　三六ページ。
＊92　同右　三九ページ。
＊93　大類伸「本邦城郭の美観」『心理研究』一九一二年六月号　五四ページ。
＊94　大類伸「城郭談・第四回」『建築世界』一九一六年七月号　三三ページ。
＊95　大類伸『城郭之研究』日本学術普及会　一九一五年　一〇七ページ。
＊96　同右。
＊97　渡辺世祐『安土桃山時代史』早稲田大学出版部　一九〇七年　一六一ページ。
＊98　渡辺世祐『訂正増補大日本時代史・安土桃山時代史』早稲田大学出版部　一九一六年　一五〇ページ。
＊99　中村孝也『日本近世史　第二巻――国民統一の時代』育英書院　一九一七年　三一三ページ。
＊100　同右　三一四ページ。
＊101　黒板勝美『国史の研究』文会堂書店　一九〇八年　七〇四～七〇六ページ。
＊102　黒板勝美『国史の研究・各説の部』文会堂書店　一九一八年　六〇五～六一〇ページ。

＊103　大森金五郎『大日本全史　中巻』冨山房　一九二一年　七八七ページ。
＊104　『滋賀県史　第三巻』滋賀県　一九二八年　三二三ページ。
＊105　牧野信之助『織田豊臣時代史』受験講座刊行会　一九三〇年　八三ページ。
＊106　佐伯彰一他訳『東洋の理想他』平凡社（東洋文庫）一九八三年　一〇一ページ。
＊107　大沢三之助「和城に就て」『建築雑誌』一九〇四年五月号　六ページ。
＊108　『考古界』第四篇第一号（一九〇四年六月）五ページ。
＊109　黒板勝美前掲『国史の研究』一九〇八年　七〇六ページ。
＊110　朝倉文夫『和洋建築及彫刻』書画骨董叢書刊行会　一九二二年　一九七ページ。
＊111　徳富猪一郎『織田氏時代　中篇』（『近世日本国民史・二』近世日本国民史刊行会　一九六三年版）一三四ページ。
＊112　西村真次『安土桃山時代』（『国民の日本史　第八巻』早稲田大学出版部　一九二二年）二三九～二四〇ページ。
＊113　塚本靖「城の話」『機械学会誌』一九三〇年九月号　五四一ページ。
＊114　同右　五三五ページ。
＊115　初田亨「海運橋三井組為替座御用所の建築について」『日本建築学会論文報告集』一九七七年三月号　一三七～一三八ページ。
＊116　初田亨「和洋折衷の第一国立銀行」（東京都江戸東京博物館監修『復元　鹿鳴館・ニコライ堂・第一国立銀行』ユーシープランニング　一九九五年）六七ページ。
＊117　藤森照信『建築探偵の冒険・東京篇』筑摩書房　一九八六年　二七三～二七八ページ。

第二章

日本、中国、そしてヨーロッパ

日本文化がかがやくとき

古くから研究のつづいている分野には、たいてい古典的な名著とされる本がある。城郭史研究の場合は、『日本城郭史』をあげるひとが、多かろう。この本は、一九三六（昭和十二）年に出版された。大類伸《おおるいのぶる》と弟子の鳥羽正雄が、共著のかたちでまとめた本である。

「この書こそ現在に至るまで城郭史研究の最高峰に位置している」。後世の研究者からも、そんなふうに評されたりすることがある。[*1] 学界でも、定評のある書物だといってよい。

大類伸のことは、前にくわしく紹介した。こんどは、弟子の鳥羽正雄に注目してみたい。鳥羽の書いたものを、時代順にたどっていくと、興味ぶかい変化が読みとれる。

「恩師大類伸博士」の薫陶をうけたせいだろう。[*2] まだ若いころ、三十歳台の鳥羽は、封建社会こそが天守閣をうみだしたと、考えていた。一九三三（昭和八）年の「日本城郭図説」でも、こういっている。「武家時代」には、外国からの影響が見られない。それは、「対内的の我が国特有の城」をつくりだした時代である、と。[*3]

もちろん、大類との共著である『日本城郭史』も、同じことをのべている。ふたりは、天守閣の成立を、つぎのように位置づけた。

天守閣は、外国に発達したものを、一朝にして移入したといふ様なものではなく、時代の要求に応じて次第に発達して来たものである。*4

国内の自律的な発展史上に、天守閣の出現は位置づけうるという。
また、鳥羽は、翌一九三七（昭和十二）年にも、似たような見解を披露した。これをつぎに、紹介しておこう。

何故に城郭がかくも変化したのか。それはいふまでもなく、領土に立脚し、政治的社会的に組織されてゐた封建社会の変質の結果である……武士発展の経過の具体的あらはれそれが即ち城郭の変化である。*5

日本とヨーロッパは、同じように封建時代を経過した。日欧で高層城郭、天守建築が並行して出現したのも、そのためにほかならない。鳥羽の師にあたる大類は、以上のような見解をいだいていた。日本の武家時代を、ヨーロッパの封建時代へなぞらえる脱亜入欧風の理解にこだわった。そして、弟子の鳥羽も、それを踏襲していたのである。

しかし、鳥羽がこういう解釈にとどまっていたのは、一九三〇年代までである。一九四〇年代へはいると、しだいに天守閣の論じ方を、かえていく。

たとえば、一九四一（昭和十六）年には、こんな指摘をしはじめた。「日本的性格を非常に顕著に発揮してゐるものは、武家の築城である」[*6]。「城郭は、最も多く日本的性格の表現されたものの一つ……である」[*7]と。

封建社会こそが天守閣をうみだしたと、あまり強調しなくなっている。ましてや、それがヨーロッパと通底しあうなどという話は、まったく見あたらない。かわりに、日本人の民族性や日本文化の固有性を、高唱しはじめた。日本起源説という結論は、以前とかわらない。ただ、それを説明する理屈が、より国粋的になっている。

翌年の「城と古美術」でも、城郭の日本的性格は力説されていた。そこには、「日本的な芸術の一顕現」があるという[*8]。のみならず、西洋からの影響にこだわる見方を、つぎのように非難した。

欧米乃至《ないし》古代西洋文明などに俄《にわ》かに接触し得た際には、日本古美術を鑑賞し研究するにも、外国要素の有無、外国との関係等を、外人の指導によつて研究して得々たるものがあつたのであつた……昭和聖代の日本皇国民は、この点を大いに反省自覚しなければならない。[*9]

外国、とくに西洋からの感化があったというような話で、よろこぶのはよくない。そういう拝外的な昔の歴史観から、「昭和聖代の日本皇国民」は脱却すべきだという。まことに、ナショナリスティックな主張である。

鳥羽がこれを書いた一九四二（昭和十七）年には、もう太平洋戦争がはじまっていた。日本は、英米を相手に、たたかいをいどんでいたのである。とうぜん、国内では反英米感情が、鼓吹されていた。鳥羽の論調にも、なにほどかは、それでおどらされた部分があったと、見るべきだろう。

一九四三（昭和十八）年の「城の構成と美術」にも、こうある。「日本近世の城は……日本精神……の顕現たる武士道の精神によつて構成された」と。[*10] こちらの論法で、つっぱしっていったことが、読みとれよう。

鳥羽正雄は、大類伸のことを「恩師」とよんでいる。だが、恩師の大類に、こういうナショナリズムは見あたらない。

たしかに、大類も、西洋築城術の伝来説を否定した。天守閣は、日本人が独自につくりだしたものだと、言っている。しかし、それも偏狭なナショナリズムがあったからではない。日本の武家時代は、ヨーロッパ中世につうじあう。ともに、戦士階級が高層城郭を産出しあう点で、類似した社会を構成していた。そのことを強調したかったからに、ほかならない。

一九三〇年代の鳥羽も、基本的にはこの図式にしたがっていた。だが、一九四〇年代からは、あきらかに態度をかえている。天守閣は、日本人が創造したという。その日本人と日本文化を賛美することに、力点をおきだした。ヨーロッパ中世との類似といった話は、もうどうでもよくなってしまったのである。

天守閣の造形を日本的だと位置づけ、外来的な要素の混入を否定する。封建制の必然、西欧中世への通底という見方は、もうとらない。日本文化の独自性を強調するために、天守閣は日本的だと言いつのる。

鳥羽正雄は、一九四〇年代になってから、そういう方向へすすんでいく。だが、論者のなかには、もっと早い段階でそちらへむきだしていたものも、けっこういた。一九二九（昭和四）年に、歴史家の花見朔巳《さくみ》が、安土桃山時代の通史を二冊書いている。『綜合日本史大系』の第八巻にあたる『安土桃山時代史』が、そのひとつ。そして、もうひとつは、『大日本史講座』第六巻の『安土桃山時代史』である。

どちらも、安土桃山時代には、芸術が日本化してきたとのべている。中国からの影響がそのころには弱まり、日本人独特の表現が出現したというのである。

安土城や城郭の天守閣を、その文脈で論じきったりは、していない。だが、そのきざしぐらいは、じゅうぶんある。たとえば、前者は、安土城のことを「芸術の日本化」と題した節で、とりあげた。[*11] 後者も、「日本趣味の発達」という節で、これを論じている。[*12]

安土城に日本固有文化の反映を、読みとく。のちにさかんとなるそんなスタンスの、萌芽的な言及だったといえようか。

専門の建築史家が、天守閣の日本起源を揚言しだしたのは、関野貞からであろう。関野は、一九二九（昭和四）年に、武蔵高等学校で建築史の講演を、おこなった。そのなかで、近世城郭のことを、つぎのように解説している。

近世の城郭は全くわが国民の創意になつたものでありまして、決して外国の影響を蒙つたものではありません。殊に最後の防禦線たる天守閣は……[*13]

法隆寺建築の解釈でも、関野は同じころから「わが国民の創意」を、主張しだしていた。なみいる建築史家のなかでも、とりわけ日本びいきの傾斜が強かったようである。

いっぱんに、関野は実証研究をこころざした誠実な学者として、知られている。建築史学界のなかでも、その篤学ぶりをうやまう研究者は多い。

だが、その日本主義的な偏向を、そのまま承認してもいいものか。関野はほとんどなんの根拠もなく、「わが国民の創意」を語っているのである。彼の偏狭な国粋論的バイアスは、あらためて問いなおされるべきだろう。じっさい、関野が提示した日本建築史理解は、その後にも大きな影響をあたえている。建築史家たちの再考を、うながしたい。

一九三〇年代になって、国粋主義的な風潮が強まったことは、よく知られていよう。とくに、その後半からは、こういう傾向が顕著になってくる。一九三六（昭和十一）年には、二・二六事件がおこっている。翌、一九三七（昭和十二）年には、日中戦争がはじまった。国民精神の総動員がさけばれたのも、この年からである。

学界の天守閣解釈も、このころからはっきりと右傾化の傾向を、見せはじめる。たとえば、美術史の熊谷宣夫が、一九三七（昭和十二）年になって、こういいだした。

天守閣は、「我が国における独自のもので外来の模倣ではないと断定せられてゐる」と。[*14]

東京帝室博物館が翌年に編纂させた『日本美術略史』（一九三八年）も、見てみよう。ここでは、つぎのような建築史理解が、しめされた。

日本建築史を通観してその変遷を辿ると……ひとりこの桃山時代のみは、何等外国文化の影響を俟たずして、全く自力によつて未曾有の飛躍を遂げ一大時期を画してゐる……天守閣の形式は日本の創意によるものと見るべく……[*15]

それまでの美術史では、西洋築城術の伝来に言及することが、多かった。それが、一九三〇年代の後半になって、「日本の創意」を提言しだしている。

この時期に、日本起源説を決定づける新たな証拠が見つかったわけでは、けっしてない。にもかかわらず、美術史の叙述は、外国の影響を排除する方向へ、むかいだしている。やはり、時流が学説を左右した部分のあることは、否定しきれないだろう。

一九三七（昭和十二）年には、八年前の関野講演も、書物となって世間へでた。武蔵高等学校でおこなわれた講演が、そのまま『日本建築史講話』として刊行されている。だから、関野の天守閣理解が、『日本美術略史』あたりに参照された可能性はあるだろう。

建築史家の足立康《こう》が、『日本建築史』と題した通史を書いている。一九四〇（昭和十五）年の本だが、ここでも日本起源説は高唱されていた。関野風の解釈が、とりいれられていたのである。のみならず、足立の場合は、使用している語彙からも、関野の影響が読みとれる。

天守の建築は、外国の影響をうけず、全くわが国民の創意に出でたもので、この点日本建築史上特筆さるべきものである。あの……白堊の天守の偉観は、正に日本特有の風物である……これによつて日本人にもかかる重厚なそして量的な建築を極めて巧みに扱ひこなせる能力がある事実を証明することが出来るのは、其の間甚だ深い意義を見出すのである。[*16]

一九三〇（昭和五）年の時点では、塚本靖がヨーロッパからの感化を、力説していた。この点は、前に紹介したとおりである。のみならず、一九三二（昭和七）年になってさえ、そう主張する建築学者はいた。たとえば、岸田日出刀《ひでと》が「日本建築史」（一九三二年）で、こう書いている。「天正以後の城堡は西洋の感化甚《はなは》だ大きい」[*17]と。

とにかく、建築の世界では、それがふつうの解釈だったのである。一九三〇年代に学説が急転回をとげたのだと、あらためて思い知る。と同時に、関野貞の日本起源説（一九二九年）が早かったことも、痛感するしだいである。

一九四〇年代には、ほかの建築史家たちも、日本人の創造説を、反復していった。たとえば、田辺泰《やすし》が一九四二（昭和十七）年に、こんな近世城郭観をしめしている。「その建築が示す日本的壮麗無比な威容に、我等の心を強く打つものがある」と。[*18]

そして、一九四四（昭和十九）年の伊東忠太は、こう断言した。「天守の如きは欧羅巴《ヨーロッパ》の型に由るものと信ずる説もあるが、私は之を否定せんとする」と。[*19] 時代は、すっかり日本起源説のほうへ推移したと、そう言わざるをえない。

こういう潮流にも、ながされてのことだろう。ジャーナリストの長谷川如是閑《によぜかん》が、天守閣に日本文化を読みとく長広舌を、ふるっている。岩波新書の一冊として書かれた『日本的性格』が、それである。一九三八（昭和十三）年の本だが、日本文化の特質を、つぎのように語っていた。

日本人はいかに威力のある外国文明に接し、極力それに追随せんことをつとめても、結局日本人は日本文明はその自然及び社会の形態に必然の素質以外には出られなかつた……このことを私は、日本の城を見るたびにつくづく想はせられる……その表現の感覚は、実に日本人特有の感覚の性質を示してゐるのである。[*20]

日本人は、何をつくっても日本的なものにしてしまう。その典型が城郭のデザインにあるという。如是閑が、海外からの技術的な影響まで、しりぞけたわけではない。日本人の創意ばかりを言いたてる同時代の論潮とは、距離をおいている。輸入されたものでも、日本化してしまう力に、彼は光をあてていた。旧説は、舶来の技術がかかわった度合いを強調する。新時代の議論は、日本人の創造性を力説した。そんな新旧のあいだで、バランスをとったのかもしれない。

さらに、如是閑の言葉をつづけよう。彼は、こんなふうにもいっている。

日本の城そのものの文化的価値よりは、それを産んだものが、日本の武門文化であつたところに、より大きい意義を認めたい……軍国文化でさへ、日本ではかうした固有の特性を保つてゐるといふところに、日本文明の素質の窺はれることを強調しなければならないのである。[*21]

軍事技術には、国境などの垣根をこえやすいところがある。そんな軍事面にさえ、日本の固有性は反映されている。その文化的一貫性を、日本文化、いや日本文明の特質として称揚するのである。

こういう文脈で、近世城郭が語られることは、それまであまりなかったろう。いかにも一九三〇年代らしい言論だというべきか。

長谷川如是閑の指摘だけを読めば、古めかしいなと思われようか。だが、当時としては比較的新しいコメントだといえる。城郭語りの言論史上だと、ニュー・モードにぞくしていたことは、まちがいない。けっこう、めはしのきく文筆家でもあったということか。

もういちど、鳥羽正雄のことを語りたい。

生涯を城郭研究でとおした鳥羽だが、おさないころから、城にはひかれていた。たとえば、少年時代から、旅行へいくときは城郭見学のコースを、設定していたらしい。

大類伸が『城郭之研究』を出版したのは、一九一五（大正四）年のことである。その広告を新聞で見た鳥羽は、父親にねだって購入してもらう。鳥羽の生年が一八九九（明治三十二）年だから、十五、六歳ころのエピソードではあった。それだけ、城のことが好きだったのだろう。

高等学校は、東京の旧制第一高等学校へ入学した。さっそく、同校の史談会へ入会して、大類とも知りあっている。その指導で、関東各地の城址を見学しにいく機会も、もうけていた。このころから、一種の師弟関係ができだしていたのだろう。

鳥羽正雄は、そのまま東大の史学科へ進学した。そこで、本格的に城郭史の研究へとりくむこととなったのである。

大類も、この弟子を信頼するようになったのだろう。しだいに、自分の研究をてつだわせることが、ふえてくる。『日本城郭史』を、ふたりの共著で世に問うたことは、さきにも紹介したとおりである。

一九三三（昭和八）年のことであった。鳥羽のそんな研究活動へ目をつけた陸軍が、彼に協力を要請する。陸軍で城の歴史をまとめていく。そのための編纂に力をかしてほしいと、たのみこんだのである。けっきょく、鳥羽はこれをひきうけた。陸軍の築城史研究を、敗戦の年までてつだうことになったのである。

ところで、どうして陸軍は城郭史の編纂などという仕事に、興味をもったのか。その理由が、「城と私」（一九六九年）という鳥羽の自伝的な随筆に、書いてある。それによれば、元帥・上原勇作の提案があったかららしい。西園寺内閣の陸相として知られる軍人だが、こんな構想をいだいていたという。

聞くところによると、日本の近代築城の上の大先輩である上原勇作元帥が、日本民族の生成した独特の文化の中、築城に関するものが、自然力や人力によって次第に亡びてゆくのを憂えられ、陸軍の工兵方面の関係者にすすめて、築城史の調査と記録とをするようにされたとのことであった。[*22]

城郭は、「日本民族の生成した独特の文化」であるという。上原には、そして陸軍内部にも、そんな意見があったのである。

鳥羽からの引用を、つづけよう。彼は、陸軍から、いくつかの配布資料をもらっていた。「本邦築城ニ関スル研究調査ニ就テ」という書類もふくまれていたという。一九三二（昭和七）年九月六日付で、「岩越中将案」として、くばられていた記録である。そして、そこには築城史研究の動機が、こうしるされていた。

我国独特ノ発達ヲ明カニシ精神上及技術上両方面ニ於ケル国民ノ矜恃ヲ確実ニスルト共ニ将来業務ノ参考ニ資ス[*23]

やはり、日本民族の固有性が強調されている。国民的なプライドにうったえかけることも、期待されていた。そういう城郭史を、一九三〇年代の陸軍は、のぞんでいたのである。

一九三〇年代からの天守閣論が、国粋主義へむかいだしたことは、さきにのべた。もちろん、この傾向を陸軍が先導したというつもりは、さらさらない。しかし、それが陸軍の期待する方向へむいていたことは、たしかである。新しい天守閣解釈は、戦時体制へむかう時勢と波長をあわせていた。そのことは、否定しきれないだろう。

鳥羽正雄の話に、もどりたい。彼は、一九三三（昭和八）年に、神宮皇学館の教授職へ就任した。皇国史観の拠点ともいうべき学校へ、つとめだしている。陸軍への協力をもふくめ、その経歴から民族主義の気分がただようことは、いなめない。

また、鳥羽は奈良の古文化研究所でも、研究員のメンバーになっていた。三重の神宮皇学館とは場所も近いので、出入りをするようになったらしい。そして、その古文化研究所には、建築史家の足立康がいた。

「天守の建築は、外国の影響をうけず、全くわが国民の創意に出でたもので……」。足立が、『日本建築史』でそう力説したことは、すでに紹介したとおりである。関野貞からの影響もあってのことだろう。足立もまた、日本びいきの民族主義的な建築史観を、いだいていた。

鳥羽正雄は、その足立康とも、深く親交をむすぶようになる。「奈良の旅館などで屢々《しばしば》城の研究について、史料を眺めながら談《かた》り合ったものであった」。「城と私」のなかにはそんな回想もある。[*24]

にもかかわらず、というべきだろう。一九三〇年代の鳥羽は、国粋論的な天守閣理解に、そまりきらなかった。武家社会の封建的な発展が、天守閣の成立をもたらしたという見解に、とどまっている。日本文化が、日本民族が……といった主張には、なっていない。日本文化論ではなく、社会構成史観に立脚していたのである。

早くから民族主義へ転じてもよさそうな、そんな経歴をへているようにも見える。だが、じっさいには、なかなか時流へなびかない。ようやく、一九四一（昭和十六）

年になってからなのである。鳥羽が、日本文化を高唱しながら、天守閣を論じるようになったのは。

深読みは禁物だが、大類伸からの薫陶も、歯止めになっていたのかもしれない。

大類は、社会構成史を重視する史観に、たっている。封建社会なればこそ、洋の東西を問わず、天守閣=高層城郭が出現すると、信じていた。その背景に、脱亜論的なヨーロッパへのあこがれがあったことは、既述のとおりである。

鳥羽正雄は、高校生のころから、大類の指導をうけていた。城郭史の研究を、師弟でいっしょにすすめてきた仲でもある。もちろん、「恩師大類伸博士」への敬意は、終生なくさなかった。大類風の封建時代観も、しぜんにうえつけられていったろう。

じじつ、鳥羽はかなりあとまで、この考え方を維持していた。大類の社会構成史観を、そのまままたもちつづけていたのである。民族主義へむかう時流に同調しない時期があったのも、そのせいではなかったか。じっさい、歴史学を学んだものなら、社会構成史観はなかなかすてられないはずである。

鳥羽は、一九四一(昭和十六)年になって、日本人の創造性を語りだしている。このときはじめて、大類風の考え方から、脱却したのである。そのさい、鳥羽の脳裏には、どのような想念が去来したのだろう。「恩師」に申し訳なく思うのか。それとも、「恩師」からの解放を、すこしはうれしく感じたのか。

そのあたりの機微を、活字の表面から読みとることはむずかしい。放恣な想像は、ひかえておこう。

いずれにせよ、鳥羽正雄のような国史畑出身の歴史家にも、民族主義はおそってきた。ほんらいなら社会構成史にこだわりやすい歴史学者も、日本人論へあゆみよりだしている。一九四〇年代の情勢は、学界をそこまでおいこんだということか。

そういえば、日本中世史の研究者・魚澄惣五郎《うおずみそうごろう》も、このころには同じことをいっている。一九四三（昭和十八）年のある小文に、こんなくだりがある。

わが国の建築は従来主として、外国様式の刺激によって興隆したものであったが、この桃山時代には外国の影響を俟たずに、遽《すみや》かにこの城郭建築が大成せられ且《か》つ飛躍を遂げた……わが桃山時代の城郭建築は、全くわが国の創意に出たもので……白堊の天守の偉観は、わが国独特のものといはなければならない。[*25]

「わが国の創意に出で……」、「白堊の天守の偉観は、わが国独特……」。これらの語彙をながめると、足立康の『日本建築史』（一九四〇年）を、思いだす。そう、三年前の足立も、ほとんど同じような用語で、天守閣の日本的性格を力説した。このあたりの言葉づかいは、魚澄が足立をまねたのだと、どうしても思えてくる。

じっさい、鳥羽正雄は近畿時代に、魚澄とも出会っている。魚澄から、「近畿の城郭については、いろいろと御示教に与っ」たこともあった。[*26] そういう交遊をつうじて、魚澄が足立と知りあうことも、ありえたろう。魚澄が、足立の本から語彙を借用したとしても、じゅうぶんうなずける。

話が脇にそれた。べつに、著作間の引用経路を、ここで問題としたかったわけではない。重要なのは、国史出身の歴史研究者までもが、日本主義へ傾斜しだしたという点である。一九四〇年代には、歴史学特有の社会構成史観が、おとろえだしていた。その徴候が、彼らの執筆した天守閣論に読みとれることを、指摘しておきたい。

天守閣は、西洋からの影響をうけて成立したと、二十世紀初頭まで考えられていた。だが、一九一〇年代になると、情況はかわりだす。まず、歴史学者たちが、そのことを否定しはじめた。天守閣が出現する理由を、海外からの影響にもとめるべきではない。日本建築の内発的な発展がそれを生んだのだと、主張するようになっていく。

歴史学者たちは、日本の封建制を西欧のそれと同一視する欧化熱に、とらわれていた。天守閣の成立要因も、日本に西欧的な封建時代があったことへ、もとめている。西洋からの技術伝播を否定的にあつかったのも、この図式を貫徹させたかったためである。

ヨーロッパからの影響など、考える必要はどこにもない。そんなものがなくても、日本はヨーロッパ的な歴史を、たどっていた。ほうっておいても、そのまま西欧的な高層城郭＝天守閣は出現したはずである。封建的発展の必然的な産物として。

この欧化論的な社会構成史観は、しかしなかなか他分野へ、つたわらない。歴史学のトレーニングをうけた歴史学者たちにしか、普及しなかった。じじつ、建築史や美術史の分野では、あいかわらず洋式築城術伝播説が、維持されている。一九一〇―二〇年代の建築史家たちは、ヨーロッパからの感化を強調しつづけた。彼らは、文化交渉史方面に、欧化論的な情熱を投影させていたのである。

だが、一九三〇年代の国粋主義は、建築史家たちの見方をかえていく。西洋からの感化という話をありがたがる、じゅうらいの価値観を一掃した。天守閣は、日本人がつくりだした日本人の造形だという解釈を、浮上させたのである。じじつ、建築史家たちの叙述はそのほとんどが、そちらへながされだしていた。

一方、歴史学者たちは、逆に天守閣＝封建制起源説を、けっこうあとまでつづけている。日欧の類似を説く社会構成史的な見方が、それだけ強くたもたれていたのである。

とはいえ、そんな歴史学者たちも、一九四〇年代からは、しだいに態度をかえはじめる。日本人の創造性を言いつのる言論も、ちらほら見かけるようになりだした。日本文化を称揚する時勢は、このころにピークをむかえたのだと、言えるだろう。

欧化思想から国粋主義へと、時流のむきが逆転する。ここまでは、天守閣にまつわる歴史叙述の変化を、そうした時代背景で語ってきた。今のべたおさらいも、このストーリーでまとめられている。

だが、ほんとうにこの説明で、いいのだろうか。欧化か国粋かという単純な分類で、すべてが語りつくせるのか。

あとでくわしくのべるが、日本人の創意を強調する議論は、敗戦後にも維持された。天守閣は日本人の手になる日本文化の産物だと、戦後も言われつづけていたのである。すくなくとも、一九六〇年代までは、それがふつうの解釈になっていた。

しかし、敗戦後の時流が、とりたてて国粋的になったとも思えない。むしろ逆で、日本文化を見下し卑下するような論調が、主流になったはずである。欧米へ敬意をはらう西洋心酔の気分も、論壇には蔓延していっただろう。

欧化論的な情熱が、ふたたび日本の知識人たちによみがえったというべきか。しかし、天守閣は、そんな敗戦後の情況下にあっても日本的だといわれていた。西洋指向の時流にさからって、日本文化の創造性がとなえられつづけていたのである。

いったい、なぜか。どうして、敗戦後になっても、日本起源説が存続しつづけたのだろう。

かつては、西洋へのあこがれが、洋式築城術の伝来説をささえていた。そして、一九三〇年代からは、国粋主義の高揚が、日本固有文化説をひきたてる。もし、そうなのだとしたら、敗戦後には、洋式築城術伝来説が回復しそうなものである。にもかかわらず、じっさいには、そうならない。あいかわらず、一九三〇年代いらいの議論が、たもたれた。

ほんとうに、学説の推移は欧化から国粋へという図式で、説明しうるのか。敗戦後の動向をながめるかぎり、それですべてがときほぐせるとは思えない。もちろん、こういう時流の変化も、大きな役割をはたしてはいただろう。なにもインパクトがなかったというつもりは、まったくない。だが、それだけでは解釈しきれない部分のあることも、またたしかなのである。

ここに、ひとつの見取図を、提示しておこう。

たしかに、敗戦後も、天守閣は日本起源だと言われつづけていた。歴史研究者たちも、その姿勢をたもっている。しかし、彼らに関するかぎり、そのことを不可解だとするのはあたらない。それは、ある意味で、ごく自然な現象でもあった。

歴史家たちは、戦後になって、もういちど例の社会構成史観を、回復する。ヨーロッパと日本の中世史を、同列にあつかう見方が、よみがえる。しかも、以前よりいっそう力強く復活した。いわゆる戦後史学を席捲したマルクス主義史観などが、その典型だと言えようか。

この史観は、文化伝播の意義を重んじない。かくかくの発展段階へ当該社会がいたれば、必然的にしかじかの文化が生み出される。海外との偶発的な文化接触に、それほど目を向ける必要はない。むしろ、内発的な発展の度合いにこそ、注目すべきである。社会構成史観は、マルクス主義をふくめ、そんな構えでできている。

天守閣が封建的発展の派生物だとする見解も、この史観からは違和感をいだかれない。戦後史学のなかへ、そのまますんなりおさまりうる。すくなくとも、洋式の伝来説が急浮上しなかったことはうなずける。

マルクス主義史観などには、その意味で、ある種の鎖国性があることを、指摘しうる。意外に、自閉的なのである。それこそ、戦前戦時の国粋論と同じ結論へおちつく場合だって、なくはない。天守閣の日本自成説も、延命しうる条件を、じゅうぶんそなえていたのである。

とはいえ、社会構成史観が教条的な力を発揮したのも、それほど長い間のことではない。敗戦後でも、時代が下るにつれて、トーンダウンを余儀なくされている。とうぜん、研究者たちも文化交渉の可能性に、目をとざさなくなっていく。天守閣についても、やがては伝播説を否定しなくなるだろう。

ところで、いまのべたような話がつうじるのは、いわゆる歴史研究者にかぎられる。

美術史、建築史といった分野には、あてはまりにくい。だが、日本的天守閣論は、史学以外の領域でも存続した。社会構成史が、さほど浸透しなかった分野でも、定説化されていたのである。

どうやら、もっとほかの説明も考えてみなければならないようである。

黄昏のマンチェスター学派

話をすこしさかのぼる。もういちど、一九二〇年代にもどりたい。

このころだと、天守閣の日本起源説をとなえていたのは、歴史学者だけにかぎられた。他の分野にぞくする学者たちは、まだ西洋からの感化説を、たもっていたのである。

前にも紹介したが、人類学者の西村真次も、そのうちのひとりにあげられる。彼の『安土桃山時代』(一九二二年)は、洋式築城術伝来説にたっていた。しかも、ヨーロッパからの文化伝播を、高らかにうたいあげていたのである。以下に、西村の議論を引用しておこう。安土城天守閣の出現を目撃した同時代のひとびとは、こう感じたはずだと、彼はいう。

表面は倭《やまと》様式や唐《から》様式のやうに見えるけれど、その裏面に潜《ひそ》んだ南蛮様式の光りが閃《ひらめ》くのに気注《づ》かずには居られなかつた。[*27]

どうして、そんなことが自信をもっていえるのか。その根拠が、まったくわからない。だが、西村は、当時のひとびとなら「南蛮様式」の混入を察知しえたはずだと、断言する。

いや、それどころではない。いわゆるキリシタンの信者なら、つぎのようにうけとめただろうとも、いっている。

天主教を信じてゐる武士達は、安土城の構造様式の中には、力強い異国情緒の漂つてゐるのを観取した。宗教と、芸術と、軍事的知識とが一つになつて、そこに西欧の香気と色彩とが強く現はれてゐることを知つた時、喜ばずには居られなかつた。孤立した日本の文化が、近くは支那《シナ》、遠くはイタリヤ、ポルトガル、イスパニヤの文化と握手して、大きな広い世界思想の渦流の中に捲き込まれるやうになつたことを歓ばずには居られなかつた。[*28]

なんとも、ロマンティックな言辞である。キリシタンは、安土城にヨーロッパの香気を感じて、うれしくなっていた。そこでは、グローバルな連帯を実感して、よろこんでいた。西村は、なんの証拠もないのに、そうきめつけてしまったのである。

さすがに、天守閣＝天主教起源説をとなえたりは、していない。天守閣のキリスト教起源という話がなりたたないことは、西村も知っていた。一八九〇（明治二十三）年に、それが否定されたことは、既述のとおりである。

だが、西村の断定に、天主教起源説の残渣《ざんさ》を読みとることは、たやすい。たとえ天主教起源説がなりたたなくても、せめてそのエートスぐらいは、のこしておこう。天守閣とキリスト教とは、できるだけつなげて考えたい。そんな意欲が、ひしひしとつたわってくる叙述ではあった。

一九二〇年代に、ここまで西欧とのつながりを強調した指摘は、すくない。西村真次は、ヨーロッパとの接点を力説する、その最右翼に位置していたと言えるだろう。すくなくとも、学術の世界においては、彼の言辞がその点で群をぬいていた。

ひとつには、それだけ西欧へのあこがれが強かったからだろう。「西欧の香気」を、「喜ばずには居られなかつた」。「イタリヤ……の文化と握手し……たことを歓ばずには居られなかつた」。以上のような言葉づかいが、ヨーロッパへの憧憬と無縁であるはずもない。

それとともに、西村真次の学統へも、目をむける必要があるだろう。

西村は、エリオット・スミスやジェームズ・ペアリーの学風を、日本へ導入した。

いわゆるマンチェスター学派の人類学を、ひろめたことで知られている。

この学派にぞくする研究者たちは、文化伝播論を重視した。世界のさまざまな文化が、文化移動によってつながりあうことを、強調した。各地の固有文化より、たがいの伝播関係へ光をあてようとしたのである。

そして、二十世紀初頭には、この学派が世界の人類学を席捲する。日本では、西村真次が代表して、それを積極的にとりいれた。『大和時代』（一九二二年）で、エジプト文明の日本流入を論じたことは、有名である。さらに、『文化移動論』（一九二四年）では、エリオット・スミスらの仕事を、紹介した。

安土城に、ヨーロッパからの多彩な文化伝播を、イメージする。キリシタンが、その偉容をよろこんだ可能性へも、思いをはせている。こういうイマジネーションも、マンチェスター学派流のそれではあったろう。西村が、ひとなみはずれてこのことにこだわったのも、そのせいではないか。

だが、マンチェスター学派のいきおいは、一九三〇年代になると、下向線をたどりだす。スミスらの文化移動仮説は、海流のむきを考慮していない。あまりにも軽々しく、文化移動をうんぬんしすぎている。そういった非難が、国際的にもあつまり、学術的な信用は失墜した。

一九三七（昭和十二）年にスミスが死んでからは、まともに論じられなくなっていく。

二十世紀もなかばをすぎたころには、まったく過去の議論となりはてた。

時期的には、安土城への洋式築城術伝来説が、おとろえだしたころと並行する。ひょっとしたら、このふたつの趨勢は、どこかでつうじあっているのかもしれない。

かつては、さまざまな文化伝播説が、学界でもロマンティックに語られた。だが、人文諸学は、しだいにそういうロマンを排除する方向へ、すすんでいく。文化伝播の仮説めいた話を、うかつには提案しにくい雰囲気が、できだした。

天守閣の成立を、ヨーロッパの影響で説明するのが、はばかられるようになっていく。この傾向も、人文諸学全体の、文化伝播説を軽視する動向とつうじあうのではないか。

一九二〇年代に、西欧からの感化をいちばん強調していたのは、西村真次であった。マンチェスター学派を自任する西村が、洋式築城術伝来説へ、強く執着していたのである。

そのこだわりを見ていると、どうしてもつぎのように考えたくなってくる。けっきょく、こういう議論は、西村らが活躍していた時代の産物だったのではないか、と。文化伝播論を声高に語りあうのが、学界でもおもしろがられていた。そんな時代だからこそ、通用することができた議論ではなかったか、と。

一九三〇年代の、とくに後半からは、人文諸学を国粋的な気運がおおいだす。天守閣を、日本人の創造だと自賛する論調も、こうした時流のなかで増幅する。もちろん、この新傾向も、洋式築城術伝来説を封じこめることでは、一役買っていただろう。文化伝播論が衰退し、国粋主義的な日本礼賛論が、さかんになっていく。洋式築城術伝来説は、この両面から圧迫をうけていた。一九三〇年代後半から、天守閣＝日本起源説一辺倒になりだしたのも、そのせいだろう。

だから、敗戦後に国粋論がおとろえ、西洋志向の時勢をむかえても、事態はかわらない。洋式築城術伝来説は、とうとう回復しなかった。けっきょく、それはすたれゆく運命にあったということなのかもしれない。

国粋主義の擡頭は、その衰運にあった旧説へ、おいうちをかけていく。徹底的に、圧殺しつくした。おかげで、敗戦後に国粋論の圧迫がなくなっても、旧説はよみがえれない。西洋からの影響を論じる声が回復しなかったのも、そんな事情があったからではなかったか。

モダン・デザインにながされて

ひところ、桂離宮に簡素な日本美の典型を読みとく批評が、流行した。よけいな装飾はどこにもない。全体がシンプルで、合理的かつ機能的に構成されている。桂離宮には、その点で、現代のモダン・デザインへつうじる美しさが、うかがえる。とまあ、以上のような議論を、一種の常套句として、愛好していた時代があった。

時期的に言えば、一九三〇年代から六〇年代ごろのことである。ちょうど、建築意匠の世界で、モダン・デザインが喧伝されていたころと、かさなりあう。現代建築が過剰な装飾をきらい、機能性と合理性を標榜していた時期である。

桂離宮は、簡素で合理的にできているという。この論法も、なにほどかは、モダン・デザインが力をもっていた時代の産物であったろう。桂離宮の解釈が、建築界の時流にながされていた一面のあることは、いなめまい。

そして、最近はこういう見方が、あまりはやらなくなっている。むしろ、逆に桂離宮の意外な装飾性をことあげする議論が、ふえてきた。一見シンプルだが、よく見るとじつに複雑な構成を読みとれる。たいへん技巧的な、トリッキーとさえ言いうる工夫のあることに、おどろかされる。そんな感想をのべる批評家が、登場しはじめた。

そのきざしは、二十世紀の後半ごろから、めばえている。しかし、本格的に言論界へひろがりだしたのは、一九七〇年代からであろう。

ちょうど、モダン・デザインから脱却しようというかけ声が、高揚しだした時期である。反・モダニズム的な言辞で、このころの建築界は、わいていた。たとえば、装飾の再評価などといったことも、声高に語られだしたものである。

それと並行するかのように、桂離宮解釈もあらためられていく。そこからは、モダン・デザイン臭が、しだいにぬきとられていった。そして、反・モダニズム風に、評価の言葉が再構成されだしたのである。

モダン・デザインのさかんな時代には、簡素美が語られる。そして、それが衰退してからは、技巧美をうんぬんしはじめる。こういう評価のうつりかわりが、建築界の時流と無縁であるとは思えない。桂離宮解釈が、それとつうじあっていることを、痛感する。

そもそも、桂離宮が簡素美の典型として評価されだしたのは、一九三〇年代であった。モダン・デザインが、日本にも導入されだした時期からの現象なのである。

それ以前の桂離宮解釈では、桂棚などの技巧美をめでるのが、ふつうであった。それがモダン・デザインの擡頭とともに、簡素美へと評価の焦点をうつしていく。そして、その退潮期には、ふたたび意匠の巧緻が、評価されだした。

けっきょく、モダン・デザインのうきしずみとともに、評価がかわっているのである。二十世紀初頭までは、技巧美が称揚されていた。そして、一九七〇年代からも、トリッキーな細工が、ことあげされるようになっていく。簡素美が特筆されたのは、モダン・デザインの時期に、かぎられる。

こういう趨勢をながめていると、モダン・デザインという潮流の力を、思い知る。それは、じゅうらい複雑だと言われてきたものを、簡素だとさせることに成功した。

それだけの力を、建築史解釈の世界で発揮したのである。そのイデオロギー的な拘束力は、けっしてあなどれない。

モダン・デザインの前後で、解釈をかえられた建築史上のアイテムは、ほかにもある。桂離宮の評価だけが、その影響をこうむっていたわけでは、けっしてない。ここでは、あとひとつ、法隆寺の伽藍配置をめぐる解釈史の動向を、紹介しておこう。

法隆寺は、七世紀初頭の推古朝期に、創建された。日本が、大陸から仏教を導入しだしたころの建築である。とうぜん、その建築様式も、中国や朝鮮半島のものを、おおはばにとりいれていた。大陸から輸入された建築文化の一例として、語られることも多い。

そんな法隆寺に、日本固有の造形精神を読みとくことが、ひところけっこう流行した。一九三〇年代から六〇年代にかけてのことである。桂離宮が簡素な日本美の典型だとされたころに、ほかならない。モダン・デザインが、建築界で勢力をもっていたころでもある。

法隆寺を日本的だとする議論が、最大のよりどころとしていたのは、その伽藍配置である。法隆寺の中心伽藍では、五重塔と金堂がそれぞれ左右に配置されていた。高い五重塔が左側に、そして横幅のひろい金堂が右側へおかれている。そのため、左右対称のバランスが、ややくずされた印象に、どうしてもなってしまう。

いっぽう、中国や朝鮮半島で確認された古代寺院は、みな対称形に伽藍が構成されていた。シンメトリーのバランスをくずしたのは、法隆寺をはじめとする日本の遺構だけである。おそらく、こういう配置は、日本で考案されたのだろう。日本人の民族性が、対称形の束縛から解放された自由な配置をうみだした。やはり、日本人にはそれだけすぐれた造形感覚が、そなわっていたからではないか……。

一九三〇年代にはいると、そんな法隆寺論が、圧倒的ないきおいで流布された。日本ナショナリズムの高揚が、そのもりあがりにつながったことは、まちがいない。

そして、この議論は、敗戦後になっても維持された。一九六〇年代までは、有力な学説として、喧伝されている。戦前戦時の民族主義的な高揚がすたれたあとになっても、語られつづけていたのである。

モダン・デザインの建築潮流が、それをささえたせいもあったろう。モダン・デザインは、シンメトリー構成を、きらっていた。それは、建築設計の自由を束縛し、機能性を圧殺するという。そんな形式からは、解放されなければならないと、言われていた。

法隆寺をはじめとする日本の古建築には、シンメトリーから逸脱する傾向がある。このストーリーもまた、モダン・デザインからは歓迎されていた。対称形をきらうモダニズムは、法隆寺以来の日本的伝統につながるという。そんな由緒が、できるからである。

モダン・デザインに力のあるあいだは、とうぜんこの議論が生きつづける。じじつ、それは一九六〇年代まで、生命力をたもっていた。そして、モダン・デザインにかげりが見えてきたころから、下降線をたどっていく。一九七〇、八〇年代には、法隆寺の伽藍配置も中国起源だと、修正されだした。

桂離宮を、日本的な簡素美の代表として、ことあげする。法隆寺の非対称伽藍配置を、日本的な造形精神のあらわれとして、論じきる。どちらも、一九三〇年代から六〇年代にかけて、勢力をほこった議論である。モダン・デザインの時代がはびこらせた論じ方に、ほかならない。

モダン・デザインは、簡素美をもとめていた。シンメトリーからの脱却も、めざしていた。日本建築史にたいしても、その方向とそぐうストーリーを、要請しやすくなる。桂離宮や法隆寺式伽藍配置に関する議論が誇張されたのも、そのためである。

もちろん、戦前のナショナリズムも、その隆盛には一役買っていた。現代建築の諸傾向は、日本の古建築によって、先どりされていたという。そんな見取図が、日本自慢をしたがるむきからは、歓迎されていたのである。

安土城をはじめとする初期の天守閣は、日本人の造形感覚がもたらした。そこからは、日本人の民族性も読みとれる。一九三〇年代には、そんな議論もさかんになりだした。のみならず、天守閣を日本的だとする言辞は、敗戦後にもたもたれる。

じっさい、戦後の建築史学界でも、多くの研究者がこの見解を踏襲した。城郭史研究をリードした藤岡通夫《みちお》と城戸久《ひさし》も、外来的な要素を否定しつづけたのである。

敗戦後から一九五〇年代までだと、中田行の指摘ぐらいが、唯一の例外にあたろうか。ここでは、その例外的な中田論文のことを、紹介しておこう。

一九五三（昭和二十八）年のことである。当時、京大の大学院にいた中田は、「安土城の成立と復元について」を、発表した。そして、そのなかで、安土城には西洋建築の影響があると、力説する。織田信長は、西欧の城郭図をヒントにしていた可能性が高いというのである。

もちろん、中田の想像である。実証的な根拠はない。にもかかわらず、中田のイマジネーションは、こんなふうにもふくらみだす。

信長はフィレンツェの大寺のドームの図を入手し、深く興味を感じ、心を動かされて之に安土城の着想を得たのではないかと思われる。八角のドームといい、又最頂上に鐘楼に似たる尖塔のあることといい殆《ほと》んど安土城とフィレンツェの大寺とは符合するものといわざるを得ない。*29

安土城とフィレンツェの大寺が、よく似ている。それだけのことから、中田は意匠の伝播を類推した。学術論文としては、飛躍がありすぎる。暴論だと、言ってよい。じっさい、中田はそのことで、城郭史の重鎮・城戸久から、たしなめられたりもしていた。[*30]

もっとも、中田がこういう論文を書きたくなった気持ちは、よくわかる。とにかく、このころは、天守閣を日本的だとする見解が、一方的に流布していた。外来的な要素の混在を、否定できるような根拠は、どこにもない。それなのに、日本人のオリジナリティを強調する議論だけが、横行する。中田は、そういう学界の風潮をあきたりなく思い、ついつい暴発してしまったのだろう。

じじつ、中田はこの論文で、つぎのようにものべていた。

安土桃山時代のみは何等外国の影響を受けることなくして、自力で自己発展的に彼の豪壮富麗なる様式を生み出したものであるとする説は現在殆んど定説になっているかの如くである。即ち関野貞博士、足立康博士は夫々の日本建築史に関する著書に於いてかく述べられている。併《しか》し私はその説に対して強い疑を抱いている。[*31]

中田は、関野貞と足立康の通史をあげて、それが定説化していることを、論じている。戦前からの日本的天守閣論が、存続しつづけたことは、このことからも読みとれよう。

もちろん、敗戦後に天守閣の日本的性格を揚言した学者は、ほかにもたくさんいる。というか、戦後の建築史家たちは、みな外来的な要素を軽視した。中田行という一大学院生の客気が、わずかに抵抗をしめしているという。ほんとうに、そんな状況へおちいっていたのである。

戦後の天守閣論で興味ぶかいのは、モダン・デザイン流の指摘を見かける点であろう。たとえば、建築史の伊藤延男が、一九五六（昭和三十一）年に、こんなことをのべている。

非対称的均衡は、日本人が好んで用いるところで、厳格な左右対称性をもつ建築配置法が中国から輸入されても、いつとはなくそれがくずれてしまう寺院建築の歴史をみても、これが分るのであるが、城郭建築は日本において独自に発達しただけあって、非対称性がとくに注目される。[*32]

日本でつくられているから、シンメトリーをくずしているという。法隆寺の伽藍配置を論じるのと、まったく同じ論法になっている。城郭もまた、モダン・デザインの文脈で語られていたということか。

同じ一九五六（昭和三十一）年に、建築史家の服部勝吉が、城郭論の文章を書いている。そこで服部は、桃山時代の城郭を、同時代の茶室建築になぞらえた。

城郭建築こそは……茶室建築などと、日本的なその性向において、密接な関連を持ち、同じ時代精神の下に発展、盛行したものであることは、容易に認められる……[*33]

当時、茶室は、しばしばその簡素美が、モダン・デザインに通じると揚言されていた。シンメトリーを否定した構成も、同じ文脈でよく語られている。その茶室と近世城郭を、同一範疇のなかに、位置づけようとする。そんな服部に、城郭をもモダン・デザインの文脈へのせようという作意が、ないとはいえまい。

服部は、茶室をひきあいにだしたうえで、近世城郭のことを、こう語る。「全く空前な日本的技巧」によって、つくられた。あるいは、「当時建築界に滔々たる日本的色彩の濃いうちにあって……その白眉」だ、と。そして、そのうえで「豪強の構造」を、うたいあげている。モダン・デザインへのシンパシーは、こういうところにも、読みとれよう。

一九五二（昭和二十七）年刊行の『日本美術辞典』にも、こうある。「天守閣……日本独得の構造的な美しさを示している」と[*34]。ここにも、構造と即応した美を重視するモダン・デザインの影は、読みとれよう。

モダン・デザインが主流になってからの建築史は、その価値観で書かれることが多くなる。古い建築に、モダニズムへつうじるような部分を見いだし、それこそが日本的だと評価する。そんな建築史叙述が、ふえてきた。

城郭史の場合も、この趨勢から無縁だったとは、言いがたい。城郭をとりあげて、肯定的に歴史を書いていく。そのさいは、どうしても、モダン・デザイン風の叙述になりやすかったのである。そして、モダン・デザインを日本的だとする理屈が、当時はまかりとおっていた。敗戦後になっても、日本的天守閣論が維持された一因として、そのことは無視できまい。

とはいえ、城郭史に関しては、モダン・デザインの力を、限定的に考えるべきだろう。じっさい、近世城郭や天守閣の華美な造形が、モダン・デザインにそぐうとは、思いにくい。

モダン・デザイン期の建築史は、その建築理念と近そうに見える古建築を、評価した。かざり気がない建築、構造がそのまま表現されているかのような建築を、称揚した。桂離宮や伊勢神宮などへ、賛辞が集中しやすかったのも、そのためである。

だが、天守閣の場合は、唐破風をはじめとする装飾が、建築の前面におしだされている。とても、モダン・デザイン流の建築史が、ひいきをするようなしろものとは、思えない。じじつ、桂や伊勢とくらべれば、近世城郭をこの文脈で評価した言辞は、わずかである。

桂離宮を日本的な簡素美の典型と言いくるめさせていく。モダン・デザインの発揮したあの力が、近世城郭解釈にもひとしく作用したとは思えない。

しかし、当時は、モダン・デザイン流の言辞しか、ほめ言葉が存在しなかった。古建築を評価する。そのさいには、モダニズム風の賛辞が、ついついでてしまったのである。簡素、非対称……というように。

近世城郭、天守閣の場合も、事情はかわらない。たしかに、モダン・デザインの価値観は、城郭建築となじみにくかった。じじつ、そう評価した実例は、さほど多くない。だが、評価をしようとすれば、どうしてもそうなってしまう。少々強引で、話に無理があっても、モダン・デザインっぽい言辞をえらんでしまう。そういう言葉を、批評家につかわせてしまう時代だったのである。

モダン・デザイン風の建築史をおしすすめた歴史家に、太田博太郎がいる。その太田も、近世城郭のことは、こんな言葉づかいで書きとめていた。すなわち、「城郭建築は全くの実用的な建物であ」る、と。あるいは、「飾り気のない白壁の外観のうちに……崇高な表現をかちえている」とも。[*35] モダン・デザインとのつじつまあわせには、苦労をさせられていたのである。

しかし、この筆法でおしきれたからこそ、つぎのような評価もできたのではなかったか。

実際に作られた城郭は……堂々たる量感よりも、むしろ小じんまりとした安定感と変化の妙をねらった点、日本建築意匠の伝統がここにも現われているのを見るのである。[*36]

モダン・デザインへつうじる「変化の妙」は、天守閣にもあった。こう思えばこそ、やや強引ではあっても、日本的だと言いつくろえる。そんな一面のあったことは、否定しきれまい。なお、ここに紹介した太田の指摘は、いずれも一九五〇（昭和二十五）年のものである。

近世城郭に外来的な要素があることを、消極的に考える。あるいは、否定する。この趨勢も、やはりモダン・デザインとつうじあう面をもっていたと、考えたい。

建築界の潮流が、建築史の解釈を左右する。将来的には、その全体的なありようを、しらべようと思っている。歴史が、時流によってゆがめられる様子を分析する。そのためには、モダン・デザインの時期が、絶好の研究素材となるだろう。もちろん、モダニズム以後をめざす時勢が、建築史をうごかす点も、見おとせない。今後の課題である。

建築史家の内藤昌が、安土城に関する新解釈をうちだしたことは、すでにのべた。日本的だと言われてきた安土城だが、じつは西洋建築からの感化も、けっこうある。一九七〇年代から、そうとなえだし、たいへんな脚光をあびた。

一方で、内藤昌は、桂離宮に関しても、新しい評価を提出している。一九七七（昭和五十二）年の『桂離宮』がそれだが、そこにはこうある。

桂離宮は、機能主義建築の典型の如き印象を世人に与えているが……むしろ桂離宮の実相は……主知に徹した綺想風体にあり、その志向するところの本質は、「様式のパラドックス」といえる程に、古典様式を意識した装飾主義にある。[*37]

モダン・デザイン流の桂離宮解釈を、内藤は全面的に否定した。簡素美ではなく、「装飾主義」のおもしろさを、読みとるべきだというのである。モダン・デザインによるイデオロギー的な束縛から、建築史を解放させてやりたい。内藤に、そんな意欲があることは、明白であろう。

安土城に、西欧からの感化を読みとく。このスタンスに、同じいきごみがなかったとは、言いきれまい。

一九三〇年代から、城郭建築は日本的造形精神を体現させていると、言われてきた。国粋主義の擡頭と、モダン・デザインの普及が、そういう解釈をひろめてきたのである。そこへ、内藤昌は西欧とのつながりを重視する見方で、挑戦する。桂離宮の場合と同様、脱モダニズムをめざす史観があったことは、うたがえまい。

じっさい、内藤の復元した安土城は、まことに華麗である。およそ、モダン・デザインとは、そぐわない。ジャーナリスティックにレッテルをはれば、あるいはこうも言えようか。内藤昌の建築史は、モダニズムから脱却し、ポストモダニズム期の段階にはいっている、と。

ちょうど、時期的にも、モダン・デザインの凋落が喧伝されていたころであった。桂離宮の解釈も、このころをさかいにかわりだしている。法隆寺の伽藍配置に関するそれも、並行してゆらいでいった時期である。安土城解釈をかえようとした内藤説も、それとつながる言説として、位置づけたい。

さて、内藤昌は東京工業大学で、建築史の研究を開始した。その東京工大で、内藤らを指導した建築史家に、藤岡通夫という研究者がいる。近世建築史の権威として、その声望は高い。とりわけ、城郭研究に関しては、戦後の学界をリードする存在だったと、言えるだろう。

そして、藤岡は一九三〇年代から、一貫して天守閣の日本起源を、といてきた。外国、とりわけ西洋からの影響を、否定する立場にたってきた。

わざわざ、そのことだけを論じたこともある。『国際文化』という雑誌によせた文章が、それである（一九六四年）。「西洋の城郭建築の影響が日本の城郭建築に見られるとするのは……正しくない」[*38]。藤岡は、国際交流を語りあうこの雑誌で、がんこにそう力説した。その一徹ぶりが、しのばれよう。

『原色日本の美術』というシリーズがある。小学館が、一九六八（昭和四十三）年から、四年がかりで刊行させている。日本美術史を、全三十二巻にわたって展開した、一種の啓蒙書である。美術史の双書では、おそらくいちばんひろく普及したのではないかと、思われる。そして、その第十二巻、『城と書院』は藤岡通夫が担当した（一九六八年）。

もちろん、藤岡はここでも持論の日本的天守閣論を、のべている。しかも、かなり露骨に、モダン・デザインへよりそった論法を、採用した。とりわけ、城郭の石垣を論じたてたところに、その傾向がいちじるしい。

これほど石垣の発達した城は西洋にはない。石垣こそ日本の城にのみみられる独特の景観をていしている……熊本城天守の曲線をなして裾を広くひろげた石垣は、日本の城にみられる独特の美しさである。[*39]

石垣の曲線が日本的だと、熊本城を例示して、主張する。では、どこがどう日本的なのか。藤岡は、それをこう、モダン・デザイン流に説明する。

日本の建築ほど機能や構造に忠実なものはない……そこには長年月の苦心による合理性があふれている。城の石垣とても長年月の経験によって、この合理的な構造がくふうされたものであって……この合理性こそ日本の城のもつ日本的な性格のひとつに数えられてよい……熊本城天守の石垣の曲線を調べてみると放物線からなっており、力学的にもきわめて合理的であるが、おそらく日本建築の優美な軒反《のきぞ》りをくふうした日本人にして、はじめて造りえたものであろう。[*40]

ほかにも、左右非対称の建築配置を日本的だと論じたところで、モダニズム臭がうかがえる。[*41] ともかくも、この本では、高らかにモダン・デザイン流の価値観が、となえられていた。そして、その文脈で、近世城郭の日本的性格が、高唱されていたのである。

藤岡は、近世城郭史に関する文章を、たくさん書いている。だが、ここまでモダニズムへ傾斜したものは、ほかに見かけない。その点で、『原色日本の美術』にしめされた筆法は、やや突出した印象をいだかせる。

藤岡は、一九四七（昭和二十二）年に、「城郭古建築の背景と美」を書いている。『新建築』という雑誌によせた一文である。

そして、この文章には、『新建築』の編集部が、あるコメントをそえていた。藤岡の論考を、つぎのようなリードで披露していたのである。「城郭建築の美しさの中に、近代建築の美しさがあるとする筆者の見解を紹介した」と。[*42] モダニズム風の城郭解釈を、藤岡先生がこれからおしえてくれるだろう。そう言わんばかりのコメントに、なっている。

いかにも、当時の『新建築』らしい編集姿勢だと言うべきか。モダン・デザインのイデオロギーに、建築史をおしこめようとしている。

にもかかわらず、藤岡は『新建築』へ、そういった原稿を書かなかった。モダニズム風の価値観をふりまわすといった体裁には、なっていない。『新建築』編集部の用意したリードとは無関係に、話をすすめている。研究者としての矜持が、それへの迎合をためらわせたのだろうか。じじつ、ほかの原稿でも、藤岡はモダン・デザイン流の叙述を、そう露骨にしていない。

だが、『原色日本の美術』では、かなり大胆にモダン・デザインへよりそった。啓蒙書だということで、学術的なタガがゆるんでしまったのだろうか。それで、今まではおさえていた本音が、でてしまったのかもしれない。あるいは、一九六〇年代後半になって、ものの見方をかえたのか。

いずれにせよ、藤岡の日本的城郭論にも、モダン・デザインの価値観は、およんでいた。ふだんは、それをあらわさなかった藤岡だが、『原色日本の美術』で露呈させている。日本的だというきめつけの背後には、やはりこの建築潮流があったのである。

内藤昌の新説は、同窓にあたる藤岡と対立しあう。内藤の国際的な歴史観は、先輩の国内的な見方と、決定的にちがっている。西欧からの影響を揚言した内藤には、藤岡からの離反という思いも、よぎっていただろう。モダニズムからの解放というスタンスは、先輩への抵抗をも意味していたはずである。

石垣から読めること

近世城郭では、石垣の構成に日本的な特徴が、見うけられる。放物線を思わせる曲線美は、日本の城にしか見いだせない。『原色日本の美術』（一九六八年）で、藤岡通夫はそう書ききった。

ひとり、藤岡のみの見解ではない。近世城郭の日本的性格を強調する建築史家は、たいてい石垣のラインをことあげする。たとえば、藤島亥治郎の通史に、こんな記述がある。「石垣の弓なりの輪郭は日本独特で……」と。[*43] 一九五八（昭和三十三）年の指摘である。

このことを、比較文化論的に語りあげた建築史家も、いた。伊藤ていじがそうである。伊藤によれば、西洋と日本の建築では、ラインのありかたがまったくちがうという。西洋の線は定規とコンパスでひかれ、日本では糸の自然なたわみが線になる。「西洋の線の創造に対する発想の仕方は、日本のそれとはまったく対照的なものである」。そう力説する伊藤は、日本的なラインの一例として、「石垣の線」をあげている。[*44]『日本デザイン論』（一九六六年）での指摘である。

なお、伊藤は『城——築城の技法と歴史』（一九七三年）でも、この解釈を反復した。日本の石垣は、「日本的発想」で構築されている。そこには、「非西欧的な発想法をみることができる」というのである。[*45]

さがせば、ほかにも似たような指摘は、いくつも見つかるだろう。とにかく、城郭の日本的性格という話は、石垣のところで強調されやすい傾向がある。それが、日本的城郭論を語る常套句のひとつに、なっているのである。

近世城郭や天守閣の日本起源説を最初にとなえたのは、歴史家の大類伸《おおるいのぶる》であった。

その大類も、石垣については、こうのべている。『城郭之研究』（一九一五年）でしめされた解釈である。

外国には凹形の勾配は少なくて、石塁は大抵《たいてい》平面をなして居る、之に反して本邦の石塁が何れも凹形であるのは確かに注意すべきことで……本邦築城法の一特徴である。[*46]

大類の弟子にあたる鳥羽正雄も、しばしば似たようなことを、書いていた。たとえば、一九四二（昭和十七）年には、こうのべていた。「城の石垣は……偉大な日本的特異性の存在である」と。[*47]また、翌年にも、つぎのように論じていた。「近世日本の城の、日本的な特色は、高い石垣の凹曲面、野頬石の積方等である」と。[*48]

石垣を日本的だとする見方は、大類や鳥羽のころからできていた。近世城郭や天守閣は、日本起源の建築文化であるという。そんな議論がめばえだした当初から、この解釈は普及しだしていた。のちの建築史家たちも、この話をそのままうけついでいるのである。

もっとも、それよりさらに歴史をさかのぼると、まったくちがった解釈もうかんでくる。

前からのべているように、十九世紀末までは、天守閣をキリスト教起源だと考えていた。近世城郭は、西洋築城術の感化をうけて成立したとするのが、ふつうだったのである。日本起源が語られだすのは、一九一〇年代からである。その本格的な普及は、一九三〇年代以後のことであった。

そういう時代情況のせいもあるのだろう。石垣を日本的だとする議論は、二十世紀初頭まで、なかなか見つからない。すくなくとも、のちのように紋切型となっていなかったことだけは、たしかである。

いや、それどころではない。天守閣＝天主教起源説がさかんだった江戸後期には、こんな言及さえあった。

今の如く石垣もて城を築くは、近く始まれる事也、先石もて屈曲してあるは、是鉄砲出来しよりの事にて、蛮制なること著し[*49]

江戸の文人・山崎美成《よししげ》が、『海録』という著述のなかに書きとめた一文である。一八二〇―三〇年代の指摘だが、ここでは石垣が南蛮制だとされている。のちには日本的だと評される。その石垣が、この時代にはヨーロッパ伝来のものとして、位置づけられていたのである。

西洋城郭の実情をよく知らなかったから、こんなふうに考えてしまったのではないか。そう判断されるだろうひとびとに、もうひとつべつの文献を紹介しておこう。

人類学者の西村真次に、『安土桃山時代』という著作があることは、すでにのべた。西村はここで、安土城のことを西欧から影響をうけた欧化の産物として、えがいている。一九二二（大正十一）年の本であり、西洋事情はじゅうぶんわきまえていただろう。にもかかわらず、西村は安土城に「石垣の南蛮様式」も、読みとった。

そう、西洋の影響を強調する学者には、石垣もヨーロッパ風に見えたのである。そして、固有日本文化論が好きなものには、同じものが日本的だとイメージされてしまう。けっきょく、見るものによってうけとめかたがちがうという。ただ、それだけのことだったのではなかったか。すくなくとも、そういう一面のあることは、否定しきれまい。

天守閣の起源に関する学説は、洋風感化論から固有日本文化論へと、変化した。何度もいうように、一九一〇年代から三〇年代にかけての時流が、そうさせたのである。そして、その時流は石垣に関する見方をも、うごかした。かつては南蛮風だと言われていたものが、日本的だとされるようになったのである。

では、固有日本文化論が衰弱しだしているらしい一九七〇年代以後は、どうなのか。気のせいかもしれない。だが、石垣を日本的だと言いつのる議論も、へっているように思う。ひとところよりは、よほどトーン・ダウンしたのではないか。ひょっとしたら、それを南蛮的だとする見方も、いずれはよみがえるのかもしれない。もちろん、まだそこまでいたってはいないのだが。

『天守指図』とカテドラル

建築史学は、いたって地味な分野である。そこでのできごとが、新聞紙上をにぎわせたりすることは、あまりない。記事によくとりあげられる考古学あたりとくらべれば、影はうすいと思う。

だが、そんな建築史学でも、大向こうにアピールするニュースを、はなつことはある。たとえば、建築史家・内藤昌による安土城の復元も、そのひとつにあげられよう。

一九七四（昭和四十九）年十二月十五日のことである。『朝日新聞』と『毎日新聞』の両紙が、朝刊の社会面で、内藤の仕事を大きく報道した。『朝日』は八段ぬき、『毎日』にいたっては九段ぬきで、つたえている。

安土城を復元する作業じたいは、幕末期からこころみられていた。内藤の前にも、先行研究はけっこうある。だから、そのことじたいがめずらしくて、話題となったわけではない。

評判をよんだのは、内藤の復元案がたいへんおもしろかったからである。じじつ、両紙とも、見出しのところで、こう読者へうったえかけていた。「奇抜な構造、信長好み」(『朝日』)、「安土城は奇抜だった」(『毎日』)と。

では、どこがどう、新聞記者の目に「奇抜」だと見えたのか。

内藤は、安土城の天守閣内部に、四層分の吹き抜けがあったという。内部中央は、一階から三階までの床がぬかれていた。だから、地階から上を見あげれば、四階の床裏が天井として目にはいる。つまり、高さ二十メートルもの大空間ができていたことになる。「奇抜」な空間演出がなされていたというのは、そこである。

なぜ、そんなとほうもない空間が、可能になったのか。内藤は、西洋の教会建築などが、手本になったのではないかという。その解釈を、『朝日』はこうつたえている。

西洋の寺院のカテドラルにあるような空間で、信長は岐阜在城当時から、南蛮宣教師らとたびたび会っており、その話から、この様式を取り入れた、と同教授はみる。*50

たしかに、ヨーロッパの教会は、天井の高いものが多い。圧倒的なスケールの内部空間を、つくりだしている聖堂もある。その空間演出法が、キリシタンの宣教師から、織田信長へつたわった。安土城の内部に、大きな吹き抜けをもうけたのも、そのためではないか。それは、信長が日本にもたらした、カテドラル建築の翻案であった……。

なんともロマンティックなストーリーである。もしほんとうだとすれば、これほど刺激的なこともないだろう。ジャーナリズムで評判をよんだのも、うなずける。

それに、このころは、天守閣=日本起源説が学界の主流となっていた。安土城に端を発した巨大な天守閣の出現を、日本国内の事情だけで説明する。その造形も、日本固有の民族性を反映していると考える。そんな状況のところへ、ヨーロッパとつうじあう可能性が、指摘されたのである。当時のひとびとから、意外にうけとめられたのは、まちがいないだろう。

もちろん、ただの思いつきを新聞記者に語っただけなら、これだけの反響はありえない。新聞記事になることも、なかったろう。

だが、内藤の復元は、新史料の発見にもとづき、なされていた。安土城の旧状がしめされているという絵図面を、内藤は見つけていたのである。カテドラル風の吹き抜け空間が、安土城にはあった。この新説も、新しく見いだされた史料に依拠して、展開されていたのである。

ただ、ロマンティックに、自分の夢想を語ったというわけではない。そのロマンをささえる物的証拠が、絵図面の形で発掘されていた。このうらづけがあったからこそ、新聞も特筆したのである。

前に紹介した中田行という大学院生も、安土城は西洋的だと論じていた。だが、彼の場合は根拠となる史料を、見つけていない。たんなる思いつきをのべていたにとどまる。着眼は似ているが、絵図面を発見した内藤ほど注目されなかったのも、とうぜんであろう。

同じことは、哲学者・桜井成広の仕事についてもあてはまる。桜井も、一九六二（昭和三十七）年に、安土城天守閣の復元模型を完成させていた。そして、つぎのように洋式築城術の伝来を、想像していたのである。

> 西洋中世の城郭が城中最高所にドンジョンと呼ぶ大楼閣を建て、それを日常の住宅とし又牙城ともした事を南蛮人から聞いた結果、この大天主の出現を見たのであろうという推定は十分首肯することが出来る。[*51]

まだまだ、天守閣＝日本起源説が、支配的な時代ではあった。だが、洋式築城術伝来説も、ほそぼそとではあるが、のこっていたのである。内藤説へといたる、ひとつの伏流として、おぼえておいてもいいだろう。

しかし、これも「推定」でしかないのである。具体的な物的証拠は、どこにもない。桜井は、この「推定」から、最上階の天井画について、とんでもないことをのべている。すなわち、その画題としては、「マリアや天使の絵さえ想像出来る」と。[*52]

話が「マリアや天使の絵」にまで飛躍するという、その空想じたいはおもしろい。だが、何を根拠にこういうことが言えるのかと問われれば、返答につまるだろう。それほど注目されなかったのも、やむをえないというべきか。

くりかえしになるが、やはり古い絵図面を見つけだした内藤の仕事は、画期的であった。内藤は古記録のなかから、西洋による感化のあとを抽出したのである。じゅうらいの空想的な洋式築城術伝来説とは、一線を画する復元だったといってよい。

もっとも、その古記録＝絵図面がもつ信憑性ということになると、話はちがってくるのだが。

建築史家・内藤昌は、建築に関する古文献の調査・整理を、つづけてきた。その作業じたいは、古典建築書の集大成として、学界でも評価されている。

一九六九（昭和四十四）年のことであったという。内藤は、国会図書館の旧分室（現静嘉堂文庫）で、いつものように古文献をしらべていた。建築書の網羅的な調査をすすめていくうちに、ここをも検分することとなったのである。

静嘉堂文庫には、旧加賀藩の記録がおさめられている。同藩の作事奉行、つまりおかかえ建築家である池上家の古文書も、収蔵されていた。建築史家の内藤は、この池上家文書をチェックしていくようになる。

その過程で、内藤はおもしろい絵図面をほりあてた。『天守指図《さしず》』と題された一巻が、それである。池上家で八代目にあたる池上右平の名が、そこへはそえられていた。宝暦期から明和期、十八世紀中頃から後半期にかけて、作成されたとおぼしき写本である。

図面は、ある天守閣の仕様をしめしていた。とくに、安土城のそれだとする記文があったわけではない。だが、内藤はこれこそ安土城の指図をうつしたものだと、判断する。

そう考えるまでにいたった動機は、いくつもある。だが、なによりも大きかったのは、『天守指図』にしめされた一階の平面図である。図中の一階平面は、不整形な八角形をなしていた。そして、その形状は、現実にある安土城天守台のそれと、一致したのである。

たんなるぐうぜんで、同じものが無関係にできあがったとは、思いにくい。『天守指図』に、安土城とのつながりがあることは、まちがいないだろう。

安土城の天守閣をささえる地面が、不整形の八角形をなしている。このことがわかったのは、一九四〇（昭和十五）年前後に実測調査が実施されてからである。それ以前はあきらかにされていなかった。じじつ、実測結果がわかる前の復元案は、みな一階平面を長方形にさせている。不等辺八角形の形をとりいれたのは、実測以後になされた復元案のみである。

にもかかわらず、『天守指図』の一階は、実測で判明した形状にあっていた。これは、もう本物にまちがいない。『天守指図』が、じっさいに安土城の設計図だから、こういうこともおこってくる。そうでなければ、こんな不整形平面を、なぞらえうるはずがない。とまあ、こういう手順で、安土城だと断定するようになったのである。

もちろん、内藤はほかにも多くの論拠をだしている。『信長記』や『安土山ノ記』をはじめとする文献との照合も、わすれてはいない。だが、着想の原点は、現実の天守台跡地形状と図面一階平面の符合にあった。そして、この点は、今日でも内藤説をささえる強味になっていると、そう思う。まあ、そこしかセールス・ポイントはないと皮肉るむきも、あるかもしれないが。

さて、この『天守指図』では、天守閣の内部に大きな吹き抜けがあるとされていた。三階には、その吹き抜けを横切る橋、ブリッジがかけられている。さらに、二階へは、小さな舞台が配置されていた。四層分をぶちぬいた内部空間には、さまざまな見せ場が、もうけられていたのである。たいへん劇的な空間演出が、こころみられていたというべきか。

安土城では、吹き抜けを中心にした空間のドラマ化が、たくまれていた。こういう演出法の例を、それまでの日本建築史に見いだすことは、できない。だとすれば、やはり西洋の建築形式が、南蛮経由で流入したと考えるべきではないか。ひょっとしたら、カテドラルの演出効果が参照されていたのかもしれない……。

内藤昌は、まず『天守指図』のことを、建築学会で発表した。一九七四（昭和四十九）年十月に、福井大学でひらかれた大会での報告が、それである。『朝日』や『毎日』が記事にしたのは、その二カ月後であった。

福井での学会発表は、しかし西洋建築との関係を、問題にしていない。ただ、『天守指図』を安土城の指図として紹介するに、とどめている。[*53]

「南蛮宣教師……の話から、この様式を取り入れた、と同教授はみる」。新聞はそうつたえていたが、これも談話記事でしかないのである。

だが、翌一九七五（昭和五十）年からは、そのことを積極的に自分でも書きだした。『歴史と人物』（三月号）によせた論考では、こうしるしている。「南蛮建築の影響と考えることも可能であろう」と。[*54]

さらに、内藤は「安土城の研究」と題した大論文を、『國華』誌上に掲載した。一九七六（昭和五十一）年の二月号と三月号へ、上下二回にわけて発表したのである。

また、『国華』の側も、この論文を大々的にあつかった。二月号などは、内藤論文の特集号になっている。編集長の田中一松も、「安土城研究の特輯に当つて」という文章で、その意義を強調した。文字どおり、鳴物入りの論文発表だったと評せよう。

この大論文も、末尾のところで、ヨーロッパとのつながりを力説した。吹き抜けの演出は、西洋起源の可能性が高いと、のべている。こんなふうに。

西欧の教会堂建築における吹き抜けの身廊、天守および城館宮殿におけるやはり吹き抜けの大広間等は、その空間形式の類似性において注目せねばならない。岐阜城の建築を宣教師にみせるにあたつて示したヨーロッパ建築についての信長の強い関心は、天正初年の段階で、少くとも日本の伝統にはかつて存在しなかつた吹き抜けの空間を志向する段階に迄成長したとみる蓋然性を指摘できる。安土城天守の中核に設定した吹き抜けの空間は、かような歴史的必然をもつて、南蛮建築の影響とみてまず差支えなかろうと思う[*55]。

これ以後も、内藤はさまざまな機会に、西洋からの影響を指摘しつづけた。学者としての用心深さもあるからだろう。「南蛮建築の影響」だと、そう断定したことはない。だがその可能性は、くりかえしくりかえしのべたてた。事実上、そう言いきっているのと同じであろう。

ここに、「『時代を創る男』の魅力」と題された対談がある。内藤昌が作家の津本陽と、織田信長について語りあったものである。津本の『創神織田信長』(一九九二年)

という本に、それはおさめられている。

津本は、一九八〇年代の後半に、『下天は夢か』という小説をあらわした。信長の一代をおいかけた歴史小説である。そして、この作品では、内藤の復元した安土城が、そのままとりいれられていた。

「吹き抜け空間」の「仕掛けは、ヨーロッパの教会、城館の大ホールと同様である」。『下天は夢か』の第四巻には、そうしるされている。のみならず、『天守指図』による復元図案をものせていた。[*56]内藤からの影響は、明白である。内藤説がブームをよんだことは、このことからも読みとれよう。

その津本が、自著の一部で、内藤をまねき語りあったのである。安土城の吹き抜けに、話のおよばないわけがない。じじつ、津本は内藤に、こう語りかけていた。「安土城の巨大な吹き抜け空間に、私も立ってみたい」と。[*57]これにこたえて、内藤もつぎのように言っている。

本当に立ってみたい。キリスト教を信じていない人でも、ヨーロッパの大聖堂で行われるミサに出席して、讃美歌が大天井に共鳴する中に身を置くと、言い知れぬ感動に襲われますから、恐らく信長も、宣教師からこうした話を聞いていたでしょう。その効果を狙って、家臣たちの自分に対する崇拝の気持をより効果的に高めるために吹き抜け空間をつくったことは十分に考えられます。[*58]

カテドラルの形式が、つたわったというだけにとどまらない。カテドラルの大空間が、信者の気分を高揚させていく。その演出手法をも、信長が意識していたのではないかという。学術論文などでは、とてもここまで書ききれまい。しかし、これこそが内藤の本音なのだろう。

内藤説には、一九二〇年代までの洋式築城術伝来説へ、もどったようなところがある。さらに、十九世紀の天主教起源説へ接近していくようなおもむきも、なくはない。そのことは、今紹介した津本への応答からも、感じとれるだろう。

もちろん、『天守指図』などの発見もあり、旧説と同列に論じることは、できない。しかし、西欧やキリスト教との接点を強調する筋立ては、旧説とたいへんよくにている。

そのリバイバルだという自意識が、当人にあったかどうかは疑問である。だが、天守閣論の歴史をながめれば、どうしてもそう見えてくる。日本起源説を否定することで、それより前の状態へもどっていく。そんな一面があることは、否定しきれない。

じっさい、津本陽に語った話からは、一九二〇年代の西村真次が、ほうふつとしてくる。内藤の復元が、安土城の研究史へ画期をもたらしたことは、まちがいない。だが、それは起源論のベクトルを、ふたたび西洋へむけている。このことばかりを強調するのもどうかと思うが、あえて、特筆しておきたい。

周知のように、内藤昌の復元は一世を風靡した。だが、批判もけっこうおこっている。とりわけ、『天守指図』の信憑性については、多くの疑問がよせられた。学界でいちばんよく知られているのは、建築史家・宮上茂隆による反論である。宮上は、内藤論文発表の翌年に、内藤批判の論文をあらわした。

掲載誌は、内藤と同じく『國華』である。三月号と四月号へ、「安土城天主の復元とその史料に就いて」を、二回にわたって連載した。副題には、「内藤昌氏『安土城の研究』に対する疑問」とある。内藤を批判しようとする意気ごみは、この標題からも読みとれよう。

宮上は、論文の冒頭から、こうきりだす。

「『天守指図』なるものは……到底信頼できる史料とは認められない」。「同図は池上右平が……創作した復元図と考定される」[*59]。

江戸時代、十八世紀の作事奉行が、安土城の復元図を一種のファンタジーとして創作した。内藤は、その空想図を安土城そのものの指図だと、誤解してしまう。だから、あんなとほうもない安土城像を、提出するはめになったのだと言うのである。

さらに、宮上は個別的な各論でも、逐一内藤説を批判した。たとえば、内藤案のハイライトでもある吹き抜けを、こんなふうに論難する。

『指図』にあるような吹抜空間を造ろうとしたら、少なくとも吹抜空間まわりの柱を特別太いものにし、またその上方にはそれらを繋ぐ大梁を架さねばならないのに、『指図』はそれを描いていない。吹抜空間が『指図』筆者の単なる思いつきにすぎないことを示している。*60

『天守指図』のとおりだと、構造的にもたない。建設は無理である。とうてい、これが現実の設計図になりえたとは、思えないというのである。

八角形がひめた謎

宮上茂隆は、『安土日記』という文献にもとづいて、安土城の復元案を提出した。尊経閣文庫にあるこの記録が、安土城の様子をもっともよくつたえている。『信長記』も、安土城の部分は、これにもとづいて書いている。そう判断したうえで、復元作業を展開した。なお、『安土日記』は、信長の武将、村井貞勝の手になる、天守拝見の記録である。

宮上によれば、天守閣の一階平面は、ほぼ長方形になっているという。安土城では、不等辺八角形の天守台へ、一階が長方形になった天守建築を、おいていた。けっして、天守台の敷地全体へ、建築がひろがっていたわけではない。宮上は、『安土日記』などの記録を読むかぎり、そう判断すべきだというのである。

内藤は、天守台の地形と一階平面が、同一形状になっていると考えた。地形のぎりぎりいっぱいまで、建物がたっていたという解釈である。復元案の規模が大きくなったのも、そのためであった。もちろん、『天守指図』にしたがったからでもある。

宮上は、長方形平面の建築が、不等辺八角形の敷地へおさまるようにたっていたという。とうぜん、敷地の周辺は、建築化されない余白として、土地があまっていたことになる。敷地には、それだけの余裕があった。天守台跡地の全部を建築の土台だと考えた内藤案より、その規模はずいぶん小さくなる。

この小規模な案のほうが文献に符合するという宮上は、敷地いっぱいの復元案を否定した。そして、『天守指図』＝内藤説の吹き抜け空間を、こんなふうにも位置づける。

それは創作とみた時に最もよく納得がいくものである。すなわち、安土城天守台上の広さを即天主一階平面の広さと誤解してしまうと、『信長記』に従つて各部屋を割り付けても各階にはまだ広い面積が余つてしまう。土屋純一氏は、その余りの面積を広い入側縁として処理されたが、『天守指図』の作者は、それを内部の吹抜空間として処理したにすぎない。[*61]

『信長記』などの文献にある諸室をあわせても、一階の面積はそれほどひろくならない。天守台の敷地は、けっこうあまることになる。いったい、なぜか。宮上は、『安土日記』なども検討したうえで、現実に建築面積がせまかったからだと考える。

だが、『天守指図』をえがいた池上右平は、敷地の地形がそのまま一階平面になると考えた。そして、その大きな平面上に、安土城の諸室を配分させていく。『信長記』などをひきながら。

こういう手順のおかげで、余分の面積が吹き抜けとなって、内部にのこされた。ほんらいは屋外の空間となるべき部分が、屋内へ算入されてしまったのだという。『天守指図』があとからつくられた空想図であることは、この点からもうたがえない。これが、宮上の結論である。

宮上の反論は、ある前提のうえにたっている。すなわち、『天守指図』の作者が、安土城天守台跡地の形状を知っていたという前提である。作者の池上は、不等辺八角形の敷地を頭にいれたうえで、空想図面をこしらえた。そうきめつけて、話をすすめている。じじつ、宮上はつぎのようにも書いていた。

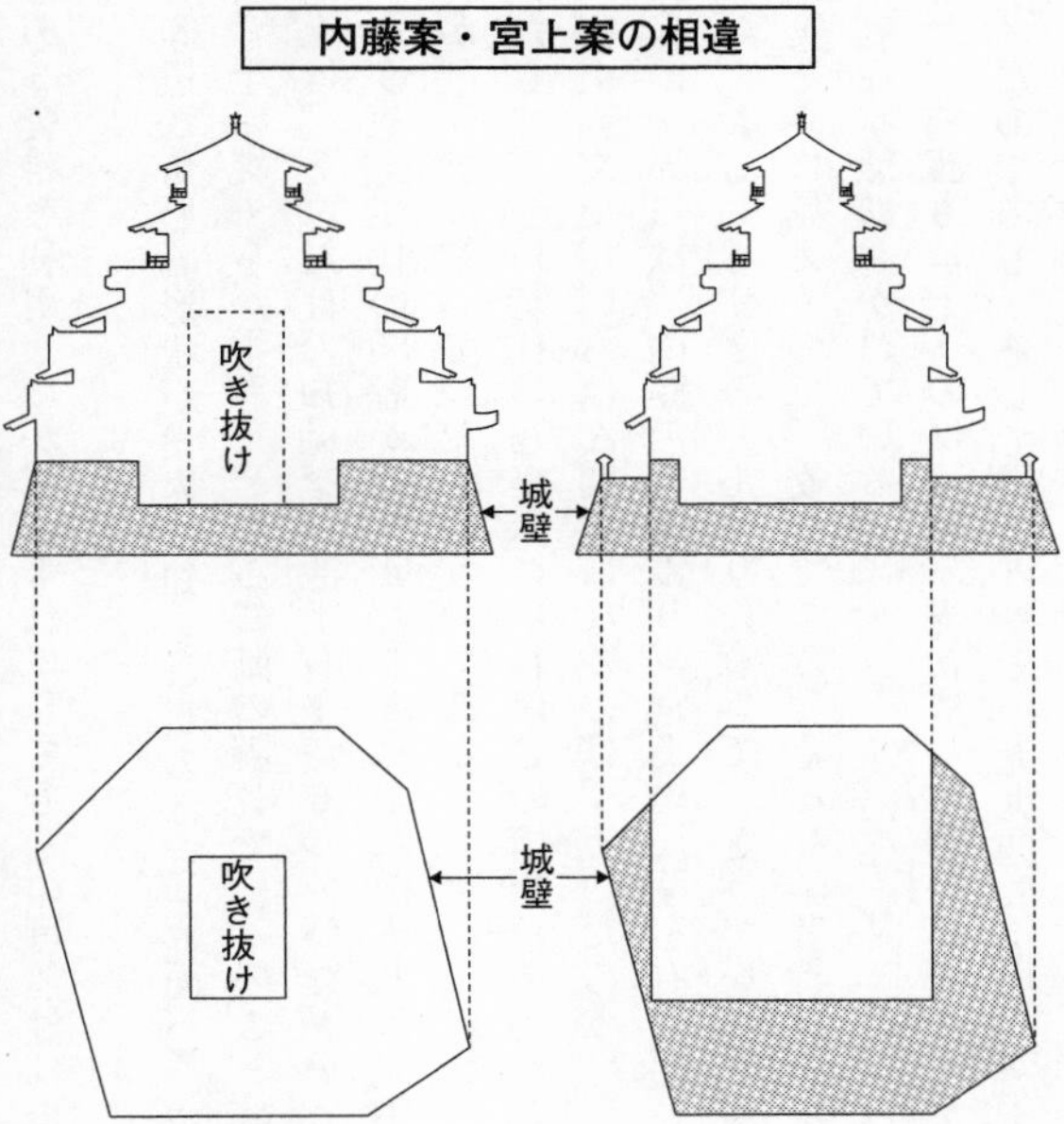

内藤案
宮上案の外庭が内部の吹き抜けにくりこまれ、全体が大きくなる。

宮上案
内藤案の吹き抜けにあたる面積が宮上案では、庭で処理される。

池上右平が『天守指図』を製作した当時、彼自身で遺跡を実測したか、それ以前からある資料を利用したか、いずれにしてもその可能性は否定すべくもないと思う。[*62]

不等辺八角形の形状が学界に知られたのは、一九四〇（昭和十五）年前後からであった。土屋純一らが指導をした滋賀県の調査で、そのことは判明したのである。宮上は、それだけの知見を、池上右平がもっていたという。二十世紀の中頃になって、ようやく現代の学者が知りえたこと。それを十八世紀中葉に生きた加賀藩の作事奉行が、すでに知っていたというのである。

はたして、江戸時代の建築家にそれほどの情報があったと、かんたんに言いうるのか。宮上論文で、いちばん問題になるのは、そこだろう。

今日の学界には、内藤の仮説より、宮上の反論を有力だと見る風がある。内藤の復元案は、おもしろすぎる。あまりに意外で、とうてい信じがたい。宮上のほうが、より堅実そうに見えるので、安心できる。そんな学者特有の用心深さもあって、内藤説は不利な状態におかれている。

また、内藤も宮上への反論を、当初はしなかった。正面からの対決をさけ、黙殺しつづけたのである。そして、ようやく一九九四（平成六）年になって、若干の応答をこころみた。『復元安土城』という本の、註にあたる部分で、こうやりかえしたのである。じつに、十七年ぶりの反論ではあった。

創始期の天主(守)一階で隅部が直角の矩形平面は、実例が皆無であることが昭和四十年以後の研究で判明している。とくに天正期天守台構築は、地盤地形によるところ大きく、したがって台上は不等辺多角形になり、けっして隅が直角の矩形にはならない……(筆者註：安土城の)天主台跡は……不等辺八角形であることは、昭和十四〜十七年の発掘調査の結果判明したことであり……こうした新史料新知見を無視しての論考は……致命的欠陥がある。[*63]

天正期の天守閣は、いっぱんに天守台地形と一階平面が、一致していた。安土城の場合も例外ではないだろう。不等辺八角形の敷地にあわせて、天守閣がたてられていたと、そう判断しうる。一階平面が矩形、すなわち長方形だったなどということは、ありえない。また、十八世紀の池上が天守台地形の様子を知っていたという仮定も、むちゃである。

内藤は、宮上へ以上のようにこたえていた。現実の地形と図面が符合しあう点を、やはり最大のよりどころとしていたのである。

天守閣が、敷地いっぱいにたっていた。内藤のように、そう考えれば、内部の吹き抜けも存在しえたとみなしうる。だが、周囲の土地をあまして、中央に長方形平面でできていたと仮定すれば、どうか。そうなると、宮上のいうように、吹き抜けはありえない。どうしても、ここのところが、両者の争点になってくる。

いずれにせよ、内藤もけっして宮上に屈服していない。学界では、宮上説のほうが優勢だと、よく言われる。しかし、その立論も万全だとは言いがたい。

池上右平が『天守指図』を創作する。そのプロセスを具体的にたどれれば、勝負もきまるが、そこまではまだいたっていない。宮上の復元も、絶対的だとは言いきれないのである。真相は不明だというしかない。

あとひとつ、宮上の議論で気になる箇所がある。宮上は、池上右平の『天守指図』を、空想的な復元案だと位置づけた。かりにもしそうだとしても、いやそうだとすればなおさら、ひっかかるところがある。

いったい、十八世紀中葉の池上が、どうしてこのような空想へたどりつけたのか。なぜ、内部に大きな吹き抜けをもつ城郭などを、イメージしえたのか。この点が、どうしても知りたくなる。

織田信長の時代なら、宣教師から西洋建築の話を聞く可能性が、あっただろう。それこそ、内藤昌が想像するように。だが、鎖国時代の作事奉行に、そのまま西洋情報がとどくとは、思いにくい。ならば、池上は何にもとづいて、このような空間を創案しえたのか。巨大な吹き抜けの城郭という着想は、どのような過程をへて、浮上したのだろう。

この点について、宮上は何もこたえない。ただ、つぎのような感想をしめすに、とどめている。

『天守指図』は、安土城天守に関する史料としては価値がないが、そこに描かれた建築にみられる奇想は注目に価する。*64

このコメントだけでは、いかにもさみしい。そこにえがかれた「奇想」が、なぜできあがったのかを、おしえてほしいと思う。

ここでもういちど、江戸後期における天守閣観念を、思いおこしてみよう。十八世紀後半からは、天守閣が西洋的な建築として、意識されだしていた。キリシタンへつうじているとする見方も、ひろまるようになっている。

ひょっとしたら、十八世紀中葉の池上右平にも、その観念があったのかもしれない。そして、この作事奉行は、彼なりに西洋のキリシタン的空間へ、思いをはせていく。思うぞんぶんファンタジーを肥大させ、異教的な城郭像をひねりだす。伝統的な建築ではありえない空間を、空想のなかでつくっていく。とりわけキリシタン的だと思われていた安土城の、その復元的考察をすすめつつ。

あの破天荒な『天守指図』の内部空間は、こうしてあみだされた。それは、鎖国下のキリシタン幻想がうみだした「奇想」だと、言えまいか。あるいは、この常軌を逸した空間構想の出現こそが、キリシタン的城郭観の開始を物語る……。

たんなる思いつきである。それこそ、「奇想」に類する歴史解釈だと言うべきか。

じっさい、このストーリーだと、池上が天守台地形を知りえた事情は、わからない。内藤には、まずその点をしかられよう。宮上が賛成するかどうかも、疑問である。放恣な空想になながされることは、ひかえるべきなのだろう。しかし、おそるおそるではあるが、ここへ仮説として提示することにした。

『天守指図』が、じっさいの設計図であれば、なりたたない。空想図である場合にのみ、その可能性が浮上する。まことにはかない仮説であることは、あらかじめおことわりしておきたい。

さきに、学界では内藤説が不利になっていると書いた。だが、ひとり意外な学者が、内藤説を支持している。戦前から城郭史の研究をつづけてきた藤岡通夫が、内藤にエールをおくっているのである。

藤岡が、天守閣の日本起源と、日本的性格を論じてきたことは、前にのべた。内藤が、その旧套から脱却して、海外とのつながりを強調したことも、既述のとおりである。内藤からながめれば、藤岡はのりこえるべき先学であったといってよい。
その藤岡に、『城と城下町』という著作がある。一九五二（昭和二十七）年に、初版が刊行された本である。内藤説の発表より、二十年ほど前に出版されている。もちろん、藤岡はこの本でも、天守閣が日本的であることを力説した。その成立に、海外からの影響があったとする見方を、全面的に否定する。[*65]
藤岡はその改訂版を、内藤説発表後の一九八八（昭和六十三）年に刊行した。内藤説を支持する言葉が書かれたのは、ここである。藤岡は、つぎのように論をすすめていた。

江戸時代の推定復原図であるとする異説もある……果してこのような図が後世に推定で画けるものであろうか……安土城跡は……昭和十四年から十六年にかけて滋賀県の行った発掘調査により、初めて天守台の姿がその全貌を現わした。天守台が不整形の八角形であったことが判明したのもこの時で、それ以前に誰がこの形を正確に推定できたであろうか。[*66]

藤岡も、天守台の地形が『天守指図』の一階平面とあうことを、重視した。そして、これを江戸期の空想的な復元図だとみなす説に、反対する。

にもかかわらず、藤岡は天守閣の日本起源説を堅持した。天守閣の発生は、「純日本文化の所産である」と、この改訂版でもくりかえす。[*67]『天守指図』は支持しても、カテドラルうんぬんといった議論は、しりぞけた。

じじつ、藤岡は中心の吹き抜けを、「天守の初期的な傾向」[*68]として位置づける。あくまでも、日本国内の自律的な建築発達史という筋道で、考えようとするのである。内藤の解釈にたいしては、つぎのように論じていた。

内藤博士はこの中央の吹抜き部がカソリック教会の内部を思わせる見せ場であったと主張しているが、それほどの見せ場なら『信長公記』の記載に出ないはずがないから、この資料は怪しいとする説もある。しかし吹抜きが見せ場だったとするのは内藤博士の臆測で、資料には何とも記していないから、それで資料の価値を云々するのはおかしい。[*69]

『天守指図』そのものは重視する。だが、内藤の解釈は、とりいれない。つまり藤岡は、自説である天守閣＝日本起源説の文脈で、『天守指図』を支持していた。研究の技術的な面では内藤を肯定し、精神的なベクトルは逆をむいていたということか。巨大な吹き抜けも、藤岡にはそれほどの「奇想」と、うつらなかったようである。ヨーロッパとのつながりを語りたい。そんな内藤にとっては、複雑な気分にさせられる援軍だったろう。

藤岡には、あとで改訂させた著作が、もうひとつべつにある。『城――その美と構成』が、それである。初版は一九六四（昭和三十九）年に、刊行された。そして、改訂版は一九九二（平成四）年に、だされている。もちろん、両者ともに、近世天守閣の日本起源を力説する。たとえば、こんなふうに。

城は日本人の独創力が最高に発揮されたものといっても過言ではない。城の建築、石垣、縄張りと、いずれを取り上げてみても、日本人の創意があふれている……西洋建築の影響はまず考えられないのである。[*70][*71]

にもかかわらず、新しい改訂版では、内藤説を好意的にあつかった。西洋建築とのつながりを強調したがる後輩の説を、積極的に肯定した。じじつ、吹き抜けの存在をつたえた内藤案にたいしては、こうのべている。「安土城天守も、ようやくその全貌がうかがえるようになったのは喜ばしい」と。[*72]

内藤の復元をみとめてしまえば、西洋からの影響も、否定できなくなる。いっぽんにはそう考えられようが、藤岡の場合はちがっていた。吹き抜けの空間は存在したと判断するが、それを西洋的だととらえない。あくまでも、日本的だと位置づける。藤岡の日本起源説は、それだけ強固に、信念をもってくみたてられていたというべきか。

そして、そういう信念のある学者には、吹き抜けも日本的だと思えてくる。同じものを、べつの学者は西洋的だと考えていたのに。やはり、ものの見え方は、誰が見るかによってかわってくるらしい。

石垣の解釈をめぐっても、そういうずれがあることは、前にのべた。どうやら、同じことは、吹き抜けをどう理解するかという問題にも、あてはまるようである。けっきょく、ものごとの解釈には、こういう一面がいやおうなくあるということか。

よみがえるヨーロッパ

たったひとつの研究発表で、学界の空気がかわることはある。時代の画期をになう仕事は、確実に存在する。内藤昌がてがけた安土城の復元的研究も、そういう業績のひとつに、あげられよう。

前にものべたが、内藤説発表以前の学界は、天守閣を日本起源だと考えていた。外国からの影響などうけずに、日本でつくられた日本固有の建築である。そう位置づけるのが、天守閣理解の通説になっていた。

建築史や美術史の世界だけで、そう言われてきたわけではない。この日本的天守閣論は、日本史、いわゆる国史の領域へも、ひろがっていた。

歴史家の家永三郎が、『日本文化史』（一九五九年）という本を書いている。岩波新書の一冊として、ひろくしたしまれてきた本である。そして、そこにもこんな天守閣論が、とどいていた。「天守閣はまったく日本人の創意から出た多層建築で……」[*73]。こういう言辞の流布された、その隆盛ぶりがしのばれよう。

もちろん、わずかばかりではあるが、南蛮からの感化を語ったものはいた。しかし、それらの議論が反響をよんで、学界に大きなインパクトをあたえたことはない。ときどきは、風がわりな説も顔をだすという。そのぐらいのことで、見すごされてきたのである。

その点で、内藤による復元図の提示は、画期的であった。『天守指図《さしず》』という史料の発見が、それだけ高く評価されたからだろう。発表からしばらくのあいだは、内藤の周辺にいる学者たちから、支持の声があいついだ。

たとえば、書誌学者である川瀬一馬《かずま》の言葉に、耳をかたむけてみよう。川瀬は、一九七五（昭和五十）年の秋から、一年間の特別講義を開始した。その記録が、『日本文化史』として、三年後に刊行されている。そこに、つぎのような話がある。

信長は西欧文明のよさを取り入れることについては熱心であったと思います。安土の天主閣の築城などもその一つの現われでありましょう。[*74]

ちょうど、内藤のてがけた安土城の復元案が、喧伝されていた時期である。その天守閣が、西洋建築の影響をうけているという話も、大きく報道されていた。川瀬は、さっそくそれを、自分の講義にとりいれていたのである。

「まったく日本人の創意」だと、家永の『日本文化史』は、書いていた。だが、川瀬の『日本文化史』は、「西欧文明のよさを取り入れ」ていたという。同じ標題の本が、正反対の記述になっている点は、興味深い。時代のうつりかわりが、あざやかに読みとれよう。

とにかく、内藤の新説にたいしては、賛同する学者たちがけっこういた。それだけの訴求力が、内藤の仕事にはあったのである。

ところで、内藤と川瀬には以前から面識があった。内藤は、龍門文庫の『信長記』について、川瀬の意見をたずねている。論文にも、「川瀬一馬博士に御教示いただいた総合的所見によれば」というくだりがある。[*75] 川瀬は内藤の仕事を、おおげさにいえば、てつだっていたのである。『日本文化史』での言及も、種をあかせば、そのあたりの事情にゆきつくのかもしれない。

こんどは、一九七七（昭和五十二）年にだされた『概説日本史』の記述を、紹介しておこう。これも、内藤説発表直後の文章だが、安土城については、こう書いている。

内藤昌氏（名工大教授）の復元図によれば……吹き抜けという構造をもち……キリシタン教会の建築様式をとり入れたものと推定されている。*76

内藤説の、多方面にわたる反響をしめす一例だといえる。なお、このくだりを書いたのは、歴史家の三鬼清一郎であった。

じつは、この三鬼にも、内藤とのつきあいがある。内藤は、三鬼からも、史学上の知見をしいれていた。「この件は、三鬼清一郎氏の御教示による」*77。内藤論文は、川瀬のみならず、三鬼にたいしても、そう謝意をのべている。『概説日本史』の三鬼に、そういう交誼が影をおとしていなかったとは、言いきれまい。

余談だが、三鬼は四年後に『鉄砲とその時代』（一九八一年）を、書いている。すでに、宮上茂隆が内藤批判の論文を発表し、内藤説の旗色は悪くなっていた。そんな状況にも左右されたのだろうか。三鬼は、この新しい本で、内藤と宮上の対立にこんな反応をしめしていた。「建築史を専門としない私には、この論争に立ち入ることはできない」*78と。

かつては、内藤説を好意的に紹介した。だが、反論がでてからは、中立的にふるまおうとする。こういう処世をあゆむ学者のいたことからも、内藤説の頽勢《たいせい》がしのばれる。

そして、同じように考え方をかえた学者は、ほかにもけっこういただろう。最初は、内藤の復元案を見て感心した。安土城とヨーロッパをつなげる着眼にも、賛嘆をおしまない。にもかかわらず、宮上の反論がでてからは、内藤説を冷静に見なおしだす。三鬼がたどったそんな心の軌跡を、ともにあゆんだ研究者は、けっして少なくあるまい。

とはいえ、内藤批判の声が高まってからも、西洋との接点を強調しつづけた学者はいた。建築論の若山滋を、ここではその代表者として、紹介しておきたい。若山は、一九八四（昭和五十九）年になってさえ、つぎのような文章を書いていた。

私はかねがね、城郭建築は日本には珍しい建築構法で、ヨーロッパ的な臭いがあると考えていたが、この安土城の図によって、その考えは、よりはっきりしたイメージを形成することになった。[*79]

自分も前から、ヨーロッパ的だと思っていた。内藤の復元図を見て、そのことを再認識したという。

学界の時流が、内藤からはなれだしても意に介さない。あくまでも、内藤説を支持している。その一徹さを、高く買うべきか。あるいは、宮上の内藤批判が気にもとまらない様子を、鈍感だというべきか。評価は、さまざまにわかれよう。

邪推をはたらかせ、若山の大学における立場を、考えたくなるむきもあろうか。若山は、内藤教授と同じ名古屋工業大学の建築学科で、助教授になっていた。そのあたりの配慮もあって、宮上にかまわず、内藤説の肩をもったのではないのか、と。

その可能性が、ぜったいないといいきれるわけではない。だが、良心的な研究者には、まずありえないふるまいである。処世術談義の勝ちすぎた解釈については、これを否定しておきたいと思う。

ついでながら、内藤説を半分肯定した藤岡のことも、気にするむきはあろう。東京工大建築史教室の人事をめぐる葛藤に、思いをはせる学界人は、いるかもしれない。しかし、そういう裏面については、たしかなことが言いかねる。ここでは、言及をひかえたい。

ともかくも、内藤説がでてからは、学界の空気が一変した。安土城の天守閣に、ヨーロッパからの感化を読む。そんなコメントが、あいついで提出されたのである。それこそ、「私はかねがね……ヨーロッパ的な臭いがあると考えていた」とさえ、評された。

天守閣の日本起源説が、学界を制圧していた時期とは、ぜんぜんちがう。以前も、まれに西洋築城術伝来説が語られたことは、あった。だが、それを積極的に支援する声は、つづかない。学界のなかでは、単発的に、孤立してとなえられるだけだった。

内藤以後は、しかしちがう。ヨーロッパからの影響をみとめる発言が、あいついだ。たしかに、支持の声は、内藤と近い研究者から発せられることが、多かったろう。しかし、天守閣の日本起源説が、重大なゆさぶりをうけたのは、まちがいない。

じじつ、これ以後、日本起源説は目に見えて衰退する。なるほど、内藤の復元案が、学界から全面的にうけいれられることは、なかったろう。しかし、これをきっかけとして、天守閣イメージがかわりだしたのも、たしかなのである。

つづいてここへ、作家の司馬遼太郎がしめした天守閣観も、紹介しておこう。歴史小説の大家だが、日本の近世城郭を、つぎのように論じていた。スペインのバスクへ、ザビエル生誕の地をおとずれた時にのべられた文章である。

もとに南蛮の城郭があった。織田信長の安土城を祖とする日本の近世城郭はその結果である。日本の近世城郭は、たしかに南蛮築城術の影響がある。ただ、中世末期の日本人の築城家たちはヨーロッパへ行ったことがない。どうしてあのように全体構造から部分機能にかけて、似たところの城郭をつくりあげたのだろうか。[*80]

日本の城は、いわゆる南蛮からの影響をうけたと、言いきっている。司馬は自信をもって、そう書いた。ならば、その影響は、どのようにして日本へつたわったのか。司馬は、こう文章をつづけている。

ここに、会話を設ける。

南蛮人どの、南蛮人どの、デウスのお話もさることながら、貴殿の国は城をいかようにしつらえなさる。設計《なわばり》の図などお描きくだされ……

私のつくった会話で、根拠はない。当時――まだ信長の世すら定まらぬ戦いと風塵のなかで――たれかがひそひそと南蛮人と話しあっていたような気がする。[*81]

いかにも作家らしい想像ではあった。

ところで、この文章は一九八三（昭和五十八）年に書かれている。内藤説が話題をよんだ、そのあとにしるされた。司馬のような作家にも、内藤昌の復元案は影をおとしているということか。宮上の反駁は、見すごされているらしいのに。そういえば、津本陽も同じような反応を、しめしていた。

もっとも、司馬は内藤説以前から、そう考えていたという可能性もある。この文章が、内藤以後に続出した南蛮感化説の一例とみなしうるかどうかは、わからない。とりあえず当代を代表する文豪の天守閣論として、提示するにとどめておく。

日本から中国へ

話をすすめる前に、内藤説のことを、もうすこしくわしく説明しておきたい。

安土城の内部には、巨大な吹き抜けがあった。それは、カテドラル建築の翻案にほかならない。信長は、南蛮人たちから、西洋の建築術をおそわっていた。内藤説で評判をよんだのは、圧倒的にそこのところである。西洋的な吹き抜けの導入という話が、突出して有名になっている。

だが、内藤昌も、そのことだけをのべていたわけではない。安土城の建築様式については、ややニュアンスのちがう指摘も、のこしている。

安土城の屋根や壁などは、どうなっていたのか。どのようなデザインが、ほどこされていたのか。この点になると、内藤は西洋の建築様式がとりいれられたという解釈を、さけている。吹き抜けという空間のありかたについては、西洋とのつながりを強調した。だが、軀体部分の建築様式に関しては、べつの解釈をしめしている。

南蛮屛風と通称される一群の美術品がある。いわゆる南蛮人たちの風俗をえがいた、

十六、七世紀の屛風である。そこにはもちろん、彼らがすんでいる建物の様子も、描写されていた。

それらをながめていても、とくに西洋的だという印象はいだけない。基本的には、東アジアの木造建築が、あらわされている。ただ、それまでの伝統的な日本建築とは、いささかおもむきを異にする。異国風とでも言うのだろうか。内藤は、そこに描出された建築様式を、つぎのように説明する。

南蛮屛風の南蛮風建築は、決して本格的な西洋建築ではないが、逆に純日本風でもなく、更に当時の日本人工匠のマスターした唐様(禅宗様)でもない。それが異国風であるのは恐らくマカオあたりから新たに導入した明《みん》様式の建築であるからであろう。[*82]

マカオあたりの新しい明様式が、南蛮的な建築様式としてイメージされていたという。そして内藤は、安土城の天守閣も、そのような様式でたてられたのではないかと考えた。以下のように。

安土城天守に認められる様式的特色は、要するに唐様である。しかし、その意味は、単に金閣から想像される多分に日本化された禅宗建築の様式に留まるのではなくして、より最新の中国建築に近い、即ち南蛮屛風に顕示されるが如き極彩色の明様式を志向した……安土城天守の造形は、そうした唐様・南蛮風を包括する新しい「婆《ば》佐《さ》羅《ら》」である。[*83]

中国の新しい建築様式を、安土城はとりいれている。それを、当時のひとびとは、南蛮風としてうけとめた。以上のように、内藤は解釈する。

なるほど、内部空間の構成に関しては、西洋から感化をうけた可能性を高唱した。だが、建築様式の基本は、中国・明の新様式にあるという。そして、内藤は、今日にいたるまで、この解釈をかえていない。

宮上茂隆が、内藤の復元した吹き抜けを、全面的に否定したことは、何度ものべてきた。そのため、両者はまったく対立しあっているような印象を、かもしだしている。ふたりを、不倶戴天の敵であるかのように考えている学界人も、多かろう。

しかし、建築様式の理解という点では、宮上にも、内藤とつうじあう部分がある。じじつ、宮上はつぎのように、安土城の天守閣が中国的であることを、論じていた。

重層の楼閣という建築形式そのものが、もともと中国のものである。高い台（ここでは石垣積み）上に建築を建てるというのも中国の伝統である（中国では台はレンガ造）。建築に金箔を押したり、漆塗りの彩色を施すのも中国式といってよい……安土天主の最上階は、金閣のごとく、当時の中国建築様式そのものであったとみられる……南蛮の影響などを云々するのは誤りである。[*84]

両者の位置づけには、若干のちがいもある。内藤は、新しい明の様式と安土城の天守閣をむすびつけて、考えた。だが、宮上は伝統的な中国建築の延長上に、安土城をイメージする。さらに、「南蛮……云々」という議論を、あっさり否定した。

しかし、両者はともに、中国建築からの影響をことあげする。内藤も宮上も、「中国建築に近い」、「中国建築様式そのものであった」と、言いたてた。中国文明の圏内に、安土城を位置づけるという点では、あまりかわらないのである。

それまでの天守閣論では、圧倒的に日本起源説が主流をなしていた。天守閣の造形も日本的だと考えるのが、あたりまえになっていたのである。もちろん、安土城に関しても、その例外ではありえない。

こういう思考上の因襲を、うちやぶったのは、うたがいもなく内藤昌の復元である。内藤は、安土城の内部が西洋とつながる可能性を、ひろく学界へ呈示した。そのおかげで、学界人たちも、じゅうらいの見方をあらためるようになっていく。べつに、日本起源であり、日本的だと考える必要はないのだ、と。

中国からの感化などという新解釈が出現できたのも、なにほどかはそのせいだろう。それらは、内藤が旧説に強烈なゆさぶりをかけたあとで、登場した。内藤のはたした役割りは、その点でたいへん重大だったといえるだろう。

とはいえ、一九七〇年代に、それなりの時代背景があったことも、まちがいない。日本起源説などは、どのみち衰弱させられてしまうだろう時代だったのである。内藤の役割りが、その時流とともにあったことは、否定しきれないだろう。この点については、前にもふれたとおりである。

ある意味で、内藤と宮上は、時代精神を共有しあっていた。どちらも、日本起源説が衰退したあとの時代にふさわしい説を、となえている。しかも、両者は中国を重視するという点で、かさなりあっていたのである。

吹き抜けがあったかどうか。『天守指図』は、ほんとうに信頼できるのか。こういった部分に関するかぎり、ふたりの立場はあいいれない。まったくの平行線を、たどっている。そして、学界のなかでは、この対立ばかりがクローズ・アップされてきた。

しかし、両者がともに日本起源説以後の時代を生きていることは、あまり注目されていない。ほとんど、見すごされているといっていいだろう。あえてそのことを強調するゆえんである。

安土城の天守閣は、中国の伝統的な建築にルーツをもつ。宮上茂隆は、そのことをくりかえしくりかえし、のべたてた。最近は、つぎのようなコメントを、書いている。

天主は、中国風というところに最大の特徴があるといえる……天主のこうした特徴は信長の中国志向にもとづく結果であったとみられる。[*85]天守は建築自体も、住宅建築としてはそれまでにないほど、中国的要素を取り入れていたといえる。[*86]

宮上の仕事が、学界で高く評価されてきたことは、前にものべた。安土城を中国的だとするこの見解にたいしても、めだった反論はみあたらない。おおむね、了承されているようである。

近世建築史の研究をリードする玉井哲雄も、好意的な見解をしめしている。ここに、玉井が書いた宮上評を、紹介しておこう。

宮上氏によれば、これらの特徴から言えるのは、内部の絵画の題材のみではなく、建築的にみた形態も甚《はなは》だ中国的であるということである。そもそも高台の上に高楼を置くという形式自体が中国の支配者の建築の伝統にのっとっていると言ってよく、中国文化の強い影響下にあった中世文化の継承を強く意識していた信長の中国趣味の表れとみてよいであろう。[*87]

宮上の指摘を、そのままうけいれている。これを、玉井ひとりの個人的な見解だとみなすのは、あたらない。学界の趨勢も、この方向をむいていると言えるだろう。内藤昌が、明の新しい中国建築による影響をことあげしたことは、すでにのべた。日本城郭協会理事の井上宗和《むねかず》が、この説につうじあう指摘を書いている。一九八五（昭和六十）年の言及だが、それをここへ紹介しておこう。

井上は、近世的な天守閣の原型が、松永久秀の多聞城にあったという。そして、その建築的なルーツを、つぎのように想定した。

私は昭和五十一年九月、中国東北地区瀋陽を訪ねた……ここには明時代の城楼建築の古風を伝えるという三層楼が残っている……瀋陽故宮で大内殿閣三層楼を見たとき、そこに多聞城四層天守の原形を見出した思いであった。[*88]

これも、けっきょくは中国起源説のひとつに、かぞえられるだろう。とにかく、新しい天守閣論は、中国を射程にいれやすくなってきた。新時代の好奇心は、中国へむかいだしていたのである。

余談だが、美術史の分野でも、似たような傾向はあるらしい。安土城をいろどる美術品の中国的性格を、強調して語っていく。そんな風潮が、近年は高まってきたように思う。

その一例に、大西広と太田昌子の仕事を、あげておく。彼らは、『朝日百科　日本の歴史・別冊』で、安土城の巻をうけもった。一九九五（平成七）年に刊行された冊子だが、ふたりはその全編を対話形式で書いている。A氏がB氏と語りあう体裁にしあげていた。

その内容だが、両者は安土城の襖絵が、中国的な画題になっていることを重視する。そして、安土城には一種の中国幻想があるという。さらに、その中国幻想をことごとしく、「チャイニーズ・ロア」などと名づけていた。この「ロア」は、民間伝承を「フォークロア」というさいの「ロア」と同じ含みをもつ。ねんのため、おぎなっておく。

安土城には、「チャイニーズ・ロア」がみなぎっている。それはどういうことなのか。どのような背景が、そこにはあるのだろう。とまあ、以上のような調子で、話をすすめている。一冊まるごとが、「チャイニーズ・ロア」の正体をさぐることに、ついやされていた。[*89]

新しい傾向だと思う。以前は、襖絵の画題に中国的な要素が強いことを、それほど特筆しなかった。画題は中国種だが、えがきかたは日本的だったと、その日本的性格を揚言する。あるいは、日本的な障壁画の典型を、そこに見る。以上のような姿勢のほうが、より一般的だったろう。

だが、大西らは、画題の多くが中国起源であることを、重視した。そして、そこに大きな意味を、読みとろうとするのである。建築史のみならず、美術史もまた中国への好奇心を強めだしているということか。

もちろん、藤岡通夫のように、態度をかえない建築史家もいた。藤岡が一九八〇年代になっても、旧説を墨守したことは、既述のとおりである。すなわち、天守閣は日本起源であり、その造形も日本的である、と。

だが、一九八〇年代の藤岡を、主流派だとみなすことは、とうていできない。日本文化の固有性を強調する議論は、すっかり少数派になっていた。時代は、とうとう中国に、そしてある部分では西洋へも、むかいだしていたのである。

さて、『信長公記』には、信長が一観という中国人に安土城の瓦をやかせたと、書いてある。『安土日記』では、それが一官という名前になっている。とにかく、中国(明)から瓦師をまねきいれたという記述が、古い記録類にはある。

宮上茂隆は、このことをも「信長の中国志向」があらわれた一例として、とりあげる。[*90] 内藤昌も、それを「信長によつて……中国風＝唐様に志向され」たためだと、考えた。[*91] 中国的天守閣論にとっては、これがおあつらえむきのデータとなっているのである。

　なお、『安土日記』を信頼する宮上は、この瓦師を、一官としるしている。だが、それを重んじない内藤は、一観と表記する。両者のこだわりは、そういう名前の書き方にまで、投影されているのである。

　安土城には、信長の中国志向がうかがえる。たしかに、ふたりともそうのべていた。この点については、精神史的な背景を、共有しあっていたといえるだろう。だが、学術的な面では、まったくあいいれない。それこそ、瓦師の名称表記にまで、その対立は読みとりうるのである。

　ここでもういちど、戦前の建築史家である関野貞の言及に、注目してみたい。関野は、一九三〇（昭和五）年の『日本古瓦文様史』で、こんなふうにのべている。

　織田信長安土城を築き七重の天守を起し豪華を極めしとき、其の瓦は唐人の一観に焼かしめたから、支那式の製法が此の時に始つたやうにいふ者もあるが、少くも瓦《が》当《とう》に其影響を認むることができぬ。其の巴瓦は我が従来普通の巴文であり、……普通の唐草瓦である。[*92]

中国人の瓦師に瓦をやかせたからといって、それが中国式かどうかは、わからない。日本在来の、よくある瓦だったかもしれないじゃあないか。関野は、そんなふうに主張する。

また、一九三四（昭和九）年にも、同じことを反復しながら力説した。『日本建築に及せる大陸建築の影響』という冊子での指摘が、それである。のみならず、この本では、つぎのような議論もなされていた。

此の桃山時代の建築界には大陸よりの影響は殆《ほとん》どこれ無く、全く自力更生画期的大発展を遂げたのである。[*93]

関野は、天守閣の出現を、「わが国民の創意」で論じた学者である。国粋論にくみした建築史家だといってよい。安土城のことも、極力排外的に論じたかったのだろう。信長が、中国人の瓦師に瓦をやかせていた。この記録も、そんな関野には、中国瓦の採用をしめすデータとしてうつらない。後世の宮上や内藤は、これに言及しながら、信長の中国志向をいいたてた。その同じ資料を読みつつ、あくまでも「わが国民の創意」を、力説したのである。

もちろん、関野の時代には、中国瓦らしいものが安土から出土していなかった。遺跡にあった赤色瓦がそれではないかと言われだしたのも、一九六〇年代からである。一九三〇年代だと、まだそんなものは見つかっていない。関野が、「わが国民の創意」を強弁したことにも、関野なりの事情はある。

だが、いずれは見つかるかもしれないと、考えたりすることもありえただろう。じじつ、この時代でも、瓦は中国的だったという論者が、けっこういた。「支那式の製法が此の時に始つたやうにいふ者もあるが」と、関野じしんも書いている。

にもかかわらず、関野はそれを否定的にあつかった。どうしても、日本固有文化論で、安土城や天守閣のことを語りたい。そうねがっていたからである。もちろん、彼の時代そのものも、学者たちに、日本文化論を高唱しやすくさせていた。そして、関野の場合は、人並み以上に、そういう時流へよりそっていたのである。

いずれにせよ、内藤や宮上らは、関野とちがう時代を生きている。中国人の瓦師に仕事を依頼した。そのことが、信長の中国志向をしめす証拠のひとつとして、あつかえる。それだけ、中国へ傾斜した時代に、現代の学者たちはいるのである。日本文化論の時代はすぎさったというほかない。

近世の大きな天守閣は、西洋建築の影響をうけて、日本の建築史上に出現した。信長の安土城も、南蛮人たちの示唆にもとづいて、建設されている。二十世紀初頭までの学者たちは、たいていそう考えた。

しかし、一九一〇年代には、まったくべつの歴史観ができあがる。天守閣は、国内的な建築発達史の必然が、うみだした。海外からの影響などは、無視しうる。西洋建築の感化を言いたてるじゅうらいの議論は、まちがっていた。以上のような論法が、登場したのである。

この考え方は、一九三〇年代後半から、学界の主流を制するようになっていく。西洋からの影響をとなえる声は、ほとんど聞こえなくなりだした。逆に、天守閣は日本民族固有の造形精神を反映させていると、言われだす。そして、この排外的な天守閣観は、一九六〇年代まで維持された。

状況がふたたびかわりだしたのは、一九七〇年代後半からである。このころから、天守閣は中国建築の影響をうけて成立したと、言われるようになった。のみならず、西洋からの感化も、しばしば語られるようになっていく。自閉的な天守閣=日本固有文化論は、あきらかに衰退した。一九八〇、九〇年代と、時代が下るほど、その傾向は顕著になる。

天守閣をめぐる歴史解釈は、以上のような経緯をたどってきた。すくなくとも、学界での推移は、そんなふうにまとめうる。

このうつりかわりは、法隆寺研究の歴史とも、おおむね符合する。法隆寺を論じた諸学説も、じつは似たようなコースをへて、今日にいたっているのである。

十九世紀末―二十世紀初頭の法隆寺は、西方とのつながりが、よくことあげされていた。ペルシアやギリシアの古代文明が、ユーラシア大陸をこえて、日本までとどいている。法隆寺には、そんな遠方からの感化が、読みとれる。それは、古代の奈良が地中海ともつうじあっていたことの証に、ほかならない。当時の法隆寺論では、このパターンが、学界での常套句になっていた。

だが、一九一〇年代にはいると、様子もちがってくる。地中海からの文明は、インドの手前までしかとどかなかったと、言われだす。学界では、西方からの感化が、否定的に語られやすくなってきた。

そして、一九三〇年代には、法隆寺を日本固有の建築として論じることが、ふえてくる。ギリシアやペルシアの影は、かすんでしまうようになっていく。かわって、日本的造形精神を反映させた法隆寺という話が、学界を制圧していった。さらに、この見方は二十世紀のなかごろまで、たもたれることとなる。

二十世紀後半、一九六〇年代には、しかし日本的法隆寺論が峠をこえて、おとろえだす。そして、中国からの影響を論じることが、ふえだした。一九七〇、八〇年代をむかえ、この傾向には、いっそう拍車がかかっていく。今日では、日本的性格を強調することが、よほどすくなくなっている。

また、西方—地中海とのつながりを論じる見解も、学界の一部にはではじめた。その意味で、二十世紀初頭までの議論が、部分的に回復のきざしを見せているとも評せよう。

二十世紀初頭までは、西洋あるいは西方とのつながりが、大きく語られる。そして、一九三〇年代からは、日本の独自性を主張する見方が強くなる。さらに、一九六〇、七〇年代をむかえて、中国からの感化が強調されはじめる。西洋、西方との文化交渉も、一部では、ふたたび語られるようになりだした。

両者の学説史的な推移は、その点で、だいたい並行したコースをたどっている。安土城や天守閣のことを、学者たちがあれこれ論じてきた。その歴史は、法隆寺の研究史と、おおむね一致するのである。

法隆寺は、七世紀に建設された。建築史研究の対象としては、古代史にぞくしている。安土城は、十六世紀の建築である。以後、数多くの天守閣が、十六、七世紀にかけてたてられた。近世建築史、あるいは中近世のテーマだといえる。

さらに、法隆寺は寺であり、安土城は城である。建設時期がちがうだけではない。建築としてのカテゴリーも異なっている。

にもかかわらず、両者に関する学説は、だいたい同じように変化した。西洋感化説から日本固有説をへて、中国感化説にいたる。部分的には、西洋感化説もよみがえる。この同じコースを、ふたつともたどっている。さらに、それぞれが変化をとげていく時期も、さほどちがわない。ほぼ同じ時期に、かわっている。

これは、いったいどういうことなのか。まったく異なる研究アイテムが、同じような学説史をあゆんできた。なぜ、このような現象がおこってしまうのだろう。

法隆寺に関する学説が、歴史的に変化する。とうぜん、その変化には、法隆寺論特有の事情があるだろう。安土城や天守閣を論じた学説の変化についても、同じことは言えるはずである。

とはいえ、学説史がこれだけにかよっていると、べつの考え方もうかんでくる。学説がかわっていく背景には、個別の事情をこえた何かがあったろう。法隆寺論を、そして安土城論も、ともにおしなべて左右した。研究アイテムの差異を凌駕する、そういう大きな要因があったのだと、どうしても思えてくる。

時流の力というべきか。法隆寺の研究者も、安土城の研究者も、どこかではそれにおどらされてきた。時代精神の動向につきうごかされた部分が、まったくなかったとはいえないだろう。そういった一面があるからこそ、学説史の並行的展開もおこるのだと考えたい。

天道思想とキリスト教

戦国・安土桃山時代は、乱世である。下剋上の、実力がものを言う時代であった。武将たちのあいだでは、面従腹背やうらぎりが常態となっている。道徳的なふるまいなどが、期待しにくい時代でもあった。

とはいえ、そんな戦国の世にも、ある種の倫理観が、なかったわけではない。たとえば、天道思想とよばれる考え方が、そうした規範のひとつに、あげられる。

この時期には、仏教や神道、そして儒教でも、天道という言葉がよく語られた。仏教者、神道家、儒学者たちが、ともに天道のとうとさを、論じあっていたのである。また、当時は禅林を中心として、神儒仏の三教一致をとなえることが風靡した。そのため、これらの三教に共有されていた天道が、時代の表面へうかんでくる。

そして、戦国の乱世には、じゅうらいの伝統的な宗教や道徳が、力をなくしていた。新しい規範がもとめられる時代に、なっていたのである。神儒仏の三教を通底する天道は、こうした要請にこたえるものとしても、意識されだした。

とりわけ、しのぎをけずりあう武将たちは、それを強く意識するようになっていく。たとえば彼らは天道の名において、たがいの覇権をあらそった。天道に武運をたくすことも、よくおこなわれている。そんな争乱をつうじて、天道のおもむくところがきまり、やがては天下の帰趨が決定する。戦国武将たちは、そんな天道観、および天下観をいだいていた。

彼らのもっていた観念を、天道思想と名づけたのは、思想史の石毛忠である。そして、石毛は十六、七世紀におけるその展開を、ていねいにあとづけた。「戦国・安土桃山時代の倫理思想――天道の思想の展開」と題された論文がそれである。一九六五（昭和四十）年に、発表されている。

石毛論文で目をひくのは、天道とキリスト教の関係にも言及してあるところである。十六世紀に渡来したキリシタンの神＝デウスは、しばしば「天道」と表記されていた。キリシタン武士の祈請文にも、天道を語ったものがある。当時の天道思想には、西洋伝来のキリシタンのキリスト教ともつうじあう一面があった。のみならず、キリスト教の「天道」受容が、天道思想じたいに感化をあたえている……。石毛は、論文の「むすび」で、そんな可能性を指摘した[*94]。

じつは、この着眼が、内藤昌の安土城研究に、大きくとりいれられている。内藤は、石毛論文を援用しつつ、こう書いた。「私は……安土城天守の様相より勘考して、むしろ天道思想に直結していると考える」[*95]。安土城の天守閣は、天道思想を反映した造形になっているというのである。そして、その天道思想については、つぎのようにまとめていた。

天道思想は安土城天守が造形される天正初期において、儒教・道教・仏教・神道それにキリスト教迄も包含したまさに重層的性格を具備して、思想界に統一原理的地歩を固めていたと考えられる。[*96]

石毛は、キリスト教との関係を、示唆するにとどめていた。内藤は、天道思想とキリスト教のつながりを、より肯定的にえがいている。キリスト教との接点を、石毛以上に強調する解釈ではあった。

内藤説には、江戸期以来のキリスト教関与説を、ほうふつとさせるところがある。前にも、カテドラルの翻案という建築史的解釈を、そう論評したことがあった。ここでは、内藤の思想史的理解にも、その一面があることを確認しておこう。

安土城の天守閣は、キリスト教の神をまつるためにたてられた施設である。江戸後期には、そんな解釈がひろく流布していた。太田錦城の『悟窓漫筆拾遺』あたりが、その代表例だとされている。もちろん、現代の学者である内藤は、けっしてそういう発言をしていない。両者のあいだには、明白なちがいがある。

だが、キリスト教の間接的な関与を、天道思想経由で語っているのは、まちがいない。内藤じしん、このことをつぎのようにのべている。

天守起源論そのものにデウス＝天主の祭祀問題を相関させるは、根本的な無理がある……しかし……天道思想が安土城の造形に大きな役割をなしている点を考慮すると、もとより先掲の『悟窓漫筆拾遺』でいう程の直接的影響は考えられないにしても、「天」の存在を意識する様態において、キリスト教の思想体系と全く無縁のものとは思えない。*97

それまでの城郭史研究者なら、『悟窓漫筆拾遺』など、歯牙にもかけなかっただろう。言及する場合があっても、全面的な否定におわっていたはずである。だが、内藤はこの江戸時代に語られた旧説へも、いくばくかの理解をしめしていた。やはり、江戸期の歴史認識へ回帰している部分のあることは、否定しきれまい。すくなくとも、同時代の研究者とくらべれば、その傾向は強いとみなしうる。

ところで、内藤は安土城が中国建築の影響をうけていることも、力説していた。建築意匠の点では、西洋と中国からの感化を重視していたのである。

そして、天道思想には、儒教的な側面があり、キリスト教的な一面もあったという。中国的な要素と西洋的なそれが、ともにそなわっていたとされている。その点では、内藤のいう安土城の建築史的解釈とも、話があう。これだと、自分の建築史的な位置づけが、思想史的なそれとも符合しあうのである。

内藤が天道思想へとびついた背景には、そんな事情もあったかもしれない。

ともかくも、内藤は天守閣論を天道思想で語りきっている。論文の結論部分でも、信長の造形意欲と安土城のことを、つぎのようにのべていた。


キリスト教をも内包した儒・仏・道・神を統べる天道思想をもつて人心収攬をおこなわんとした信長ならではの意図が「総見」にこめられているとみられよう。そして天守は、その更なる聖域であつたに違いない。王法・仏法を克服して天下一統を希求した信長は、既往のイデオロギーに超越する天道思想をもつて……五〜六階は、まさしく天堂である……キリスト教の天主にも通ずるところをみると、或いは唯一絶対神をひそかに志向した信長の座であつたかも知れない。[*98]

儒教、仏教、道教、神道、そしてキリスト教までを、建築化させていたという。

なるほど、天道思想が信長の時代を席捲していたのは、そのとおりかもしれない。信長じしんも、天道を奉じていた可能性はある。

しかし、それが建築にまで具現化されていたと、言えるのか。また、キリスト教のウエイトも、大きく見つもられすぎてはいまいか。疑問をいだくものは、多かろう。

だが、内藤はそれだけロマンティックな結論を、呈示した。

用心深い学術論文で、点数をかせぐというのではない。大胆なストーリーで、学界へ勝負をかけたのである。賛否はともかく、そのこころざしを多としたい。

『朝日新聞』が、内藤昌のてがけた安土城の復元を大きく報道したことは、すでにのべた。一九七四（昭和四十九）年十二月十五日付の朝刊にのった記事が、それである。ほかの専門家からも、意見を聞きたいと思ったからだろう。『朝日』の記者は、記事発表の前に、ふたりの学者からコメントをもとめている。ひとりは歴史家の林屋辰三郎、そしていまひとりは南蛮研究の松田毅一であった。

林屋の応答については、あとでのべる。最初に松田のほうから、披露していこう。松田は、内藤の説をまったくうけつけなかった。新聞記者にも、こう「長時間力説した」と言う。「『吹き抜け』は、キリスト教の教会建築の影響というような説はまったく認めがたい」と。

だが、『朝日』は松田のコメントを採用しなかった。そのことで立腹した松田は、翌年六月の『歴史と人物』誌へ、投書記事を書いている。「翌々日の新聞記事にはそうした反論は一言も掲げられなかった」と。[*99]

新聞が、松田の批判的な感想を黙殺したという点は、おもしろい。ジャーナリズムは、安土城の新しい復元案を、もりたてようとしていた。異論には目をつぶった報道ぶりからも、そのバック・アップぶりがうかがえる。

もっとも、その『朝日』も、名古屋版では松田のコメントをのせていた。松田が読んでいたのは大阪版である。そして、たしかにそこでは、松田の意見が却下されていた。だが、『朝日』の全紙面が松田を黙殺したわけではない。そのことについては、松田自身、後年になって釈明を書いている。[*100] 『朝日』のためにも、ひとことそえておこう。

いずれにせよ、松田は内藤説に納得することができなかった。松田ひとりにかぎらない。南蛮学にとりくむ学徒は、たいてい批判的な姿勢をとった。

もし、南蛮人が信長に天守閣設計のアドバイスをしていたとしたら。そのときは、宣教師のフロイスが、その最有力候補となる。だが、当のフロイスは、内部の吹き抜けやキリスト教の感化について、何も書いていない。あれだけ厖大な記録をのこしているフロイスが、まったく言及しなかった。

やはり、そういうアドバイスはなかったんじゃあないか。大きなカテドラル風の吹き抜けがあったという話も、うさんくさい。たぶん、まちがっているだろう。宣教師たちの記録に精通している研究者たちは、そんな疑問をいだきだす。

フロイスの翻訳をてがけていた松田が、否定的な態度をとったのも、そのためであった。じじつ、松田はつぎのように書いている。内藤の言うとおりなら、「フロイスが書翰か自著『日本史』の中で言及したはず」だ、と。[*101]

キリシタンにくわしい岡本良一も、同じような感想をしめしている。「太田牛一やフロイスが、どうしてこれらのことに言及しなかったのか、不審でならない」と。[*102]『歴史と人物』一九七五（昭和五十）年五月号での指摘である。

いっぱんに、キリシタン史、南蛮文化史の研究者は、内藤説をきらっている。彼らの反発は、建築史家たちのそれよりも、強いだろう。斯学の成果を集大成させた『日本キリスト教歴史大事典』にも、つぎのような批判がある。なお、この部分を書いたのは、斯界の大家として知られる海老沢有道であった。

近時、この「天守指図」が発見され、儒仏とともにキリスト教を摂取した信長の宇宙大的理念の表現などと紹介されているが、うがちすぎといわねばならない。[*103]

松田毅一は、『朝日』の記者へ、内藤批判を「長時間力説した」。そのせいで、紙面への採用を見おくった支社があったことは、既述のとおりである。内藤支持のコメントがほしかったのだとすれば、『朝日』は人選をあやまったということか。

さて、『朝日』は林屋辰三郎にも、感想をもとめていた。これにおうじて、林屋は肯定的な談話をよせている。そして、松田のコメントをとりあげなかった『朝日』も、林屋のものはのせていた。以下に紹介するのが、それである。

安土城については信長公記以外に史料はなく、どんな城か非常に興味を持っていた。内藤教授の復元図は、私の想像通りの壮麗な城であったことを示している。しかし、想像することはある程度可能でも、史料の信憑性を確かめ、復元させることは大変なことで、内藤教授の業績は高く評価できる。*104

まことに好意的な反応である。内藤の復元も、その典拠となった『天守指図』を発見したことも、「高く評価」した。『朝日』にすれば、松田のコメントより、ずっとつかいやすくはあったろう。

もちろん、林屋がてきとうに提燈もちめいた談話をのべたとみるのは、まちがっている。内藤の復元は、たしかに林屋が「私の想像通り」だと思う一面を、そなえていた。

林屋は、以前から、いくつかの天守閣論を書いている。そして、内藤説には、林屋の天守閣論を発展させたようなところがある。内藤じしん、論文のなかで、先行研究者である林屋のことを、こんなふうにほめていた。「透徹した史観において卓見」をもっている、と。[*105]

林屋が、どのような天守閣論、安土城解釈をしめしていたかについては、あとでのべる。内藤が、林屋説をどういかしていたのかも、今はふれない。だが、とにかく、内藤説は林屋説のある部分を、ふくらませていた。それが林屋辰三郎の琴線にふれたとしても、じゅうぶんうなずける。

もっとも、林屋のコメントには、ややいぶかしがっているところもある。「宝塔は予想外で、興味深い」というくだりが、それである。[*106] 林屋は、内藤の復元を全体として「想像通り」だと、言っていた。だが、宝塔については、「予想外」だというのである。

あらかじめ、もっとはやくから、のべておくべきだったかもしれない。内藤の依拠した『天守指図』は、地下一階に宝塔が設置されていることを、しめしていた。吹き抜けの最底部中央に、仏教的な塔状施設があったというのである。

そして、新聞発表によれば、内藤はこれをつぎのように解説していた。「仏教的宇宙観に基づく須弥山の表現……信長の、天下統一の理念を示したとみられる」と。[*107] 神儒仏にキリスト教までふくんだ天道思想の、その仏教的反映がここにあったという。のちの論文でそう説明することを、はやくもこの段階で、萌芽的に語っていたのである。

林屋が、「予想外」だと不審感をあらわしたのは、この仏教施設についてであった。これだけが、よくわからないというのである。

たいていの学者は、内藤説への疑問を、吹き抜けの有無についてしめしていた。宣教師からの示唆があったという部分を、うたがうむきもすくなくない。だが、林屋は吹き抜けも西洋人からのアドバイスも、わかるという。それらをすっかり了解したうえで、宝塔の存在にとまどっているのである。

いったい、どうしてこのような部分に、こだわったのだろう。仏教的な宝塔があるという。この話は、林屋の歴史観にとって、どのような意味あいをもっていたのか。どうやら、林屋の安土城解釈を、もっとふみこんで検討してみる必要がありそうである。

芸能史か、思想史か

林屋辰三郎の歴史叙述には、時代区分という点で、おもしろい特徴がある。それは、一般の通説的理解より、時代の変化を早い時期においてとらえるという点である。

たとえば、奈良・平安時代を、ふつうは古代史の領域だと考える。だが、林屋はその奈良・平安期にも、中世的な傾向がはじまっている点を、強調する。中世のはじまりを、ほかの学者より、古い時期にもとめているのである。

近世から近代へという時代区分についても、同じことがいえるだろう。たいていの歴史家は、幕末・明治維新期を、その転換点に位置づける。だが、林屋は江戸の元禄期ごろから近代化のきざしがあることを、ことあげする。文化文政期には、市民社会が形成されていたと、言いきるのである。

こういう史観は、中世と近世の時代区分を考えるさいにも、顔をだす。教科書的な理解だと、近世は江戸幕府の開設からはじまることに、なるだろう。だが、林屋はそれより古い織田信長の時代に、近世的な傾向があることを、力説する。安土城のことも、近世的な性格をそなえた城郭として、えがいていた。

「城と襖絵」という論文を、林屋は一九五二（昭和二十七）年に、書いている。そしてそこでは、安土城最上階の襖絵が、儒教的な画題をえらんでいる点に、目をむけた。「この主題はキリスト教でも仏教でもなくむしろ儒教的な『天』であ」るという。安土城の天守閣には、儒教的な天下観が投影されていると、解釈した。そして、それをこう歴史的に位置づけたのである。

封建体制の精神的支柱となるべき儒教的世界観が、すでにこの天主上七重目の座敷に厳然と存在していたのである。[*108]

江戸幕藩体制をささえたとされる公認思想が、はやくも安土城にうかがえる。そう読みとることで、林屋は安土城に、近世へむかう進歩性があると主張する。

安土城の最上層＝七階では、たしかに襖絵が儒教的画題をとりあげていた。『信長公記』などの記録が、そのことをつたえている。だがほかの階、たとえば六階では、仏教的な画題も採用されていた。儒教だけがすべてではなかったのである。

しかし、それでも林屋は、儒教のほうが仏教より優位にたっているという。儒教的画題が最上層へもちあげられていたことを、そのあかしとして強調する。じじつ、一九五六（昭和三十一）年に書いた「桃山文化の特質」では、こうのべている。

六重めを仏教的画題が占めているのに対して、上七重めは儒教的画題をもってうめられているのであって、そこにも儒仏の軽重の差が見いだされるのではなかろうか。[*109]

やや強引な解釈ではある。だが、林屋はこの理屈で、安土城の先駆的な近世的特質を揚言する。一九五八（昭和三十三）年の「中世における都市と農村の文化」では、こうも言いきった。

信長が、安土山に築いた天主には、その七重の最上層には儒教的な「天」があり……仏教を中心とした宗教的世界は、ここにみごとに否定され、南北朝いらい仏とむすび神とつながって思想的発展を示した儒教が、いまやその王座を占める……中世における仏教的文化は儒教によって綜合・統一せられた。[*110]

神儒仏の三者が、信長の段階で、儒教を頂点へすえるようになる。そのあかしが、安土城天守閣の最上階に読みとれると言うのである。

その後も、林屋はこのストーリーを堅持した。『日本——歴史と文化』（一九六七年）では、こう主張するまでにいたっている。

天守は、正しくは天主と書き……わたくしは天主の意味は、「天下」の天の中心であり、その楼閣の最上層のうちに具現されていると考える……それは明らかに儒教的な「天」の姿であった。その障壁は中国の儒教的な故事に満たされており、仏教……は、その一つ下層におかれているのである。室町時代に進んだ神・儒・仏一致の思想のなかから、封建国家の思想的支柱として、すでに儒教が一歩ぬきんでた姿を示したのである。[*111]

神儒仏の三教が、安土城にいたり、儒教を中心として再編成されるという。石毛忠の言う天道思想が、安土城で儒教的に整備されると、事実上言っている。林屋は、安土城に天道思想を、その近世的な展開の相において、読みとったとも評せよう。もちろん、天道思想という言葉を、林屋はつかっていないのだが。

内藤昌が、安土城を天道思想の具現化された建築として了解したことは、すでにのべた。このアイデアが、林屋辰三郎の解釈とつながることは、うたがえない。だからこそ、内藤も林屋の安土城理解を、「卓見」だと評価したのだろう。

ただ、内藤の場合は、神儒仏にキリスト教の要素が付加されたことを、強調した。石毛の論文をヒントにして、キリスト教のウエイトを大きくとらえたのである。この点は、神儒仏のうちで儒教を重視した林屋と、ちがっている。両者の対照的な部分として、はっきりさせておく。

信長が、安土城にキリスト教をもとりいれていた。内藤のこういう新説に、林屋はさほどおどろかない。もともと、信長や安土城の進歩性を強調してきた林屋ではあった。西洋からの新しい宗教が加味されていたとしても、不思議には思わない。じゅうぶん、納得することができたのである。

だが、内藤が『天守指図』から読みとった宝塔になると、話はちがってくる。信長は、古くさい仏教をベースにしながら、天守閣をつくっていた。あんがい古めかしい一面が、信長にはあったことになる。この読みときは、信長を進歩的だとみる林屋の解釈と、対立しあう。林屋は、内藤説の発表後に、こんな文章を書いている。

信長は……仏教的権威を完全に否定した人物であった……にもかかわらず、安土城の吹き抜けをめぐる宝塔を如何に解するか。須弥山の表現とすれば、明らかに宝塔は梵天ないし帝釈天を祀ったことになり、居城の基礎に仏教をおいたことを示している。そのことは天主の七層に儒教的世界観を示したこととも少しく矛盾していた。従って宝塔の解釈はとくに困難だといったのである。[*112]

仏教より儒教へ優位をおいたはずの信長が、仏教的基礎のうえに天守閣をたてている……。けっきょく、林屋にはこの矛盾をときほぐす明快な説明が、見つけられなかった。そのため、自説の儒教的天守閣論を、その後はあまり語らなくなっていく。

さて、内藤の復元によれば、吹き抜けの二階には、舞台がしつらえられていた。つまり、宝塔のすぐ上へ、舞台がもうけられていたことになる。内藤は、そこで舞踊がいとなまれたことを、想像してもいた。それこそ、信長じしんが演じていた可能性も、示唆していたのである。

興味ぶかいことに、林屋はこの話へとびついている。宝塔の上に舞台があった。それは、仏教にたいする芸能の優位をしめしている。「宗教に対する芸能の優位性の主張と、その演出が考えられたのである」と。[*113]

こうして、林屋は安土城を芸能史的に語りだす。「『芸能』の歴史の上でも、信長と安土城は永く記憶されるべきであろう」[*114]。これが、内藤説とであったあとにしめされた林屋の、その結論だったのである。

安土城に、思想史的なストーリーをもちこむことは、断念した。かわりに林屋の、もうひとつの得意分野である芸能史へ、土俵をうつしかえたということか。

戦国時代から統一権力へいたる過渡期には、三人のいわゆる天下人が、輩出した。いうまでもなく、織田信長、豊臣秀吉、徳川家康の三名である。では、三者のうちで、新時代をきりひらく画期となったのは、誰なのか。中世から近世へと時代がうつりかわったのは、誰の時だったのだろう。

歴史家のあいだには、この問題をめぐって、さまざまな議論がたたかわされている。家康もまだ中世的なんだという説をふくめ、いろいろな指摘がなされてきた。なかでも、脇田修は秀吉の役割を重視する歴史家として、知られている。これからは、その脇田が書いてきた安土城論を、しばらくおいかけたい。脇田は、安土城の解釈を、時とともにかえている。その軌跡じたいが、時流の変化ともあっており、たいへんおもしろい。

脇田は、『教養人の日本史』というシリーズで、その第三巻を担当した。一九六七(昭和四十二)年の、まだ内藤説が発表されていないころに書かれた著作である。そのせいか、安土城の障壁画や、城が体現する時代相を、こんなふうに記述した。

城や邸宅をかざったのは……仏教よりも、多く儒教にあった。安土城の障壁画の題材は、これを明らかに示しているが、統一権力がその支配の論理として儒教を採用し、天守閣の天もこの儒教の「天」にもとづくものであることは認めてもよいであろう。[*115]

脇田は、信長と安土城に儒教的な天下観を読みとった。林屋の儒教を特筆する位置づけが、そのままとりいれられている。この時期、脇田が林屋の影響下にあったことは、うたがえない。

だが、一九七七(昭和五十二)年には、意見をかえていた。安土城は、「天道思想にもとづく神儒仏の加護をうる形式をとって」いる。「キリスト教すら天守を飾ってい」ると、内藤昌の所説へあゆみよったのである。

仏教については、信長の保守性へも、その目をむけている。「信長は広い意味での仏神崇拝は捨てていない」。「原則として寺社領安堵をおこなっている」というように。[*116]

そして、そのうえで、織田信長の権力をつぎのように規定した。

織田政権を通常の用例に従って統一権力[*117]と記してきたが、厳密にいえば戦国大名段階における中央権力と本質を規定しうる。

安土城と信長に、近世へつうじる先駆性を読みとる見解は、放棄した。中世的な仏教観も、まだまだのこっているという理解に、かえている。林屋的な解釈とは、たもとをわかったのである。もっとも、このころは、林屋じしんも自説に懐疑的となっていたのだが。

なお、この一九七七年には、宮上茂隆の反論が、提出されている。おかげで、安土城に天道思想の反映を読む解釈も、下火となってきた。そのせいもあるのだろう。脇田は、一九八七(昭和六十二)年の『織田信長』で、こんなふうに意見を修正した。

この天守については、儒学の思想を伝えたものであるとか、天道によるとか、さまざまな説がいわれており、諸説にはそれなりの根拠があるが、私には信長の思考と行動からみて、それほどの思想的な意図はなかったように思う……これはある種のファッションの世界であり、なんらかの思想を表現しようとしたものではない……

信長は雑多なものを、この城に取り入れて、装飾としたにすぎなかったのである。[*118]

かつては、当の脇田じしんが、儒教説も天道説も語っていた。にもかかわらず、以前の自分へは一言も言及せず、それらの説をあっさり否定する。時代がそれだけうつりかわってきたのだというしかない。

いずれにせよ、脇田は安土城の思想史的読解を、あきらめた。その造形も、「ある種のファッション」として、とらえている。林屋が思想史を断念して、芸能史で語りなおそうとしたことは、さきにのべた。けっきょく、脇田も、たどった経路こそちがえ、にたようなところへおちついたのである。

脇田と同年の歴史家に、中世史の熱田公《こう》がいる。その熱田も、近著の『天下一統』（一九九二年）で、つぎのような見解を披露した。

安土の天主から信長の思想を読みとるか、それとも装飾性のまさったものとみるかは、信長の政治と人間像をどうとらえるかにかかわる問題である。たしかなことは、宣伝上手の信長にもかかわらず、現在までのところ安土の天主を自慢する一通の文書も伝わっていないことである。例のかぶき好みは、天主の主となっても決しておとろえるどころか、ますますさかんになっているのに、である。[*119]

そうはっきりとは、明示していない。しかし、熱田が安土城を思想史的に読みとこうとしていないことは、よくわかる。一種、芸能史的に考えようとしていることは、うたがえない。

ファッションとして、あるいは芸能として位置づける。今日では、それが歴史家たちの安土城叙述における流行となっている。それこそ、論述上のファッションになっているとも、いえようか。

なお、この反思想史的な解釈を、最初にうちだしたのは、美術史の杉山二郎である。一九七二（昭和四十七）年に、杉山は、信長を語りあう座談会へ参加した。会田雄次、原田伴彦という、二人の歴史家を相手にした討議である。

このなかに、林屋の儒教的安土城論を、話題としている箇所がある。そこで林屋説に、まっこうからいどみかかったのが、杉山なのである。安土城の建築や美術に、信長の思想を読みとる必要はない。信長は、当時ふつうに流布していた様式を、「支配者の座にも置いただけ」である。建築の場合も、「在来の規矩を用いたに過ぎない」と。[*120]

この主張に、会田や原田も、ひざをうつ。つぎのように。

会田 なるほど。信長が命令したんじゃなくて、やればそういうことになる。

原田 そういうのを一生懸命《ママ》やっていた職人集団がいるんですね。

杉山 いるんです……。

会田 ……結局「きれいに画けや」ぐらいのところで……。信長という人は忙しくてそんなことにまでいちいち文句いわない。[*121]

当時、林屋批判のややとっぴな議論として、うけとめられたかもしれない。だが、今では多くの歴史家が、そちらの方向へむきだした。当の林屋じしんが、思想史的解釈に疑問をいだきだしているのである。杉山二郎の先見性を、ここでは評価しておくべきだろう。もっとも、将来ふたたび思想史がよみがえらないとは、言いきれないのだが。

じっさい、今でも安土城を、思想史的に語りたがる研究者はいる。おもしろいことに、それらの多くは建築史家である。たとえば、内藤昌が今日でも、天道思想とのつながりを論じている。[*122] そして、内藤の論敵である宮上茂隆は、儒教との接点を強調しつづけた。

信長は政治を行うに儒教倫理を重んじ……中国に憧れて天主という建築を創造した。[*123]

信長が政治において儒教（朱子学）を重視したのは禅僧の教育の贈物といえよう。「天主」という建築は、山水楼閣図のような唐絵や、中国史書における黄帝の九重宮殿などから信長がイメージした幻想の宮殿であったと思う。*124

国史畑の歴史家たちは、安土城に思想をもとめなくなりだした。ひとつの理由は、内藤や宮上らが、つぎつぎと復元案を発表したからである。それでわけがわからなくなり、思想史的考察を放棄したという一面は、あるだろう。

だが、当の内藤らは、あいかわらず信長の思想を口にしつづけた。内藤は天道思想を、そして宮上は儒教を。そう、宮上にいたっては、林屋があきらめた儒教説を、今でもとなえているのである。まことに皮肉な現象ではあった。

たがいに論敵であるふたりの、意外な共通性はここにもある。たんなる「ファッション」ではない。天道や儒教といった思想を、反映させている。そう語ることで、建築というものの存在を、大きくみせたがる。そんな建築史家ならではの欲望が、ふたりにはあるのかもしれない。

なお、宮上は信長の儒教を、かなり古くさいものとしてイメージしている。足利義満の金閣ともつうじる、中世的な儒教が安土城にはうかがえるという。「信長は、中世の政治体制を否定したが、文化的には、室町時代最後の将軍」だ、と。*125

かつての林屋辰三郎は、天守閣の儒教趣味に、近世的な新しさを見いだしていた。だが宮上は、それを中世的なものとして、とらえている。おそらく、ふたりのイメージする儒教のあいだに、大きなずれがあるのだろう。まだまだ、整理されなければならない問題が、のこっているようである。

建築か、宗教か

いわゆる天守閣が、日本の歴史上に出現するのは、十六世紀のことである。それまで、こういう数層にもおよぶ高層城郭は、存在しなかった。天守閣は、戦国時代の末期から安土桃山時代に登場した、まったく新しい建築である。

では、どうしてこのような建造物が、この時代にたてられだしたのか。天守閣の出現は、どのように理解すればいいのだろう。

この点については、古くからさまざまな解釈が、提出されてきた。それらのうちから、主だったものを、ここに披露しておこう。

まず、楼閣発展説とでもよぶべき議論がある。室町時代には、金閣・銀閣をはじめとする楼閣があった。これらの施設では、二層目や三層目へのぼり、周囲を見わたすことができる。回縁望楼型の、それまでの建築的伝統にはない楼閣が出現した。建築が高層化していくきざしは、天守閣の出現以前からあったのである。

戦国末期からの天守閣は、これら室町期の楼閣が発展して成立したのではないか。両者の歴史をざっとながめれば、誰しもそんなふうに考えよう。じじつ、この楼閣発展説は古くから、それこそ江戸時代より、多くの論者がとなえてきた。今でも、けっこう有力な説のひとつになっている。

さらに、高櫓のことを、天守閣の先駆的な施設として特筆する議論もある。高櫓は、文字どおり高いやぐらのことをさす。戦国時代に発達した物見台、あるいは弓矢、鉄砲を放射する軍事施設のことである。

このやぐらが、成長して天守閣になったとする議論も、古くから語られている。楼閣説は、天守閣の居住機能に目をむけていた。それにたいして、この高櫓説は軍事的な役割を重視した解釈だと、言えるだろう。

また、殿主説、あるいは主殿説とよびうるような説明も、ひろくなされている。十六世紀の天守閣は、しばしば「殿主」と表記されていた。そして、それ以前の武家住宅には、「主殿」としるされた広間のあることが、わかっている。

この主殿が、殿主＝天守閣へと変化した。主殿の頂部に望楼をのせたものが、天守閣の原型となったのではないか。そういえば、主殿／殿主という用語の類似も、両者の連続性を思わせる……。

これは、二十世紀初頭に、大類伸《おおるいのぶる》が提示した説である。ひところは、学界の定説として、オーソライズされていた。今でも、有力な学説のひとつとして、知られている。いま紹介した三説は、いずれも天守閣の起源を、それ以前の日本建築にもとめている。楼閣、高櫓、あるいは主殿が発達して、天守閣が成立したという。みな、日本建築史の自律的な発展過程のなかに、天守閣を位置づけようとしている。

洋式築城術の伝来説は、こういう理解を断念したところに生まれた議論だといえる。じゅうらいの日本建築が、自然に発達して天守閣へいたったとは、とうてい思えない。伝統的な日本建築と天守閣のあいだには、断絶がありすぎる。やはり、南蛮経由で西洋建築の技法が、つたわったのではないか。

こんな思考の筋道から、海外よりの影響は語られる。もちろん、中国建築からの感化説にも、そういう側面があることはまちがいない。

とはいえ、これら技術伝播論にも、楼閣説をはじめとする三説とつうじあう部分はある。それは、天守閣の成立に、なんとかして建築史的な説明をほどこそうとする点である。

楼閣が発達すれば、天守閣になる。高櫓が、天守閣の原型をなしていた。天守閣は、主殿の発展型である。いや、国内だけの事情では説明しきれない。海外からの影響があってはじめて、天守閣の出現は可能になった。

いずれも、天守閣の出現を、建築の発展史で語ろうとしている。建築の技術や様式が、発達したり移転したりする過程で、すべてを説明しようとする。ちがいは、国内の自律的な成長で処理するか、国外の感化を加味するかという点だけである。建築史以外の要因には、どちらも目をつむっている。

これにたいし、天守の建築ではなく、その宗教、思想史的背景へ目をむける論もある。それらの多くは、「天守」、「天主」という言葉をどう解釈するかに、力をそそいでいる。

たとえば、仏教的な事情で天主を説明する議論がある。仏典では、しばしば須弥山の主である帝釈天のことを、天主とよんでいる。その須弥山を主宰する天主にあやかって、本丸の高層建築は天主と名づけられた。こう説明することで、天守閣の成立に仏教が関与したことを説く論者は、すくなくない。

さらに、神仏混淆的な宗教祭祀の施設として、天守閣を位置づける議論がある。天守閣には、八幡大菩薩や愛宕山権現が、まつられていたという。江戸期の古記録には、そんな伝説をつたえるものが、けっこうある。それをうけとめて、天守閣を八幡信仰や愛宕信仰で説明することも、なくはない。

また、儒教的な要素を強調する説もある。天守閣は、天下をうかがう大名たちによって、きずかれた。だから、天下を守るということで、天守閣が成立する。あるいは、天下の主という含意をこめて、天主と称された。以上のように、儒教的な天下観が、天守閣へは投映されていたという指摘である。

のみならず、キリスト教の感化を、そこに読みとるものもいる。十六世紀に天守閣が天主とよばれていたことを、天主教の神がまつられた証拠だと考える。以前は、そんな解釈がまかりとおっていた時代も、あった。今でも、キリスト教の影響を否定しない論者は、けっしてなくなっていない。もちろん、ごく少数ではあるが。

建築史家の内藤昌は、天道思想の反映が天守閣にうかがえるとする新説を、発表した。内藤によれば、天道思想は、神儒仏の三教とキリスト教を融合させた理念であるという。その天道思想が、天守閣の端緒をひらいたとされる安土城の背後にあったと、主張した。これも、宗教史や思想史を重視する解釈のひとつだと、評せよう。

ここまでは、天守閣の成立に関する諸説を、並列的に紹介した。建築史的な説明と、思想・宗教史的な解釈を、てきとうにならべて披露した。学説としての優劣は、とりたてて問題にしていない。

天守閣の起源については、今日でも、解明されていない部分がある。現段階で、どの説明がいちばん正しいのかを言いあてることは、むずかしい。さらに、今後も新しい解釈が浮上してくる可能性は、あるだろう。諸説のランクわけを留保し、あえて羅列的な紹介に終始したゆえんである。

ただ、これらの議論には、かなり明白な栄枯盛衰の歴史がある。ある時代には、ある説が圧倒的な定説となり、またべつの時代には、ちがう説が流行した。時代のうつりかわりとともに、諸説の評価は、大きな変化をとげている。そして、それらの諸説がしめす浮沈ぶりは、まことにおもしろい。時流の推移がおしはかれるところもあり、たいへん示唆にとむ。

どれが正しいのかは、あえてもとめない。正しいとされてきた考え方の、歴史的な変化をおいかけたいと思う。今後は、何が正しいとされだすかについてのヒントも、そこから見えてくるかもしれない。

建築史的な解釈で、江戸期によく流通していたのは、高櫓説である。幕末ごろからは、楼閣説もとなえられだしていた。

しかし、なんといっても隆盛をほこっていたのは、洋式築城術伝来説である。とくに、十八世紀のおわりごろからは、たいていの学者がこれにくみしていた。他の諸説を、圧倒していたといってもいいだろう。

思想史、宗教史的な解釈では、神仏混淆説と仏教説が、江戸時代前期に流布していた。儒教説も、ごく素朴なかたちでなら、そのころからあったといえるだろう。

だが、十八世紀後半になると、様相は一変する。天主教の祭祀施設として天守閣を位置づける説が、群をぬく定説になりだした。洋式築城術の伝来説と、並行する現象だといえる。江戸後期の好奇心は、明白にヨーロッパへむかいだしていたのである。

この天主教説が、一八九〇（明治二十三）年に否定されたことは、すでにのべた。歴史家の田中義成《よしなり》が、それのなりたたないことを、実証的につきとめたのである。そして、田中は宗教史的な解釈の代案に、仏教説を提示した。

城郭には、多聞櫓という施設が、しばしばもうけられている。多聞櫓が、本丸の天主＝天守閣をとりかこむ位置に、おかれている。これは、須弥山を主宰する天主が、周囲の多聞天に守護されている仏典の構図と、符合する。初期の天主＝天守閣は、この仏教コスモロジーに由来するのではないか。

多聞天と多聞櫓をむすびつける着眼が、説得力をもったせいだろう。田中の仏教説は、以後の学界で、ひろくうけいれられるようになっていく。江戸初期に語られていた仏教説が、かたちをかえてよみがえったとも評せよう。逆に、それまで隆盛をほこった天主教説は、火がきえたように衰微する。このいきさつも、以前に書いたとおりである。

だが、建築史の面では、あいかわらず洋式築城術伝来説が、つづいていた。これが本格的に否定されだしたのは、一九一〇年代の大類伸からである。

大類は、日本の天守閣が、西欧の城郭にある高塔とにていることを、知っていた。にもかかわらず、西欧からの築城術伝播が南蛮時代にあったという解釈を、否定する。

日本では、戦士階級である武士が擡頭した。ついには、天守建築をいとなみ、庶民を威圧するほどの、階級的成長をとげている。アジアの国としてはまことに例外的な、西欧とちかい歴史をあゆんできた。大類が、なによりも強調したかったのは、そこである。日本の歴史を、西欧のそれと同列に語っていく。そうすることで、歴史解釈に脱亜入欧的な価値観を、もちこみたかったのである。

西欧から建築術がつたわったので、天守閣が日本にもできあがる。これだと、日本の歴史は西欧的なんだということに、なかなかならない。西欧からの文化伝播は何もなかったが、日本にも西欧的な天守閣が出現した。そう言いきったほうが、日本と西欧の歴史は並行的だと、強弁しやすくなる。

大類が洋式築城術の伝来説を否定したのは、もっぱらそのためである。日本史を、西欧史と同じコースのうえに、位置づけたい。そんな情熱から、西欧の感化を否定する新説は、提出されていた。脱亜論のイデオロギーが勝ちすぎた、かなり強引な議論だといえる。

おそらく、そのことも関係するのだろう。大類は、先学である田中義成の仏教説をも、否定的にあつかった。

一九一〇（明治四十三）年に書かれた「本邦城櫓並天守閣の発達」を、再度読んでみよう。そこでは、天主を須弥山の帝釈天だとする田中説が、こう批判されていた。「吾人は……未だ博士が天主を解するに須弥山説を以てせられたるに全然賛同し難きものなり」[126]

なにか反証があっての批判ではない。ただ、「賛同し難」いと言っているだけである。これまた、まことにイデオロギッシュな放言ではあった。いったい、仏教説のどこが、気にいらなかったのか。

ここで興味深いのは、仏教説にかわって大類が提出している三つの解釈である。この論文では、殿主説、高櫓説、そして楼閣説の三説が、うちだされている。

まず、殿主説だが、大類は室町期の武家住宅に主殿のあったことを、見いだした。そして、それがのちの殿主へ変貌したのではないかと、想像する。「此の主殿の観念が城郭に入り来て、殿主なる語となりしにあらざるか」と。[127]

さらに、その殿主がのちに天主、天守とよばれだしたいきさつを、こう考えた。「聳ゆる威容を仰で天の字を仮用し、天守又天主の用語を見るに至りしに非ざる歟」[128]。高層の天をあおぐ姿から、天の語がつかわれだしたとする臆測である。

もちろん、これも想像でしかない。「臆断の甚しきものに過ぎざれども」と、大類じしんがことわっている。[129]だが、ともかくもここにはじめて、殿主説は学界へ提出された。あとで、圧倒的な定説へと成長していく学説の出発点として、記憶にとどめたい。

つづいて、高櫓説については、こんな指摘がなされていた。「天守閣は望楼としての高櫓及び拠戦場としての詰ノ丸両者の観念を融和合一せしもの」と。[*130]

最後に、楼閣説へふれておく。大類は、室町時代に金閣、銀閣をはじめとする楼閣建築が成立したことへ、目をむけた。そして、その歴史的な意義を、つぎのように位置づける。「此の如き建築界の趨勢は天守閣建築出現の前提として見るべきなり」。[*131]楼閣建築が発展して天守閣へいたるという見取図を、しめしていたのである。

では、これら三説のうち、どれがいちばん決定的だったのか。ざんねんながら、大類はその結論をだしていない。ただ三説をならべて紹介するに、とどめている。

天守閣のルーツとしては、殿主、高櫓、楼閣の三者が考えられるということか。あるいは、三者が融合して、天守閣にいたったとする解釈だったのかもしれない。大類の論文は、そのあたりのことを、あいまいにさせている。

前にものべたが、楼閣説と高櫓説は、江戸期から一部の学者にとなえられていた。大類のオリジナルだとは、いいがたい。大類の独創は、殿主説と、それから洋式築城術の伝来を否定した点にある。

さて、楼閣説も高櫓説も、そして殿主説も、日本国内での建築発展史にもとづいている。先駆的な、なんらかの建築が、発達をとげて天守閣の成立をうながした。いずれの説も、そういう図式になっている。

洋式築城術伝来説をきらった大類ならではの解釈だというべきか。西欧からの感化など考えずに、なにがなんでも国内の事情で説明してやろうとする。そんな意欲も、これら三説の背後からは、読みとれよう。

注目すべきは、ここでしめされた三説が、いずれも建築史的な説明になっている点である。大類は、思想史、宗教史的な解釈を、いっさいほどこさなかった。建築が発展していく、その技術、あるいは様式面だけを語っている。宗教など、眼中にもなかったと言うべきか。とにかく、世俗的な要因だけで天守閣の出現を説明しようと、つとめている。

大類が、田中の仏教説=須弥山天主説をむきになって否定した理由も、そこにある。彼は世俗的な建築の発達史で、すべてを語りつくしたいと思っていた。だから、当時の定説である田中の解釈へ、あえて異をとなえることになったのである。

大類が世俗性へこだわった最大の理由も、西欧と日本の歴史を同一視する史観にある。西欧でも日本でも、戦士階級が擡頭し、とうとう高塔、天守をいとなむまでになった。両者は、その点でまったく同じ社会構成の発展史を、たどっている。この図式をおしとおしたいから、宗教的な要因の介在をいやがったのである。

西欧と日本では、宗教のありかたが、ずいぶんちがっていた。だが、そういう相異をこえて、同じような天守建築が、出現している。戦士階級の成長という世俗的な趨勢は、それだけ大きな意味をもっていた。その重大さとくらべれば、宗教のことは無視しうると、言いたいのであろう。

須弥山の天主にあやかって、天守閣をいとなんだ。こんなことをみとめてしまえば、大類の歴史観がゆらいでしまうことになる。武士の擡頭と成長が、天守閣をもたらしたとするストーリーに、水をさす。反証もないのに田中説を論難したのは、そんな思いこみのせいでもあろう。

その後の大類伸について、若干ふれておく。大類は、のちのちまで仏教説＝須弥山天主説を、きらっていた。

大類が城郭史の研究で、学位論文をまとめたことは、前にのべたとおりである。その一部は、一九一五（大正四）年に公刊された。そして、そこでも田中説はこう評されている。「田中博士の説かれた仏典起源説にも尚疑問を挿む余地はあらうと思ふ[*132]」。田中説には、うたがわしいところがあるというのである。

「全然賛同し難」いと書いていた五年前よりは、表現がおとなしい。学位論文だということで、トーンをおとしたのだろうか。学位の審査に関与しただろう田中教授への、処世術的な配慮は、あったかもしれない。

同じ年に『考古学雑誌』へ発表した論文でも、大類はこんな表現にとどめていた。

田中説には、「異説を立てる余地がない次第ではない」と。[*133]
もっとも、翌一九一六（大正五）年には、ふたたびきびしい書き方へ、もどっている。ある百科事典で「天守」の項を担当した大類は、須弥山＝天主説をこうかたづけた。「語源を仏典に求め……天主の語を用ひしなりと説くものあれど、定説とするに足らず」。[*134]基本的には、仏教説をはじめとする宗教史的解釈へ抵抗していたことが、よくわかる。
なお、批判された田中だが、彼じしんは仏教説を堅持した。東大の授業でも、「仏典に基《もとづ》く所なるべし」と、天守の語源を語っている。しかし、同時にこうものべていた。「近時又大類氏の説、史学雑誌に出であれば、併《あわ》せ参考せられたし」と。[*135]大類の反論も読んでおけという。まことに、あっぱれな授業ではあった。
あとひとつ、大類の文章を紹介しておこう。彼は一九一二（明治四十五）年に、「本邦城郭の美観」というエッセイを、書いている。そして、そこでは、城郭につたわるオカルトめいた伝説を、こうきりすてた。

天守閣には、よく魔が住むとか、怪物が現はれると云ふ伝説が伴つてゐるが、これは其内部が如何に陰闇の気に満ちて居るかを暗示してゐる。[*136]

内部が暗いから、おかしな話ができるのだという。まことに即物的な理解を、しめしている。宗教史的な好奇心などは、おこりようのない学者だったということか。

大類伸の弟子にあたる鳥羽正雄も、仏教説への否定的な態度をうけついだ。たとえば、「日本城郭図説」（一九三三年）でも、ネガティブな指摘をのこしている。田中の仏教説と大類の殿主説を比較して、後者に軍配をあげているのである。*137

続いて、一九三七（昭和十二）年には、田中の須弥山説を、こう論じている。「必ずしもさうと断ずるわけにもゆくまいと思はれる」と。*138

大類伸と鳥羽正雄は、その後の城郭史研究に、大きな影響をあたえている。ふたりの共著である『日本城郭史』（一九三六年）は、斯界の古典とされてきた。仏教説をはじめとする宗教史的な解釈は、おかげで下火になっていく。

もちろん、藤岡通夫のように、のちのちまで仏教説を肯定していた学者もいた。伊藤ていじも、仏教の関与を、前向きにうけとめている。多聞櫓と多聞天に接点を見いだす。この田中説には、それなりの魅力があり、逆風の時代をむかえても、維持された。

だが、二十世紀初頭までのように、圧倒的な支持をえたりはしていない。往時とくらべれば、その衰勢はおおうべくもないだろう。

これと対照的なのが、建築史的な解釈の隆盛である。大類は、二十世紀初頭に楼閣説と高櫓説へ、陽をあてた。さらに、殿主説をあたらしく、提示させている。天守閣の成立を、宗教色ぬきの世俗に徹した解釈で、説明したのである。

そして、こちらのほうは、その後の学界へ、たいへんないきおいでひろがった。とりわけ、一九三〇年代以後の学界は、その方向へ、あからさまに傾斜しはじめる。

一九三六（昭和十一）年にでた古川重春の『日本城郭考』は、三説を融合させている。楼閣、高櫓、殿主が、それぞれ発展して天守閣に結実するという。大類と、ほとんど同じ見取図をしめしている。*139

一九三七（昭和十二）年に、藤岡通夫は高櫓説へ疑問を、呈していた。戦時の高櫓と天守閣では、あまりに建築としてのへだたりが、ありすぎるというのである。*140さらに藤岡は、その翌年にも同じ指摘を反復した。*141

だが、楼閣説と殿主説のほうは、支持している。殿主説に関しては、若干の修正をこころみたが、のちのちまでこれを堅持した。

ほかにも、太田博太郎が、楼閣説へくみする見解をしめしている。*142伊藤ていじは、楼閣説に批判的だったが、それでも高櫓説を支持していた。*143研究者ごとに、意見のわれていたことはまちがいない。だが、世俗的な建築史理解を重視するという点では、みな一致していた。とにかく、議論の大半が、そちらの方向へ集中していったのである。

藤岡とならぶ城郭史の権威に、城戸久という学者がいる。その城戸も、一九四三（昭和十八）年の『城と要塞』で、大類説を肯定した。[144] 楼閣説、高櫓説、殿主説をミックスさせたような筋道で、天守閣の成立を論じている。

さらに、城戸は戦後になってからも、大類よりの見解をしめしていた。とりわけ、殿主説にたいしては、かなりの信頼をよせている。じじつ、一九五八（昭和三十三）年のあるエッセイでも、大類の殿主説を肯定的に披露した。のみならず、殿主説をうけとめる学界の空気も、つぎのようにまとめている。

……というのが大類先生のお説である。今は大体この説に従っているのが多いようである……殿守（殿主）のおこりはやはり大類先生のように……[145]

大類説が、今ではオーソライズされている。城戸はそのことを、一九六五（昭和四十）年にも、くりかえしのべている。[146] 大類が後世にあたえた影響の、その圧倒的な大きさが読みとれよう。大類の業績が、古典としての声望をえているゆえんである。

もちろん、戦後の城郭史研究が、大類の水準をでなかったと言いたいわけではない。その学術レベルは、長足の進歩をとげている。とりわけ、殿主説のカギをひめている愛知犬山城の解体修理は、スリリングであった。築城技術の歴史にかかわる具体的な知見は、かくじつにふえている。

にもかかわらず、それらの研究が、大類のしいたレール上にあることも、いなめない。大類が「臆断」でのべたことを、ひとつひとつ検証する。後世の研究者たちは、きょくたんにいえば、そんな研究史をあゆんできたのである。

じっさい、彼らの仕事は、その大半が国内の建築発達史をさぐることに、ついやされた。楼閣が、殿主が、具体的にどう天守閣へ進化していくのか。その移行過程を、あきらかにすることが、第一の目標となっていた。海外からのインパクトには、ほとんど誰も目をむけなかったのである。

のみならず、思想史や宗教史的な関心も、基本的にはもたれなかったといってよい。天守(天主)の意味は、殿守(殿主)のよびかえだということで、すまされてきた。たしかに、仏教説は大類以後も生きのびている。だが、宗教史的な観点から、仏教説をふかめようとしたこころみは、まったくでなかった。

研究者たちの好奇心は、ひたすら世俗的な建築の技術史、様式史に集中したのである。大類伸が設定した研究上の枠組は、この点でも後世の学者に力強く作用したと、評せよう。

日本の歴史を、西欧のそれになぞらえたい。大類は、そんな思いこみから自分の学説を、たてていた。宗教色を排除した世俗的な天守閣成立史も、この情熱からつむぎだされていたのである。

こういうイデオロギッシュな立論が、その後の学界を制圧してしまう。ある思いこみからとなえられたストーリーが、のちのちの学術を方向づけることになる。なんとも、せつない出来事である。

そんなの、べつにめずらしくもなんともない。学問の世界ではよくおこる、日常茶飯事ではないかと達観するむきも、あるいはあろう。おおげさな感傷は、ひかえておくべきなのかもしれない。

大類伸が城郭史研究の成果を発表しだしたのは、一九一〇年代になってからであった。須弥山＝仏教説の田中が、その論文を世に問うたのは、一八九〇（明治二十三）年である。ふたりの仕事には、二十年以上のへだたりがある。

のみならず、両者はその論法も、ぜんぜんちがっている。田中の論文は、天主教説を否定し、仏教説をうちだしていた。そのため、論述の多くを宗教の話に、さいている。宗教史の論文だといってもいいような体裁に、なっていた。

田中は、江戸期以来の天守閣＝天主教起源説を、批判する。その点では、新しい成果をしめしていたと、いえるだろう。だが、天主教説の代案として彼が提示したものは、仏教説であった。あいかわらず、宗教史的な興味にこだわっていたのである。この部分では、天守閣を宗教的な文脈で語りたがる古さが、のこっていたということか。

そして、二十年後の大類は、武士の擡頭と殿主説などを、となえだす。歴史学の主流である社会構成史と、世俗的な建築史を前面におしだした。

十九世紀的な解釈を、田中はひきずっている。一方、二十世紀初頭からの大類は、宗教史をきりすて、社会構成史、建築史へおもむいた。たんに、ふたりの資質が、それだけちがっていたというだけの話ではない。城郭研究をささえる枠組のありかたじたいが、時代とともにかわっていったのだろう。

じじつ、大類以後の研究者たちは、宗教史をあまり問題にしなくなりだした。以前の学者たちが、宗教を特筆していたこととくらべれば、まことに対照的だといえる。大類は、それだけのパラダイム・チェンジを、学界にもたらしていたのである。

ここまでのべてくると、一九七〇年代に内藤昌がはたした役割も、あらたに見えてくる。

内藤は、安土城の天守閣が、西洋建築の影響をうけている可能性に、言及した。ほかにも、中国建築からの感化があっただろうことを、のべている。国際的な文化交渉史の視点を、城郭研究にもちこんだのである。それが、じゅうらいの自閉的な天守閣=日本起源説へ風穴をあけたことは、すでにのべた。

そして、内藤は同時に、安土城の天守閣を思想史、宗教史の文脈で、語りだしてもいる。そこには、神儒仏の三教と、キリスト教を融合した天道思想が、反映されていた。中世末期には、戦国武将のあいだで、天道思想がもりあがっている。安土城は、そうした思想・宗教史上の文脈に、位置づけうるというのである。

内藤の提案にたいしては、賛否の両論がおこっている。近年の学界では、ネガティブな声のほうが、ふえているように思う。

だが、これ以後、日本起源論は目に見えて弱まった。海外、とくに中国からの伝播をことあげすることが、はやりだしている。

それればかりではない。思想史、宗教史的な文脈で安土城の天守閣を論じる気運も、高まりを見せだした。内藤の天道思想説のみならず、儒教説もあらたな注目をあつめている。

もちろん、こういう風潮にたいする反発はある。思想や宗教は、関係がない。ファッション、あるいは芸能の一種として、考えるべきではないかという。そんな声も、おこってきた。これも、一面では、宗教史的な解釈の増加にたいする反発であったろう。そんな拒否反応がおこるぐらいに、猖獗をきわめだしたということか。

しかし、思想・宗教が、議論の土俵にあがりだしているという点は、重要である。ひところのように、世俗的な面ばかりが、検討の対象となっているわけではない。学者たちは、以前とくらべれば、宗教的な関心を、より強くいだきだしている。これもまた、その功罪はともかく、内藤に由来するパラダイム・チェンジではあった。

前にものべたが、林屋辰三郎は一九五〇年代から、儒教説をとなえだしている。学界が宗教や思想に興味をうつしていく、その先駆的な指摘をのこしていた。

そういえば、内藤の思想史的解釈も、林屋説の延長上に位置している。林屋の話をふくらませたような部分が、内藤説にはあった。たしかに、学界の全体的な空気がかわりだしたのは、内藤からだろう。だが、林屋にパラダイム・チェンジの前ぶれをなすきざしがあったことは、まちがいない。

まとめてみよう。二十世紀初頭までは、天守閣論の多くが、思想史、宗教史の文脈で、書かれていた。だが、一九一〇年代からは、そういった要素を排除した世俗的な歴史も、しるされだす。そして、一九三〇年代には、その傾向が圧倒的な潮流となってきた。

反転のきざしが見えだしたのは、二十世紀の後半になってからである。とりわけ、一九七〇年代からは、思想史、宗教史的な天守閣論が、急増した。今日では、それがひとつの、けっして小さくない潮流になっている。

もう、おわかりだろう。世俗的な建築発展史がはばをきかせていたのは、天守閣＝日本起源説の時代であった。天守閣の成立を、日本の国内事情だけで説明する。海外からの影響は、考えない。思想や宗教を軽くみた天守閣論は、なぜかそんな時代に横行したのである。

西洋や中国からの感化を重視する時代には、思想史、宗教史的な解釈が顔をだす。南蛮文化の関与が声高に語られた二十世紀初頭までは、天主教説と仏教説。そして、二十世紀後半には中国の影響がことあげされ、同時に儒教説も浮上した。また、キリスト教までをも加味した天道思想説が、登場するにいたっている。思想・宗教に冷淡な研究者も、芸能という精神文化を強調しだしているのである。

一九三〇年代からの日本起源説時代には、天守閣の日本的性格が論じられていた。天守閣の造形を、日本文化論で語ることがいちばんはやったのは、この時代である。世俗的な天守閣論が流布される一方で、日本的建築論もおおいに語られた。宗教史や思想史を禁欲した時代に、日本的天守閣論が流通したのである。ひょっとしたら、両者のあいだには、なんらかの因果関係があるのかもしれない。

あんがい、日本文化論風の天守閣解釈は、一種の代償として動員されていたのではないか。世俗的な面ばかりを強調し、精神文化面を欠落させてしまいやすくなる。そのうめあわせに、もちだされたメタフィジックスが、日本的天守閣論だったとはいえまいか。

少々、強引にすぎる読みとりを、してしまったのかもしれない。だがとにかく両者は、二者択一的な盛衰の歴史をたどってきた。どちらかが浮上すれば、もう一方は背後へしりぞいてしまう。ついつい、たがいの代替関係を想像したくなる、そんな展開をくりひろげてきた。

もちろん、研究者たちがこのことを意識していたとは、思えない。ふたつをてんびんにかけて、意図的な概念操作をおこなったりしたものは、いないだろう。だが、彼らは無意識のうちに、それぞれの時代と即応した考え方をしめしていた。時代の流れとともに、今のべた二者択一的な学説史を、いとなんできたのである。

これまた、学術とはそういうものだと、おおらかにかまえればすむことか。

国語辞典の天守閣

近世城郭の本丸にある高層建築は、ふつう天守閣とよばれている。では、なぜ「天守」という文字が、つかわれるのか。言葉の由来は、どうなっているのだろう。

いくつかの国語辞典は、「天守」の語彙説明で、その語源にもふれている。けっこうくわしく解説したものも、なくはない。だが、現行の辞書にのっている語源説は、たいていまちがっている。すくなくとも、今日の学界常識とは、そぐわない。

たとえば、小学館からでている『日本国語大辞典』が、そうである。一九七二(昭和四十七)年から、一九七六(昭和五十一)年にかけて、刊行された。全二十巻におよぶ、近年では、もっとも大部な辞書である。そこでは、「天守」のいわれが、わざわざ「語源説」と銘うって、こう説かれていた。

西洋人が最も高い所に天主をまつることにならい、安土城のやぐらを天主と称したことから(梧窓漫筆拾遺・蕉斎筆記[*147])。

典型的な天主教起源説である。キリスト教を手本にして、その名ができたという。

江戸時代の後半期に広く普及した説が、そのまま反復されている。

これだけが正しいと書いているわけではない。こんな「語源説」もあると、披露におよんでいるだけである。ただ、この辞典は、ほかの「語源説」をしめしていない。

天主教起源説しかないのだと、そう誤解をされかねない体裁になっている。そこには、やはりわだかまりを感じる。

こういう解釈が、十九世紀末に否定されたことは、前にものべたとおりである。それ以後、本格的な天主教関与説が、よみがえったことはない。二十世紀の学界では、否定的に語られつづけてきた。

そんな古めかしい説明を、この辞書は採用している。しかも、ごていねいに、『梧窓漫筆拾遺』などを、その典拠としてあげながら。『梧窓漫筆拾遺』は、ながらく学界で、暴論の代表としてあつかわれてきた文献である。評判は、すこぶる悪い。どうして、こういう「語源説」だけをとりあげたのか。

おそらく、「天守」の項を担当した執筆者が、『古事類苑』によりかかったからだろう。『古事類苑』は、掲載項目ごとに関連史料をならべた、たいへん大部な百科事典である。後世の辞典編纂者が、これに依拠したとしても、不思議はない。語源などの調査をしようとするものが、まず第一にたよるのは、この史料類纂なのだから。

そして、『古事類苑』には、くだんの『梧窓漫筆拾遺』が、ひかれていた。しかも、「天守」の関連史料を列記した、その第一ページめに、紹介されている。いちばん目につきやすいところへ、掲載されているのである。『日本国語大辞典』の担当者は、これにとびついたのだろう。

しかし、それだけでは心もとないとも、思ったのだろうか。この辞典は、平賀蕉斎の『蕉斎筆記』も、ひいている。これは、『日本随筆索引』にある「天守」の項から、たどりついたのだろう。そして、天主教起源説は、この『蕉斎筆記』にものべられていた。ふたつとも、同じことを書いている。それで、もうまちがいないと、判断したのだろう。

国史や建築史の学界事情につうじておれば、こういう誤解はありえない。『梧窓漫筆拾遺』などは、あやまった情報をつたえていると、判断できただろう。天主教起源説だけをひろいあげてしまうような選択は、ふせげたはずである。

だが、国語辞典の執筆者たちには、そういう知識がとどいていなかった。彼らは、『古事類苑』をはじめとする事典や類書などから、事項説明を書いていく。国史や建築史の新知識は、なかなか学界の外へ、普及していかない。おかげで、江戸時代の学術水準が、そのまま国語辞典へ残留することになったのである。

小学館の『日本国語大辞典』だけからきめつけるのは、早計にすぎる。もっとほかの辞書も、検討してみるべきではないか。そう思われるひとのために、あえてべつの辞書から「天守」の項を、ひいておこう。

『角川国語大辞典』(一九八二年刊)では、こんな説明になっている。

織田信長が安土城を築き、ここに天主を祭ったことからとも、また、ここに四天王を置いて守護神としたことからともいう。[*148]

天守の語源については、二つの説が並行して紹介されている。ひとつは、天主教の天主に由来するという説。そして、もうひとつは、四天王をまつっていたからという説である。

ここにいう四天王は、持国天、増長天、広目天、多聞天の四者を、さしている。須弥山を主宰する帝釈天=天主につかえ、それを四方から守護する神々のことである。その四天王が祭祀されていたから、天主とよばれるようになったという。こんな仏教にもとづく説明も、天主教起源説とならんで併記されていた。

仏教を重視する解釈は、明治の田中義成からひいたと思われようか。しかし、四天王の祭祀というストーリーは、田中の学説につながらない。田中は、天主を帝釈天のことだと、考えていた。四天王説は、『貞丈雑記』という江戸期の故実書にしめされた説明である。江戸後期に天主教説がひろがる前は、こんな見解も流布していた。たいへん古めかしい説なのである。

『貞丈雑記』は、伊勢貞丈という学者が一七八四（天明四）年に、まとめあげた。今は、『故実叢書』という類書に、おさめられている。『角川国語大辞典』の担当者は、それをチェックしていたのかもしれない。そして、それとともに、『古事類苑』で見つけた天主教説をも、並記させていた……。

しかし、おそらく、そこまでの目くばりはしていないだろう。天主教説と四天王説をならべて紹介した国語辞典は、古くからあった。はやくも、『言海』（一八九一年）の時点で、そういう説明はなされている。左のように。

天守ハ……織田信長ガ安土城ニ盛ナリト云……天主教ヲ信ジタレバ、或ハ、天主ヲ祀レルモノナラムカ……或ハ、仏教ノ四天王ヲ置キテ守護セシムルモノナリトモイフハイカガ[*149]

『言海』は、日本で最初の近代的な国語辞典である。『角川国語大辞典』は、これをそのまま踏襲したのだろう。じじつ、両者の天守語源説は、まったく同じである。『貞丈雑記』などをチェックしていたのは、『言海』をあらわした大槻文彦であろう。そして、『言海』の時代には、まだ天主教説が通説となっていた。『言海』が、天主教説と四天王説のふたつをならべたのは、そのためにほかならない。ともかくも、そこには、江戸後期と江戸中期の代表的な解釈が、併記されていたのである。

くりかえすが、『角川国語大辞典』は、『言海』の解釈を、そのまま反復した。そのため、けっきょくは、江戸時代の学術を、現代にももちこむこととなってしまう。明治以後の学界動向は、まったく反映されていない。『日本国語大辞典』と同じ事情は、こちらの辞書にもあてはまるのである。

さらに、三省堂の『新明解国語辞典』（第二版　一九七四年）も、披露しておこう。ここでは、天守の語源が、つぎのように説明されていた。「『天主』の変化。毘沙門天《ビシヤモン》を祭ったものとも、天主を祭ったものともいう」[*150]

やはり、仏教説と天主教説のふたつが、ならべて紹介されている。『言海』に端を発した解説のパターンは、ここでも生きのびているのである。

それにしても、毘沙門天をまつっていたという話は、おもしろい。毘沙門天は、多聞天の別称であり、四天王のひとりである。その意味では、『貞丈雑記』の四天王説につうじる一面を、もっている。だが、毘沙門天＝多聞天だけを特権化させた点は、ちがう。

いずれにせよ、『新明解国語辞典』へも近代の学説は、きちんととどかなかった。古めかしい江戸時代の説が、他の辞書と同様、天守解釈にのこっている。やはり、それが国語辞典の限界だったということか。

国語辞典のなかには、天守の語源を説明していないものもある。ただ、その意味をしるすだけで、言葉の由来には言及しないものも、少なくない。たとえば、三省堂の『大辞林』や、岩波書店の『広辞苑』などが、そうである。これらの辞書が、天守の語源についてどういう見解をもっているのかは、わからない。

だが、語源にふれた辞書は、たいてい江戸時代からの旧説をひいている。すくなくとも、これらの解釈を否定した国語辞典は、見あたらない。明治以後の学説は、やはり辞書まで、浸透しなかったというべきか。

さて、一九七〇年代からは、学界の動向にも、若干のゆりもどしがあった。以前ほどは、天守閣の日本的固有性に、こだわらない。海外からの、文化伝播を肯定的に考えはじめている。キリスト教の影響をも、間接的にならみとめる新説が、発表されだした。

現行の国語辞典が、天主教説をとりいれているのも、そのためではないか。学界の情勢がつたわらないどころの話ではない。最新の学説に反応した結果が、辞書の今日的な記述になったのだとは、いえまいか。ひょっとしたら、一九三〇年代からの辞書も、日本起源説に傾斜していたかもしれない。当時の学界が、そうなったのと同様に……。

その可能性は、あまりないだろう。だが、ぜったいにないと、そう断言するわけにもいかない。ねんのため、『言海』以後の辞書史を、あらってみるねうちはありそうである。

まず、一九一七（大正六）年の『大日本国語辞典』から、チェックしていこう。国語学者の上国万年《かずとし》がまとめさせた辞書で、天守の語源はこう説明されている。

織田信長安土城を築き天主を祀りたるに起るといふ。一説、此処《ここ》に仏教の四天王を置きて守護神とせしより起こると*151

『言海』と、まったく同じストーリーになっている。天主教説と四天王説が、そのまうけつがれているのである。

もう、学界では、とっくに天主教説が否定されていた。大類伸《のぶる》の日本起源説も、ひろがりだしている。にもかかわらず、『大日本国語辞典』は、それらを黙殺した。いや、目にもはいらなかったというべきか。

一九三五（昭和十）年には、言語学者の新村出《しんむらいずる》が、『辞苑』をだしている。そして、そこではこんな説明が、ほどこされていた。「天守……織田信長が安土城を築いて天主を祀ったのに始まるといふ」[*152]。天主教起源説だけで、おしきっていたのである。ちょうど、学界が日本起源説一辺倒に、なりだしていた時期である。天主教起源説の旗色が、いちばん悪かったころだと言えるだろう。そんな時期なのに、『辞苑』は天主教起源説を、ことあげした。

翌、一九三六（昭和十一）年には、平凡社から『大辞典』がだされている。ここでも、天守のルーツは、つぎのように説かれていた。

　織田信長、安土城を築くとき、ここに天主を祀りたるに起るといひ、またここに四天王を置きて守護神とせしに起るともいふ[*153]。

『言海』と『大日本国語辞典』の解説が、そのまま生かされている。言いまわしそのものを、まるごと引用したように見えるところさえ、なくはない。ともかく、当時の学界事情は、ぜんぜん反映されていないのである。

新村出の辞書を、あとひとつだけ紹介しておこう。敗戦後の、一九四九（昭和二十四）年に刊行された『言林』だが、そこにはこうある。

「天守……もと天主の意で、帝釈天或は毘沙門天、又はキリスト教の上帝の意ともいう[*154]」

やはり、仏教説と天主教説が、併記されている。天主教説が完全に否定されていた学界からは、とおくへだたっていたということか。

なお、新村の『言林』が、毘沙門天に言及している点は、興味ぶかい。『新明解国語辞典』の毘沙門天説も、このあたりから派生している可能性はある。もっとも、『言林』の仏教説は、帝釈天と毘沙門天のふたつを、しめしていた。毘沙門天ひとつにしぼった『新明解国語辞典』は、やはりユニークだというべきだろう。

ところで、『言林』や『新明解国語辞典』の毘沙門天説は、どこからでてきたのか。この点をいぶかしく思う者は、多かろう。辞書の執筆者が、独自に新説をとなえたわけでは、もちろんない。この解釈にも、出所はある。

東洋史家の宮崎市定《いちさだ》が「毘沙門天信仰の東漸について」という論文を、書いている。このなかで、宮崎は毘沙門天信仰が、中国で発達した事情を、くわしく説明した。四天王のうち、毘沙門天だけが、ぬきんでた存在になっていく。四天王のひとつではなく、ただ天王とよばれることも、ふえだした。軍営や官府でも、毘沙門天がまつられだす。そんな様子を、えがいている。

のみならず宮崎は、「日本における毘沙門信仰」へも、言及した。そして、天主閣の「天主」も、中国経由の毘沙門天であろうと、推論する。「中国で明代に毘沙門を天主と呼んだことは確証があ」るとも、言いそえて[*155]。おそらく、のちの国語辞典には、この宮崎論文を参照したものがあったのだろう。

宮崎がこれを発表したのは、一九四一（昭和十六）年のことであった。掲載されたのは、『紀元二千六百年記念史学論文集』である。この本は、京都帝国大学の史学科がまとめていた。一般にはそうでまわらない学術刊行物である。

とはいえ、京大文学部の周辺では、目にとまることも多かったろう。京大の言語学をひきいる新村出や、その弟子が読むことも、なかったとは言えまい。新村の『言林』（一九四九年）が、毘沙門天説をとりいれたのも、そのせいだろう。ひいては、『新明解国語辞典』にも、これがとどいたのだと思う。

妙な話だが、城郭史の研究者は、この宮崎論文にほとんど目をむけない。建築史家にも、日本史畑でも、おおむね見すごされてきた。専門外の東洋史家が書いているということで、注目をあつめなかったのかもしれない。

宮崎の指摘は、中国からの文化伝播を強調することになっていた。ルーツは、さらにイランのミトラ神へも、遡及しうるとのべている。これが、天守閣の日本起源を力説する時勢とあわなかったという事情も、あったろう。その意味では、時流から超然としている仕事であったと、位置づけうる。城郭の研究史上でも、やや浮いていると言ってよい。

そんな孤立した学問が、国語辞典の一部には、うけいれられていた。おそらくは、京大関係者の目にとまるという偶然を経由して。

にもかかわらず、城郭研究史の一般的な展開は、国語辞典へまったくつたわらない。辞書の世界は、城郭史研究の学界からきれていた。両者のあいだには、大きな断絶があったのである。

国語辞典の天守解釈は、江戸期の学術を維持しつづけた。辞書が学界の通説、たとえば殿主起源説などに傾斜したことは、一度もなかったのである。宮崎市定の毘沙門天説をとりいれたのが、おそらく唯一の例外だったろう。とはいえ、それも学界の主流をゆく説では、なかったが。

つづいて、『新明解国語辞典』（第二版）から、その序文を紹介しておきたい。ユニークな編集で知られる辞書だけあって、こんな指摘がなされている。

思えば、辞書界の低迷は、編者の前近代的な体質と方法論の無自覚に在るのではないか。先行書数冊を机上にひろげ、適宜に取捨選択して一書を成すは、いわゆるパッチワークの最たるもの、所詮、芋辞書の域を出ない……辞書は、引き写しの結果ではなく、用例蒐集と思索の産物でなければならぬ。[*156]

なんとも調子の高い筆法である。先行辞書のパッチワークで一書をなす。そんな「辞書界の低迷」を、一刀両断にきりすてている。

だが、そう評されてもしかたのない一面は、たしかにあった。じじつ、天守の語源説明などは、ここに非難されたとおりの歴史を、へてきている。『言海』、そして『大日本国語辞典』の解釈が、そのまま今日までつづいているのである。新しい学術動向が反映されえない理由も、このあたりにあるということか。

『新明解国語辞典』は、以上のような辞書界の因習を、きらっていた。辞書界を相手に、かなりの大見得を、きっていたのである。

さすがに、言うだけのことはあるというべきか。この辞書は、天守の語源に毘沙門天説をだしつつ、独自性をしめしていた。『言海』の天主教説をひいている箇所はあるが、オリジナルな面もあったのである。

もっとも、この毘沙門天説が、今日の学界動向を反映しているとは、言いがたい。城郭史研究としては、傍流をゆく説が、とりいれられているのである。

『新明解国語辞典』の序文は、「引き写し」を否定して、「思索」を揚言していた。だが、同時にこんな不安も、見せている。「しかしながら、一面から言えば、思索の結果は主観に堕しやすい」と。[*157] オリジナルであろうとすれば、独善へおちいる可能性も高いというのである。

宮崎の、やや異端的な説が参照されたことを、独善とは言えまい。宮崎市定のファンなら、喝采をおくってもいいだろう。もちろん、多くの城郭史研究者は、「主観に堕し」たと見るかもしれないが。

問題があるとすれば、それは天主教説のほうだろう。「思索」を自負する辞書にも、「引き写し」の部分はあったのである。もちろん、他の辞書も、たいていこの便法をくりかえしつづけてきたのだが。

けっきょく、語源説にはふれないというのが、賢明なやりかただったのかもしれない。語釈だけに説明を限定すれば、こういう失敗もふせげただろう。じっさい、『広辞苑』などは、そういう態度をとっている。

だいたい、収録語の語源をすべて説明しきる義務が、辞書にあるとも思えない。たいていの言葉は、意味を解説されるだけで、おわっている。その由来にまで、ふみこんだ記述がなされている例は、いたって少ない。

にもかかわらず、というべきか。少なからぬ辞書が、天守という項目にかぎって、語源の説明へふみこんでいる。おそらく、『言海』や『大日本国語辞典』を、この点でもそのまま踏襲したのだろう。天守は、語源をしめすにあたいする言葉であるという。そんな伝統が、しだいに辞書界へ定着していった……。

これもまた、「引き写し」という慣行の、自然な結末だということか。

新村出という言語学者について、すこし考えてみたいことがある。さきにもふれたが、新村は数多くの国語辞典を、あらわした。いちばん有名なのは『広辞苑』だが、ほかにもいくつかの辞書作成を、てがけている。その新村が、一九五四（昭和二十九）年に、「南蛮文化要略」という文章を、発表した。そこに、つぎのような一文がある。

天主閣をデウス（神）なるラテン語源だとも考へられたが、その臆説は遠く論破されつくしたものと信ずる。古くは坪井九馬三博士に、後には大類伸博士に、疾くに否定され去つた。*158

一読して、おどろかれたむきも、多かろう。学界は、とっくの昔に、天主教説を否定していたという。新村は、そのことをどうどうと、のべている。

しかし、新村出の学識を考えれば、なんら不思議なことはない。なんといっても、南蛮文化交渉史の専門家なのである。そのぐらいのことは、とうぜん知っていただろう。知らなかったんじゃあないかと考えるほうが、おかしいと思う。

だが、新村の名でだされたふたつの国語辞典は、どちらも天主教説をのべていた。「遠く論破されつくした」、「疾くに否定され去つた」。そう新村じしんも評価する解釈が、彼の辞書にはのっていたのである。さきに紹介した『辞苑』と『言林』の記述を、もういちどふりかえっていただきたい。

なぜ、自分が信じてもいない説を、辞書には記載させたのか。おそらく、新村は自分の辞書を、それほどていねいに、チェックしていなかったのだろう。高名なその名前だけを出版社にかして、あとはほうっていたのかもしれない。

新村出は、一九六七（昭和四十二）年の夏に、病没した。その死をいたんで、『言語研究』誌が、「故新村出会長追悼号」をだしている。なお、同誌は日本言語学会の学会誌であり、新村は初代の会長でもあった。

その追悼号に、やはり言語学者の浜田敦《あつし》が、「新村先生の人と学問」をよせている。そして、新村出の名が冠された「十指に余る」辞書のことを、こう論評した。

それらの編纂の実際に携ったのは、勿論先生自身ではなく、また、その内容についても、先生の学説が盛り込まれ、真に「新村出編」にふさわしいものとは、云えないものばかりであると云ってよい。つまり、それらは、多くの学習参考書や教科書類に見られる様に、云わば、商業出版の販売政策上、先生の名を冠したに過ぎないものなのである。*159

弟子の浜田も、新村は名前をかしていただけだと、言っている。それらの辞書類から、新村の学問を判断してもらっては、こまるということか。じじつ、浜田は、こうものべている。「先生の学問的業績として採り上げ、評価することは出来ない」と。*160

新村の『辞苑』と『言林』は、天守という言葉の語源を、天主教の天主にもとめていた。だが、新村じしんは、天主教説のあやまっていることを、知っている。なんとも、おかしな話である。しかし、こうした矛盾がおこることじたいは、うなずける。辞書編集の裏面さえ了解できれば、大いにありうることだと得心されえよう。

もちろん、新村だけが、こういう処世をいとなんでいたわけではない。高名な言語学者たちは、大なり小なりにたようなふるまいを、しめしていた。浜田の追悼文は、そのことをもつぎのようにのべている。

それは、少くとも師上田万年博士もなされたことであり、しかもそれ以後学界の慣習化して、ほとんどすべての人がやっていることであったとするならば、先生個人を、そのことゆえに、きびしく責めることは酷であろう。*161

編集者の学問は、かならずしも国語辞典に反映されえない。そして、たいていの辞書は「先行書数冊を机上にひろげ……引き写」すことで、できている。だとすれば、天守の語源解釈が、旧套からでられなかったのも、無理はない。江戸時代の学術水準にとどまったのも、まったくあたりまえのことだったというべきか。

それにしても、浜田敦の評価はてきびしい。師をおくる追悼文にしては、あたたかみがなさすぎる。

余談だが、浜田は先学を論評する、学者の品定めめいた文章を、けっこう書いている。そのいずれもが、寸鉄をつくするどさをもっており、なかなかおもしろい。父親の考古学者・浜田耕作を語った文章など、酷薄の域にさえたっしている。学者の値踏みが好きなひとには、一読をすすめたい。

余談ついでに、新村の「南蛮文化要略」へも、ひとことそえておく。新村はこの文章で、天守の天主教起源説が、すでに否定されていることを、のべていた。そして、それをうちけした先行研究者として、つぎのふたりをならべている。「古くは坪井九馬三博士に、後には大類伸博士に、疾くに否定され去つた」と。

大類が、天主教起源説を歯牙にもかけなかったことは、すでにのべた。だが、坪井九馬三《くめぞう》に、その問題とかかわりあった仕事はない。この点は、新村のほうに誤解があったのだと思う。

坪井は、一八九四(明治二十七)年に、「天主なる名称の出処に就て」を書いている。しかし、城郭の天守＝天主に関しては、なにも言及していない。坪井が論じているのは、キリスト教の天主と仏典で見る天主との相違について、である。

ただ、坪井論文の四年前には、田中義成が天主教説批判の研究を、発表していた。そして、四年後の坪井は、とくにそれへの反論をしめしていない。基本的には、天主教説の誤謬を了解していたのだと、判断しうる。

坪井も、天主教説を否定していたという。こういう新村の指摘も、その意味でまったくの的はずれだとは、言いにくい。しかし、じっさいには、坪井と田中のことを混同していたと、見るべきだろう。

本題に、もどりたい。ともかくも、天主教起源説は、十九世紀末以後の学界から、相手にされなかった。にもかかわらず、といっていいだろう。研究者たちは、しばしばその天主教説へ、非難の言葉をなげつけている。

たとえば、大類伸と鳥羽正雄の『日本城郭史』(一九三六年)は、こう書いた。

天主の名称の起源は天主教の神を某城の天守に祀つたのに因ると『梧窓漫筆拾遺』に記してあり、これを信ずる人も少くないが、これは……臆説である。天守の名称を仏教の方から解した説は、田中義成博士の説で……天守閣が天主教と関係のないことを立証されてゐる。[*162]

もう学界では、とっくの昔に論破されていた。そんな旧説をわざわざもちだして、でもそれはまちがっていると、書きたてる。のみならず、「これを信ずる人も少くないが」と、言いながら。学界では誰も信じていない説を、なぜそんなふうに位置づける必要があったのか。

大類と鳥羽の『日本城郭史』だけが、こういう筆法をしめしていたわけではない。ほかにも、多くの研究者たちが、似たような言いまわしを踏襲した。敗戦後の城郭史研究をリードした城戸久にも、以下のような指摘がある。

梧窓漫筆拾遺に某城の天主に天主教の神を祀ったところから出たとの記述があって、これはかなり広まっている。しかし……無関係といえよう。[*163]

某城の天守閣に天主教の神を祀ったところから、その名が出たとする……今でも根強く、なおこれを信じている人もかなり多いように思われる。しかし……臆説とするのが今では通説になっている。*164

城戸もまた、天主教説をことさらに否定しなければならない議論として、あつかった。「かなり広まっている」、「これを信じている人もかなり多い」説だというのである。当時の学界水準からみれば、とるにたらないこの説を……。

理由は、明白であろう。彼らは、国語辞典の天守解釈を、打倒目標にしていたのである。

国語辞典は、天主教起源説を、くりかえしくりかえしのべたてた。今日にいたるまで、この古めかしい解釈を、たもちつづけている。とうぜん、国史学や建築史学の外にいる一般読書人へは、こちらのほうが普及した。

ある言葉の語源を、かんたんにしらべたい。そんなときは、まず国語辞典を参照するのが、ふつうである。わざわざ、専門の学術書にまで目をとおすひとは、少なかろう。そして、いくつかの国語辞典が、共通して同じ語源解釈をのべていたとしたら。たいていのひとが、それを信じこんでしまうのも、無理はない。

「これを信ずる人も少くない」、「かなり広まっている」。研究者たちは、天主教説のことを、しばしばそう評した。研究史の文脈から見れば、たしかにおかしな書き方だといえる。だが、彼らにしてみれば、そう書かざるをえない気持ちも、あったのである。

いくら、学界が否定しても、国語辞典はそれをとりいれない。けっきょく、読書人の多くへは、国語辞典の知識が普及してしまう。そのことへのいらだちが、反天主教説の言辞を反復しつづける情熱に、つながった。学術と一般教養とのギャップが、研究者たちにむなしい努力をしいてきたのである。

ハワイのマキキに、天守閣風の教会がたっていることを、思いだしていただきたい。天守閣は、ほんらいキリスト教の施設であった。そう誤解していた当地の伝道師が、教会を天守閣の形にしてしまったのである。

この伝道師は、一八九四（明治二十七）年に、ハワイへわたっている。だから、まだ天守閣＝天主教起源説の否定されたことを、よく知らなかった。江戸時代以来の古い天守閣観をいだいたまま、日本からとびだしている。だから、ああいうきみょうな教会をつくってしまったのだと、さきほど解説した。

しかし、どうだろう。国語辞典の歴史をながめていると、またべつの見方もうかんでくる。じっさい、国語辞典の世界では、天守閣＝天主教起源説が、くつがえっていない。まだ、この見方は生きのびているのである。くだんの伝道師は、日本にいても、天守閣形状の教会をイメージしえたかもしれない。

もちろん、日本にいれば、事情通から忠告をうけることもあっただろう。天守閣とキリスト教はつながらないと、そうおしえてもらう機会があったと思う。だから、マキキのような教会は、たたなかったろう。天守閣風の教会は、日本からはなれた場所だから、竣工しえた。そのことじたいは、まちがっていないと考える。

ただ、日本でも、マキキ流のイメージならば、じゅうぶんうかびえた。天守閣を天主教に付会する観念は、それだけねづよく浸透していたのである。

ずいぶん、国語辞典のネガティブな面ばかりを、論じてきた。だが、国史や建築史の学界にだって、あやしい部分はある。

たしかに、学界では、多くの研究者たちが、新しい知見をいくつも見いだした。城郭史の研究が、それで進歩をとげてきたのも、事実である。たとえば、ナイーブな天主教説がくつがえされたのも、一例にあげられよう。その学術的発展においつけない国語辞典は、批判されてしかるべきである。

しかし、時流に学説が左右されるという一面も、学界ではあった。洋式築城術伝来説から、日本固有文化説へ。そして、ふたたび海外からの技術伝播を強調するという学説史を、想いおこしてみよう。新事実の発見とその科学的検討が、新しい学説をもたらすのではない。ただ、時代のながれと同調して、学者たちの議論がうつりすぎていく。そういう部分は、かくじつにあったのである。

そして、国語辞典の天守解釈は、この時流にまったくながされない。時代背景がどうかわっても、不動の立場を堅持した。まちがった解釈ではあったが、とにかく時代のながれから、超然としていたのである。

国史や建築史の学界は、おりおりの時流に壟断されていた。しかし、その時流には、辞書界をうごかすだけの力がない。学界にぞくする学者たちを、うろうろさせただけであった。どうやら、専門の研究者のみを右往左往させるような時流というものも、あるらしい。

世間の世論は、時勢とともにゆれうごく。世のながれに付和雷同してしまうことも、なくはない。だが、研究者はちがう。象牙の塔へこもる彼らは、時流になどながされず、ひたすら事実を究明する。いっぱんに、研究職は、そういう職能としてイメージされている。

しかし、彼らのいる象牙の塔だけを席捲する時流というものも、なくはない。世間へはおよばないが、学界には多大なインパクトをあたえていく。そんな時流も、まちがいなく存在するのである。天守閣をめぐる学説史は、そのことをしめす典型例だと思うのだが、どうだろう。

第二章　註

＊1　石丸熙「日本城郭研究史」(『日本城郭大系　別巻二』新人物往来社　一九八一年)五三ページ。
＊2　鳥羽正雄「日本城郭図説・三」『歴史公論』一九三三年八月号　七五ページ。
＊3　同右・一　『歴史公論』一九三三年五月号　五〇ページ。
＊4　大類伸・鳥羽正雄『日本城郭史』雄山閣　一九三六年　六三四ページ。
＊5　鳥羽正雄「城郭構築の社会経済的一考察」『歴史教育』一九三七年一一月号　二二五ページ。
＊6　鳥羽正雄「日本城郭の種類及び構造」『建築と社会』一九四一年七月号　一ページ。
＊7　同右　一一ページ。
＊8　鳥羽正雄「城と古美術」『古美術』一九四二年八月号　五二ページ。
＊9　同右　五〇〜五一ページ。
＊10　鳥羽正雄「城の構成と美術」『国画』一九四三年五月号　一四ページ。
＊11　花見朔巳『安土桃山時代史』(『綜合日本史大系　第八巻』内外書籍　一九二九年)八三四〜八三六ページ。
＊12　花見朔巳『安土桃山時代史』(『大日本史講座　第六巻』雄山閣　一九二九年)三〇六〜三〇七ページ。
＊13　武蔵高等学校『日本建築史講語』岩波書店　一九三七年　一七四ページ。
＊14　熊谷宣夫「美術」(『日本文化史大系　第八巻』誠文堂新光社　一九三七年)二五一ページ。

＊15　帝室博物館『日本美術略史』便利堂　一九三八年　一九六〜一九七ページ。
＊16　足立康『日本建築史』地人書館　一九四〇年　一四一〜一四五ページ。
＊17　岸田日出刀「日本建築史」（岸田日出刀・藤島亥治郎『日本支那建築史』雄山閣　一九三二年）一五二ページ。
＊18　田辺泰『日本建築の性格』相模書房　一九四二年　二六六ページ。
＊19　伊東忠太『日本建築の実相』新太陽社　一九四四年　一八四ページ。
＊20　長谷川如是閑『日本的性格』岩波書店（新書）一九三八年　一五一ページ。
＊21　同右　一五四ページ。
＊22　鳥羽正雄「城と私」（鳥羽正雄博士古稀記念論文編纂委員会『日本城郭史論叢』雄山閣出版　一九六九年）三六〇ページ。
＊23　同右。
＊24　同右　三五九ページ。
＊25　魚澄惣五郎「桃山時代の精神と城郭の構成美」『国宝』一九四三年三月号　四二ページ。
＊26　鳥羽正雄前掲「城と私」三五九ページ。
＊27　西村真次『安土桃山時代』（『国民の日本史　第八巻』早稲田大学出版部　一九二二年）二三九ページ。
＊28　同右　二三九〜二四〇ページ。
＊29　中田行「安土城の成立と復元について」『日本建築学会研究報告』第二四号　一九五三年一〇月　二〇ページ。
＊30　城戸久「安土城天守の諸問題」『城と民家』毎日新聞社　一九七二年　一〇六ページ。

＊31 中田行前掲「安土城の成立と復元について」一九ページ。
＊32 伊藤延男「城郭建築の美」『ミュージアム』五八号 一九五六年一月 一四ページ。
＊33 服部勝吉「日本の城郭・一」『日本文化財』一九五六年八月号 二一ページ。
＊34 野間清六・谷信一編『日本美術辞典』東京堂 一九五二年 四四三ページ。
＊35 太田博太郎「城と書院」一九五〇年（『日本建築史論集・二』岩波書店 一九八三年）二七〇ページ、二七七ページ。
＊36 太田博太郎「建築」（『世界美術全集 第二一巻』平凡社 一九五〇年）八ページ。
＊37 内藤昌「桂離宮」（内藤他編『桂離宮』講談社 一九七七年）三五一ページ。
＊38 藤岡通夫「城――西洋中世の城との対比」『国際文化』一九六四年一月号 二ページ。
＊39 藤岡通夫「城郭の建築」『城と書院』（『原色日本の美術 第一二巻』小学館 一九六八年）一六五ページ。
＊40 同右 一六八ページ。
＊41 同右 一六九ページ。
＊42 『新建築』第二二巻六号 一九四七年八月 二九ページ。
＊43 藤島亥治郎『日本の建築』至文堂（日本歴史新書）一九五八年 一九四ページ。
＊44 伊藤ていじ『日本デザイン論』鹿島出版会（SD選書）一九六六年 一九〜二一ページ。
＊45 伊藤ていじ『城――築城の技法と歴史』読売新聞社（選書）一九七三年 一八五ページ。
＊46 大類伸『城郭之研究』日本学術普及会 一九一五年 二三七ページ。
＊47 鳥羽正雄前掲「城と古美術」五三ページ。

＊48　鳥羽正雄前掲「城の構成と美術」一一ページ。
＊49　山崎美成『海録』（国書刊行会　一九一二年）三〇ページ。
＊50　『朝日新聞』一九七四年一二月一五日　朝刊第一三面。
＊51　桜井成広「安土城天主の推定復元模型・三」『城郭』一二五号　一九六三年六月　三ページ。
＊52　同右・四『城郭』一二六号　一九六三年八月　五ページ。
＊53　内藤昌・油浅耕三「新出安土城天守指図について」『日本建築学会大会学術講演梗概集（北陸）』一九七四年一〇月
＊54　内藤昌「安土城天守の解明」『歴史と人物』一九七五年三月号　二二五ページ。
＊55　内藤昌「安土城の研究・下」『國華』一九七六年三月号　四二ページ、四四ページ。
＊56　津本陽『下天は夢か・四』講談社（文庫）一九九二年　一四七ページ。
＊57　津本陽・内藤昌「『時代を創る男』の魅力」（津本陽『創神織田信長』角川書店（文庫）一九九五年）一〇八ページ。
＊58　同右　一〇九ページ。
＊59　宮上茂隆「安土城天主の復元とその史料に就いて――内藤昌氏『安土城の研究』に対する疑問・上」『国華』一九七七年三月号　七〜八ページ。
＊60　同右・下『国華』一九七七年四月号　一八ページ。
＊61　同右。
＊62　同右　二一ページ。
＊63　内藤昌『復元・安土城』講談社（選書メチエ）一九九四年　二九二〜二九三ページ。

＊64　宮上茂隆前掲「安土城天主の復元とその史料に就いて・下」二二ページ。
＊65　藤岡通夫『城と城下町』創元社　一九五二年　一三七〜一四〇ページ。
＊66　藤岡通夫『城と城下町』中央公論美術出版　一九八八年　四五ページ。
＊67　同右　一四七ページ。
＊68　同右　四六ページ。
＊69　同右。
＊70　藤岡通夫『城――その美と構成』保育社（カラーブックス）一九六四年　一五〇〜一五一ページ。
＊71　藤岡通夫『城――その美と構成』（第二版）保育社（カラーブックス）一九九二年、一五〇〜一五一ページ。
＊72　同右　一〇五ページ。
＊73　家永三郎『日本文化史』岩波書店（新書）一九五九年　一六〇〜一六一ページ。同・第二版一九八二年　一六五ページ。
＊74　川瀬一馬『日本文化史』講談社（学術文庫）一九七八年　二二六ページ。
＊75　内藤昌「安土城の研究・上」『國華』一九七六年二月号　四五ページ。
＊76　三鬼清一郎「織豊政権」（黛弘道他編『概説日本史』有斐閣（選書）一九七七年）一三二ページ。
＊77　内藤昌前掲「安土城の研究・下」五〇ページ。
＊78　三鬼清一郎『鉄砲とその時代』教育社（歴史新書）一九八一年　四三ページ。
＊79　若山滋『「組立てる文化」の国』文藝春秋　一九八四年　一二六ページ。
＊80　司馬遼太郎『街道をゆく・二三』朝日新聞社（文庫）一九八八年　二七四ページ。

＊81 同右。
＊82 内藤昌前掲「安土城の研究・下」四四〜四五ページ。
＊83 同右　四五ページ。
＊84 宮上茂隆『「安土城」と『天主』』（岡本良一他編『織田信長事典』新人物往来社　一九八九年）一五五〜一五六ページ。
＊85 宮上茂隆「安土城天主考察」（『復元大系・日本の城　第五巻』ぎょうせい　一九九二年）九五ページ。
＊86 宮上茂隆「『天守』の構成と絵画」『安土城』（『歴史群像／名城シリーズ・三』学習研究社　一九九四年）六一ページ。
＊87 玉井哲雄「近世の城郭建築――天守の成立」（石ノ森章太郎『マンガ日本歴史・二五』中央公論社　一九九一年）二三三〜二三四ページ。
＊88 井上宗和「日本最初の天守閣・多聞城」『歴史読本』一九八五年九月号　七九ページ。
＊89 大西広・太田昌子「安土城の中の『天下』」『朝日百科　日本の歴史・別冊――歴史を読みなおす・一六』朝日新聞社　一九九五年　二〜七二ページ。
＊90 宮上茂隆前掲「安土城天主考察」九五ページ。
＊91 内藤昌前掲「安土城の研究・下」四二ページ。
＊92 関野貞「日本古瓦文様史」（『日本の建築と芸術　上巻』岩波書店　一九四〇年）八〇八ページ。
＊93 関野貞「日本建築に及せる大陸建築の影響」同右　五一ページ。
＊94 石毛忠「戦国・安土桃山時代の倫理思想――天道思想の展開」（石田一良編『日本における倫理思想の展開』吉川弘文館　一九六五年）一六三〜一六四ページ。

＊95　内藤昌前掲「安土城の研究・下」四七ページ。
＊96　同右　四八ページ。
＊97　同右　五七ページ。
＊98　同右　四八ページ。
＊99　松田毅一「『安土城指図』の信憑性」『歴史と人物』一九七五年六月号　二七一ページ。
＊100　松田毅一「フロイスが描いた幻の安土城」一九八二年（『日欧のかけはし――南蛮学の窓から』思文閣出版　一九九〇年）一八三ページ。
＊101　松田毅一前掲「『安土城指図』の信憑性」二七一ページ。
＊102　岡本良一「安土城と大坂城」『歴史と人物』一九七五年五月号　四五ページ。
＊103　海老沢有道「天守閣」（『日本キリスト教歴史大事典』教文館　一九八八年）九〇七ページ。
＊104　前掲『朝日新聞』一九七四年一二月一五日。
＊105　内藤昌前掲「安土城の研究・下」五五ページ。
＊106　前掲『朝日新聞』一九七四年一二月一五日。
＊107　同右。
＊108　林屋辰三郎「城と襖絵」一九五二年『伝統の形成』（『日本史論聚・五』）岩波書店　一九八八年　四五～四六ページ。
＊109　林屋辰三郎「桃山文化の特質」一九五六年『古典文化の創造』東京大学出版会　一九六四年　三三三ページ。
＊110　林屋辰三郎「中世における都市と農村の文化」一九五八年『変革の道程』（『日本史論聚・三』）

岩波書店　一九八八年　二四七〜二四八ページ。
＊111　林屋辰三郎『日本――歴史と文化　下巻』平凡社　一九六七年　一〇八ページ。
＊112　林屋辰三郎「日本ルネッサンスの開幕――信長時代と安土城」『歴史と人物』一九七五年五月号　四二ページ。
＊113　同右　四四ページ。
＊114　同右。
＊115　脇田修『戦国時代から江戸中期まで』（『教養人の日本史・三』）社会思想社（現代教養文庫）一九六七年　六一ページ。
＊116　脇田修『近世封建制成立史論／織豊政権の分析・二』東京大学出版会　一九七七年　二九七ページ。
＊117　同右　二九八ページ。
＊118　脇田修『織田信長――中世最後の覇者』中央公論社（新書）一九八七年　一四三ページ。
＊119　熱田公『天下一統』（『日本の歴史・一二』）集英社　一九九二年　一四六〜一四七ページ。
＊120　会田雄次・原田伴彦・杉山二郎『織田信長』（『批評日本史／政治的人間の系譜・四』）思索社　一九七二年　二一六〜二一七ページ。
＊121　同右　二一七〜二一八ページ。
＊122　内藤昌前掲『復元・安土城』二七六〜二八四ページ。
＊123　宮上茂隆前掲「安土城天主考察」九五ページ。
＊124　宮上茂隆「安土城復元」『城と茶室――桃山の建築・工芸・一』（『日本美術全集　第一四巻』）講

談社　一九九二年　一七二ページ。
＊125 同右。
＊126 大類伸「本邦城櫓並天守閣の発達・第二回」『史学雑誌』一九一〇年四月号　二七ページ。
＊127 同右　三二ページ。
＊128 同右　三〇ページ。
＊129 同右　三二ページ。
＊130 同右。
＊131 同右　三五ページ。
＊132 大類伸前掲『城郭之研究』一二二ページ。
＊133 大類伸「天守閣の起源」『考古学雑誌』第五巻第六号　一九一五年二月　二ページ。
＊134 大類伸「天守」『日本百科大辞典　第三巻』（名著普及会　一九八八年復刻）六四七ページ。
＊135 田中義成『織田時代史』講談社（学術文庫）一九八〇年　一五六ページ。
＊136 大類伸「本邦城郭の美観」『心理研究』一九一二年六月号　五六ページ。
＊137 鳥羽正雄前掲「日本城郭図説・三」七七～七八ページ。
＊138 鳥羽正雄「神祇と城郭・中」『神社協会雑誌』一九三七年四月号　二八ページ。
＊139 古川重春『日本城郭考』巧人社書店　一九三六年　一八九～二〇〇ページ。
＊140 藤岡通夫「初期天守閣の一考究」『建築学会大会論文集』一九三七年三月　一九七ページ。
＊141 藤岡通夫「天守閣建築概説・一」『画説』第二四号　一九三八年一二月　四九〇ページ。
＊142 太田博太郎「楼閣建築に関する一考察」一九四一年（『中世の建築』彰国社　一九五七年）一三八

ページ。

＊143 伊藤ていじ前掲『城・築城の技法と歴史』六七〜七一ページ。

＊144 城戸久『城と要塞』朝日新聞社　一九四三年　五九〜六六ページ。

＊145 城戸久「天守を中心とした城の歴史的考察」『建築と社会』一九五八年九月号　三二一ページ。

＊146 城戸久「城と天守」一九六五年　前掲『城と民家』六六ページ。

＊147 日本大辞典刊行会編『日本国語大辞典　第一四巻』小学館　一九七五年　三三六ページ。

＊148 時枝誠記・吉田精一編『角川国語大辞典』角川書店　一九八二年　一四四五ページ。

＊149 大槻文彦『言海　第四冊』一八九一年　六九八ページ。

＊150 金田一京助他編『新明解国語辞典　第二版』三省堂　一九七九年　七七二ページ。

＊151 上田万年・松井簡治『大日本国語辞典　第三巻』冨山房　金港堂書籍　一九一七年

＊152 新村出編『辞苑』博文館　一九三五年　一四八六ページ。

＊153 下中彌三郎編『大辞典　第一八巻』平凡社　一九三六年　四五三ページ。

＊154 新村出編『言林』全国書房　一九四九年　一五四八ページ。

＊155 宮崎市定「毘沙門天信仰の東漸について」一九四一年（『宮崎市定全集　第一九巻』岩波書店　一九九二年）七七〜七八ページ。

＊156 金田一京助他編前掲『新明解国語辞典』一〜二ページ。

＊157 同右　二ページ。

＊158 新村出「南蛮文化要略」一九五四年（『新村出全集　第七巻』筑摩書房　一九七三年）二八四ページ。

＊159 浜田敦「新村先生の人と学問」『言語研究』第五四号 一九六九年 二七ページ。
＊160 同右 二八ページ。
＊161 同右。
＊162 大類伸・鳥羽正雄前掲『日本城郭史』六二四ページ。
＊163 城戸久前掲「天守を中心とした城の歴史的考察」三二ページ。
＊164 城戸久前掲「城と天守」六五〜六六ページ。

第三章

織部灯籠とキリシタン

『古都』と『舞姫』

日本の庭園では、要所に石灯籠をおいて、その点景とすることがある。灯籠そのものは一種の照明器具なのだが、庭の装飾品としてもひろく活用されている。

それらのうちに、キリシタン灯籠と通称されるものがある。かつてのキリシタンたちが、信仰の対象にした灯籠だと、それらはしばしば語られる。キリシタンの意匠を、南蛮への異国趣味で加味した灯籠だと、言われることもなくはない。

これらの灯籠は、石竿《いしざお》の上部が左右へとびだしている点に、特徴をもつ。そして、その形状は、しばしばラテン十字ににていると、評される。キリシタンうんぬんという話も、それを十字架に見たてることから、浮上した。

さらに、これらの灯籠では、石竿の下部へ彫像がほりこまれているものもある。そして、それらが聖像だとみなされることも、なくはない。キリストかマリアか、あるいは聖人、宣教師某だという議論も、よくとびかう。

また、石竿上部に、意味のわかりにくい組み合わせ文字が、きざまれているものも多い。それらも、PAPA（父）の PA だとか、FILI（子）のことだと、しばしば語られる。ほかにも、FID, FJD, FIL, HIS, などと、さまざまな解説がこころみられてきた。やはり、キリスト教的なメッセージが、読みこまれやすい部分のひとつだと言える。

では、いったいなぜ、灯籠などにキリスト教の信仰が、仮託されたと言われるのか。いわゆるキリシタン灯籠も、一見しただけだと、それほど外国風にはうつらない。なれないひとなら、どこにでもある日本灯籠のひとつとして、見すごしてしまうだろう。そんなものが、どうして信仰の対象になったなどと、言われだしたのか。

キリシタン灯籠の説明でよく見かけるのは、禁教時代の遺物だとする解釈である。江戸時代には、キリスト教が禁じられていた。とうぜん、信者たちは潜伏を余儀なくされてしまう。いわゆるかくれキリシタンとして、信仰を非公然化させなければならなくなる。十字架をおおっぴらにおがんだり、ロザリオを手にしたりすることは、もうできない。そこで、そういった聖具の代用品として、灯籠がつかわれた。

灯籠をすこしだけキリシタン風に加工して、信仰の対象を禁教下でも維持していく。キリシタンの探査があっても、ちょっと風変りな灯籠だということで、しらをきる。そのためにこれらの灯籠はつくられたと、聞かされることが、しばしばある。

とりわけ、園芸、造園関係者のあいだに、この話はひろくゆきわたっている。ためしに、いくつかの造園に関する辞書を、ひもといてみよう。

キリシタン灯籠　隠れキリシタン信仰に関係するといわれ、竿の上部の丸いふくらみ意匠が十字架を、上部前面にある LHQ の象形化された組合せ文字がキリストを示すほか、竿下部に彫られた地蔵尊をキリスト、マリア、宣教師像に見立てられるという説がある。[*1]

なお、このいわゆるキリシタン灯籠は、その意匠が古田織部《おりべ》に由来すると、よく言われる。織部好みの織部型だということで、織部灯籠と称されることも、多い。今参照した『造園用語辞典』[*2]にも、こうある。「織部灯籠……『キリシタン灯籠』ともいう」と。さらに、べつの造園辞典では、こんな指摘もなされていた。

キリシタン灯籠　織部灯籠と同じ。

織部灯籠　キリスト教関係という……江戸時代に迫害をうけ、信者は隠れて信仰し、直接キリスト、マリヤ像を拝し得ないので他の像に寄託したと思う、その文字、立像が現在残っている。[*3]

注意ぶかい読者なら、もう気づかれただろう。これらの記述はみな、推量か伝聞のかたちをとっている。「……といわれ」、「……という説がある」などというように。

断定形でしるされては、いない。

ある種の灯籠を、キリシタン信仰のしるしだと、みなしてしまう。こういう見方にたいしては、学界のなかで反発がある。けっして、オーソライズされているわけではない。むしろ、否定的にあつかう研究者のほうが、多いだろう。

そんな話を、造園学はやや好意的に、うけとめた。その点では、少々例外的なジャンルにぞくしている。もっとも、造園の研究者も、この話が他分野で評判の悪いことは、知っていよう。造園学の辞書が、断定調をさけやすい一因も、そのあたりにあるのかもしれない。

とはいえ、いっぱんの世間には、それをあたりまえのこととしてうけとる風潮もある。ちょっと物知りの好事家になると、キリシタン灯籠の解説をしてくれたりも、しかねない。

たとえば、川端康成の『舞姫』（一九五一年）に、矢木という男が登場する。古美術通だという設定の人物である。その矢木が知人にこう語りかける場面を、川端はえがいている。

カトリックとお茶とは、昔は縁がありますよ。たとえば、織部燈籠を、キリシタン燈籠ともいうでしょう……古田織部の好みで、燈籠の柱に、キリストを抱いた、マリヤらしい像が、彫りこんである。[*4]

川端は、十一年後の『古都』（一九六二年）でも、キリシタン灯籠をとりあげた。ヒロイン・千重子がすむ家の庭に、この灯籠を置いている。そして、それをめぐって、千重子とその父に、こんな会話をかわさせた。

もみじの根かたには、古い灯籠が立っている。灯籠の足にきざまれた立像を、千重子の父はキリストだと、いつか千重子に教えたことがあった。

「マリアさまやおへんの？」と、その時、千重子は、「北野の天神さんに、よう似た大きいのがありましたえ。」

「これはキリストやそうな。」と、父はあっさり言った。「赤子抱いてやはらへん。」

「あ、ほんまに……。」と、千重子はうなずいたものだった。[*5]

登場人物に、キリシタン灯籠の話をさせているだけではない。どうやら、川端じしんも、それを信じていたらしいふしがある。じっさい、『古都』では、こんなことも地の文へ、書きつけている。

キリシタン灯籠は、むかし、キリシタン禁制のころにつくられたものであろう……むかしは信仰のしるしであったか、むかしの異国風の飾りであったかの、キリシタン灯籠が……おかれている。[*6]

こう書いても、読者は違和感をもたないと、そう思っていたのだろう。織部灯籠とキリシタンを、むすびつけて考える。そんな見方が、けっこう流布していることを、読みとれよう。

つぎに、芹沢光治良《こうじろう》が書いた『女にうまれて』という作品を、紹介しておきたい。一九五八（昭和三十三）年の作品で、キリシタン灯籠のことが、大きくとりあげられている。

主人公の杉は、駿河に本家をもっていた。その本家が、第二次大戦の戦中に、破産してしまう。駿河のその家は、人手にわたしたくない庭の灯籠を、東京の杉家へはこびだした。それが、マリア像のきざまれた「マリア灯籠」であったという。杉は、それを見るまで、「自分の祖先にキリシタンがあるとは知らなかった」[*7]。芹沢の筆は、そんなふうに、灯籠の存在と信仰を、そのままむすびつけている。

祖先の宗教を知りたく思った杉は、それを本家に問いただしている。だが、きちんとした返事をもらえる前に、本家の当主は病没した。戦後十二年たってから、杉は往時を回想し、本家の沈黙をこんなふうに空想する。

鬼畜英米などと盛にいわれていたから、鬼畜の神イエズスを、祖先がかくれて信仰したと知られるのを、怖れたのかも知れない[*8]

「マリア灯籠」には、「イエズス」への信仰がかくされていた。杉は、そのことを、まったくうたがっていない。自明のこととしてうけとめている。

ここにいう杉は、作家・芹沢光治良の分身である。芹沢じしんが、キリシタン灯籠を信仰のしるしだと、思いこんでいたのかもしれない。

つくられた伝説

かくれキリシタンが、灯籠に信仰心をよせていた。そのことをしめす遺物が、キリシタン灯籠として、今日にもつたわっているという。この話が、世間をさわがせだしたのは、一九二〇年代からである。それほど古くから、それこそ、江戸期から語られていたというような話では、けっしてない。

比較的、早くからキリシタン灯籠の話がひろがったのは、静岡である。「大正末年頃から」、同地ではさわがれだしていたらしい。郷土史家の法月俊郎が、さかんに言いだしたことから、知られだしたという。地元の新聞も、しばしばこの話題はとりあげている。

全国紙で、最初につたえられたのは、一九二九（昭和四）年のことであった。六月一日付の『東京朝日新聞』に、こんな報道がなされている。東京目黒行人坂上大聖院には、妙な形をした灯籠の竿石が三基ある。いずれも十字形をなしており、十字架のように見える。そこにきざまれたものも、「伴天連の像らしい」と。

つづいて、翌一九三〇（昭和五）年の記事を、紹介しておこう。『東京日日新聞』（二月一日付）が、こんどは静岡での発見を、つたえていた。話題をよんだのは、小笠郡笠原村（現・掛川市）の撰要寺にある織部灯籠一基である。これが、「遠州に珍らしい切支丹の遺跡」として、報道されている。

こののちも、徳島、京都というぐあいに、全国から同種の発見報道が、あいついだ。各地で、キリシタン灯籠が見つかったというニュースに、わいたのである。当時は、この話題が、ちょっとしたブームになっていたと、いってよい。

それらの灯籠を追跡調査した研究者に、西村貞という美術史家がいた。のちに、キリシタン灯籠のことを積極的に肯定し、顕彰したことで知られている。なお、灯籠発見の報道が、静岡から全国へ普及した様子も、西村の本からおそわった。[*9]

その西村が、一九三一（昭和六）年に、おもしろい話を書きとめている。全国からつたえられてくるキリシタン灯籠のニュースを、彼はこうとらえているのである。

不思議なことには、これらの紹介記事はそこに一貫せる脈絡なくして全く個々別々になされたもので、それでゐてそれらの意見がみな切支丹《キリシタン》関係の遺物と主張する点においては一致してをつた。[*10]

なお、西村がこのことを書いたのは、『週刊朝日』の誌上であった。週刊誌のトピックスとなるぐらいに、このテーマは評判をよんでいたということか。

いずれにせよ、各地の発見者は、とくに連絡をとりあっていなかったという。あちこちで、それぞれべつべつに見いだされていったらしい。にもかかわらず、それらの発見は、ほぼ同じ時期に報告されだしている。一九二〇年代末から、三〇年代初頭という時期に。

なぜ、そんなものが、各地でいっせいに見つかったのだろう。同じころ、いろんな場所でそれが記事になったということの意味を、知りたくなる。

一九一七（大正六）年からのことである。京都およびその付近で、いわゆるキリシタン墓碑の発見が、あいついだ。埋葬者はキリシタンであるという。そのことをしめす墓標が、ぞくぞくと見つかった。

最初は延命寺の境内から（一九一七年）。そして、成願寺（同年）、浄光寺（一九一八年）、西寺（一九二〇年）というように。キリシタン灯籠が話題となりだす十年ほど前から、そんなことはあったのである。

キリシタン墓碑が、この時期から京都で見つかりだした原因は、はっきりしている。それは、一九一六（大正五）年に、京都大学が考古学の講座を開設したからである。この年に、イギリスからかえってきた浜田耕作が、京大考古学教室をひきいることとなった。なお、日本の大学で、考古学の講座を正式に設置させたのは、これが最初である。

京大の考古学者たちは、さっそく京都およびその近辺へ、調査にのりだした。キリシタン墓碑は、その過程で発見されていった考古学資料に、ほかならない。じじつ、これらの発見は、京大の『史林』や、『考古学雑誌』に、報告されていく。

テーマが、いわゆる南蛮時代にかかわりあうからであろう。日欧交渉史にくわしい、やはり京大の新村出も、この調査をてつだいだす。以後、この方面に関する研究は、浜田と新村が共同してすすめていく。

一九二〇（大正九）年には、大阪の北郊で、数多くのキリシタン遺物も見つかった。キリシタンがらみの絵画、彫刻、書籍などが、大量にでてきたのである。歴史教科書などでおなじみのザビエル画像も、この時、ここで発見された。

これらの資料を保存していたのは、当地の旧家・東《ひがし》藤次郎邸である。この屋敷は、現在も、茨木市立キリシタン遺物資料館として、のこされている。このあたりが、キリシタン大名・高山右近の旧領地であったことも、よく知られていよう。

浜田と新村は、一九二三（大正十二）年に、これらの調査結果を刊行させている。浜田を編集代表者にした『吉利支丹遺物の研究』が、それである。そのなかで、東家の遺物については、新村出がレポートを書いていた。キリシタン墓碑に関する部分は、新村と浜田耕作の共著となっている。

この報告書は、キリシタン灯籠について、何も言っていない。だが、キリシタン遺物のおもしろさを、これで触発されたものは、いただろう。自分も似たような資料を見つけてみたいという。そんな野心を、地方の郷土史家たちにうえつけたとしても、不思議はない。

静岡で、キリシタン灯籠の調査をしていた後藤粛堂が、興味深いことを書いている。一九三〇（昭和五）年の文章だが、当時の気分をつぎのように、つたえていた。

切支丹文化に就ては憧憬と感興とを持たん訳には行かん……何と言っても切支丹が分らんでは、今日人前に出て話しは出来ん。大きな顔は出来ん。私はここで切支丹の講釈をするのではない。切支丹の提灯持ちをするのでもない。ただ切支丹の本家本元が我が静岡に在ると云ふことを諸君に知らせたいのです。[*11]

今は、キリシタン研究が時流にのっているという。その研究対象となる遺物が、静岡にあることを、ほこらしげに語っている。キリシタン灯籠が、どのような情熱によって発見されていったかは、明白である。

一九一〇年代後半からは、キリシタン考古学の成果が、脚光をあびだしていた。それにあやかりたいという思惑は、静岡の後藤のみならず、全国へひろがっていただろう。各地であいついだキリシタン灯籠の発見は、こんな情勢がもたらしたのだと、考えたい。

あとひとつ、いわゆるキリシタン文学のブームも、背後にあった可能性はある。二十世紀へはいってからの文学には、しばしば南蛮趣味が顔をだす。古い安土桃山時代に、遠くの南欧から西洋文明がとどいていた。そのことをロマンティックにうたいあげることが、ふえていく。旧幕時代の排耶論とは逆で、キリスト教の受容を肯定的に語る風潮が、もりあがる。

上田敏、北原白秋、吉井勇らの、詩作を、想起していただきたい。もちろん、小説などの文芸でも、数多くの創作が、こころみられてきた。とりわけ、話題をよんだのは、芥川龍之介が書いた『奉教人の死』である。一九一八（大正七）年の作品だが、文献操作上のトリックもあり、大評判となった。歴史に関心のある読書人は、強い刺激をうけただろう。

その後も、キリシタン関連の文芸は、ぞくぞくと発表されていく。一九二三（大正十二）年には、長与善郎が『青銅の基督《キリスト》』を、あらわした。一九二五（大正十四）年には、木下杢太郎が『安土城記』を書いている。その翌年には、小山内薫が『吉利支丹信長』を、脚本にしたてていた……。

各地の郷土史家たちも、なにほどかは、そういった文芸にしたしんでいただろう。そこへ、キリシタン考古学の発掘成果が、報告されてくる。キリシタンの、文芸ではなく、遺物の発見というニュースが、つたわった。こういった仕事なら、自分たちでもてがけることはできるんじゃあないか。キリシタン灯籠の発見者たちには、そんな思いもあったと思うのだが、どうだろう。

一九四〇（昭和十五）年に、『カトリック大辞典』が、刊行されている。そのなかに、「日本キリシタン遺物」という項目が、おかれていた。執筆を担当したのは、京大の考古学教室をひきいる浜田耕作である。『吉利支丹遺物の研究』をはじめとする業績もあって、浜田が指名をうけたのだろう。

なお、浜田は一九三八（昭和十三）年に死んでいる。だから、完成した『カトリック大辞典』は、見ていない。おそらく、この項目も、最晩年の一九三〇年代後半に、書きあげていたのだろう。

ところで、このころには、全国各地からキリシタン灯籠の発見が、報告されていた。新聞も大きくつたえており、とうぜん浜田は、そのことを知っていただろう。にもかかわらず、浜田はキリシタン灯籠を黙殺した。彼がとりあげたのは、画像、版画、彫像、メダル、墓碑、そして儀礼の調度などである。だが、灯籠には、まったく言及しなかった。その理由を、「日本キリシタン遺物」の末尾で、こうのべている。

竿石に十字様或は人物の顔などを刻した所謂織部形石灯籠を挙げ、其《そ》の発見が数々《しばしば》報道せられるが（この灯籠の起源は或は多少キリシタンと関係があるかも知れないが）、製作された灯籠は直接キリシタンとは関係のないものと思はれるから此処にはこれを記さないことにした。[*12]

新聞などで報じられる灯籠が、現実にキリシタンとのつながりをもつとは、思えない。だから、ここではとりあげないという。世間がさわいでいるものを、学術的な立場から、はねつけてしまったのである。

じっさい、これらの灯籠で、信仰の対象になったと論証できるものは、ひとつもない。キリシタン灯籠説は、ただばくぜんと印象論で語られているだけなのである。

いわく、石竿がラテン十字に見える。聖像がきざまれているように思える。組み合わせ文字が、アルファベットでしるされているらしくうつる、といった論法で。キリシタン墓碑が、信者の埋葬を証拠だてているわけではないのである。

たしかに、古田織部は、バテレンたちと交際をもっていた。信仰心こそなかったが、彼らをつうじて、南蛮風の意匠をとりいれた可能性はある。しかし、いわゆる織部灯籠が、織部の創案でできたという証拠は、どこにもない。ただなんとなく、織部好みなのではないかと、世間ではやされているだけなのである。

それに、全国各地からキリシタン灯籠の報告があるということじたいも、うたがわしい。もし、それだけ信仰の対象となった灯籠が、屋外にたくさんあったのだとしたら……。とうぜん、キリシタンへの弾圧政策をとっていた幕府が、摘発しただろう。しかし、幕府が灯籠をチェックしていたという記録は、どこにもない。やはり、信仰心とはなんの関係もなかったと見たほうが、たしかだろう。

キリシタン灯籠を、あちこちから山ほど見つけてくる。その姿勢そのものが、幕府のキリシタン弾圧をあなどる誤謬に、ねざしている。

もし、どうしても、キリシタンとの関連を語りたいのなら……。南蛮渡来の意匠は、信仰と関係なく、一種の異国趣味としてよろこばれた。それが、世に織部好みとして、喧伝されていくという。このくらいのストーリーが、てごろなのではなかろうか。これならば、その蓋然性も、まったくないわけではないのだから。

だが、キリシタン灯籠説の論客たちは、信仰心をことあげした。学界から相手にされなかったのも、無理はない。

さて、浜田耕作は、この方面に関する研究を、新村出との共同作業ですすめていた。その新村も、キリシタン灯籠説には、ネガティブな姿勢をとっている。のみならず、新村は、日本の工芸にたいする南蛮意匠の影響そのものを、軽視した。以下に、「南蛮文化要略」（一九五四年）での指摘をひいておこう。

　それらの模様なりデザインなりが、どの位日本在来のものに変形され同化され、幾分かの影響を与へたかといふと、別段特筆するに足るほどの点は指摘されてない。[*13]

灯籠についても、「なほ深く詮索の要があらう」という。[*14] 今のままでは、とうてい論証されえないという立場を、とっていたのである。じっさい、新村はキリシタン灯籠説にくみしたような文章を、一度も書いていない。あれほど、南蛮文化と日欧文化交渉史を熱っぽく語った新村が、この話は無視している。やはり、学界からはうとんじられていたと、いうしかない。

川端康成が、『古都』でキリシタン灯籠をとりあげたことは、さきにのべた。文豪・川端も、学術的にはとるにたらない説へ、よりかかっていたということか。まあ、その風を文芸的によそおっていたのかもしれないが。ところで、その川端が、『古都』の「あとがき」でこんなことを、のべている。

新聞に掲載中に京都の新村出先生から「古都愛賞」という文章を、朝日新聞「PR版」にいただいたのは、私の望外の幸いであった。[*15]

新村が『古都』の「PR」を、新聞に書いていたという。おそらく、『朝日新聞』が京都を代表する碩学に、原稿をたのみこんだのだろう。その依頼におうじて、新村はこんなことを書いていた。

『古都』礼賛の筆を進めて楽しみたい……キリシタン燈籠が問題にされる、老学究の古い興味が復活してくる……。[*16]

ほんらいなら、キリシタン灯籠についての臆説を、たしなめたいところではあったろう。これだから、しろうとはこまると、なじりたかったかもしれない。すくなくとも、川端がいうほど単純な話でないことは、知悉していたはずである。にもかかわらず、新村は否定的なことを、書かなかった。もちろん、積極的に肯定したりも、していない。なかなか興味ぶかいと、にげている。新聞小説を宣伝する広告記事だということで、こんな筆法になったのだろう。学術との妥協をはかり、そのあたりでおりあいをつけたのだと思われる。

きまじめな学者なら、そんな提灯持ち原稿などことわるべきだというにちがいない。だが、新村は宣伝文の執筆を、ひきうけた。ながらく、ジャーナリズムに、エッセイ類を書きつづけてきた新村のことである。新聞からの依頼を、むげにはあつかいにくかったのだろう。偉大な学者ではあったが、そういう弱さもあったと言えば、言いすぎか。自らをいましめるべく、私は偉大でもないが、あえてそう書きとめる。

天守閣に関する研究史を、もういちどおもいだしていただきたい。古い学説は、天守閣の成立に、ヨーロッパの感化をみとめていた。洋式築城術が、日本にも伝播して、ああいう高層建築をもたらしたという説である。キリスト教の関与さえ、十九世紀までは信じられていた。

だが、一九一〇年代から、こういう議論も転機をむかえだす。海外からの影響より、日本国内での自律的な発展を重視する見方が、浮上した。一九三〇年代後半には、そちらのほうが圧倒的な主流へと、のしあがる。天守閣は、日本固有の日本文化を体現した建築だとされるように、なっていく。

こうした学界の風潮が、キリシタン灯籠に関する言辞をも左右したとは、言えまいか。学界は、一九三〇年代ごろから、排外的な歴史解釈へおもむきだす。海外からの影響を否定して、日本の固有性を強調しだしていた。その気運があったために、織部灯籠へのキリシタン関与説も、うちけされる。学界の冷淡な態度に、はたしてそういう側面がなかったと、言えるのか。

たしかに、キリシタン灯籠説は、一九三〇年代以後の学界から、黙殺されていた。ちょうど、関連する学者たちが、日本文化論へおもむきだしていた時期である。否定の背後に、学界の国粋的な潮流を読みたくなるむきは、あろう。

結論を言えば、しかし、こういう見方はあたらない。

天守閣に関する議論は、西洋の感化説から日本独自説へと推移した。しかし、織部灯籠が、学界で以前に、ヨーロッパ的だととなえられたことは、一度もない。それは、はじめから、否定的に語られていたのである。学界潮流の変化が、否定説をもたらしたとは、言いにくい。

それに、ほかのキリシタン遺物は、その後も肯定されている。日本文化論の高揚期にも、キリシタン墓碑は、キリシタン遺物としてあつかわれていた。話がたしかなものなら、少々の逆風があっても、学説として生きのびているのである。

キリシタン灯籠説が否定されたのを、国粋的な気運のせいにするのは、まちがっている。それは、うさんくさい話だから、みとめられなかったのである。

かりに、もうすこし可能性の高い説であったなら。真偽のほどが、学術的にたしかめにくい、どちらともとりうる話だとすれば。その時は、学界の時流とともに、灯籠をめぐる学説も、変容をとげていっただろう。時流の変化を読みとるための、指標としてもつかえたかもしれない。

だが、キリシタン灯籠説に、そこまでの可能性を期待することは、無理である。とにかく、根拠が弱い。なんとなく南蛮風に見えなくもないという。見た目の印象くらいしか、判断材料がないのである。学界の時流がどうかわろうとも、学術面での浮上はむずかしいと言わざるをえない。

逆に興味をひくのは、学界以外での議論である。キリシタン灯籠説は、一九二〇年代の末ごろから、ジャーナリズムでさわがれだした。そして、これ以後も、ずっと話題をよびつづけることになる。

いま、そういった記録へ目をとおし、言論史を編年的にたどる余裕はない。この問題を論じた文章は、主として、各地の地方新聞、地方雑誌に、のっている。あるいは、郷土史の書物などで、見かけることもある。しかし、それらのすべてを読みこむのは、困難である。ここでは、詳述をあきらめる。

ただ、学界以外の場所で、こういった議論がよろこばれていたのは、まちがいない。そのことは、たとえばつぎのような記事からも、おしはかることができるだろう。一九三八（昭和十三）年に書かれた、当時の灯籠ブームをしるす記事である。

切支丹灯籠説に就ては、昭和五年頃より諸氏の発表があり又新聞紙上に時々……発見せられたと報ぜられて、今日では此説は津々浦々に迄伝播せられるに至つた。[*17]

一九三〇年代後半にも、キリシタン灯籠説は、全国へひろがっているという。ブームが、それだけ長くつづいたことを読みとれよう。

川端康成も、自分の小説で、キリシタン灯籠説への共感をあらわした。さきにもふれた『舞姫』（一九五一年）と『古都』（一九六二年）が、それである。そして、このころの学界は、天守閣の日本起源説へ、一方的にかたむいていた。そんな時期なのに、学界外の読書人たちは、キリシタン灯籠の話を歓迎したのである。

内田伸という山口県の郷土史家が、一九六七（昭和四十二）年に、こんなことを書いている。

まことに話しとしては面白く、人の興味をそそり、一般向のするものである。これがキリシタン灯籠といわれだしたのは、昭和の始めの頃からで、反対した学者も幾人かあったが、そんなことにはおかまいなく、織部灯籠はキリシタン遺物だと思いこむ人が多くなった。[*18]

事態は明白である。学界の動向とは無関係に、一般読書人たちは、キリシタン灯籠説へとびついた。一見日本的な灯籠に、はるか西方からの宗教が、ひそんでいる。このストーリーに、学術的妥当性をこえたロマンを、感じていたのである。

前に、天守閣の日本起源説が、辞書の世界へはとどかなかったことを、紹介した。学界が、いくら時流にあわせて日本文化論を高唱しても、辞書は同調しなかったのである。

同じことは、このキリシタン灯籠説についても、あてはまる。一般読書界は、キリシタンへのロマンを、たもちつづけていた。学者たちのように、日本固有文化論へなだれこんだりは、しなかったのである。やはり、この時流は、学界をしか席捲しえなかったということか。

一九四一（昭和十六）年に、『切支丹伝承』という本が、出版されている。著者は三田元鍾《げんしょう》、くわしい経歴はわからない。だが、とにかく、キリシタン灯籠説を、以下のようにとなえていた。

織部正も西欧文化に心酔せる一人であつたが、彼はそのエキゾチックな気分を茶室に交渉せしめることに苦心を払ひ、基督《キリスト》教を象徴する十字架を燈籠の竿石に取り入れた……然るに切支丹がこの燈籠の神秘性に着眼し、その隠然たる十字架の象徴を捉へて祭具に借用したものと思はれる。[*19]

いや、それぱかりではない。織田信長の安土城天守閣についても、こんなことをのべている。

切支丹宣教師フロイスが築城設計に参加してゐることは明かである……天主閣の内部は金銀朱泥を施し、本丸に大天主、小天主を祀つたが、これはキリストやマリア像を掲げたものと推定される。また屋上には金色の十字架が燦と輝いてゐた。[*20]

天守閣にまで、キリスト教の感化を読みとろうとしている。いったい、何を根拠に、このような話がもちだせたのか。あまりに脳天気な筆法だと、学界人ならあきれよう。そこまで、「西欧文化に心酔」する度合いが、強かったということか。

日米のたたかう太平洋戦争がはじまったのは、この数カ月後である。国粋主義がふきあれる時期でもあった。学界の日本文化論も、この時流と歩調をあわせ、高揚期にいたっている。

そんな時期なのに、この本はキリシタン灯籠説と天守閣への天主教関与説を、となえていた。もちろん、学術的にはまちがっている。とうてい、こんな話はなりたたない。しかし、時流へなびかない構えは、評価してもいいように思う。

学者たちが、時流に迎合しやすかったことを、思いだしていただきたい。この愚直な灯籠説に、時代への抵抗精神を、読みとりたくもなってくる。あるいは、かくも根深いヨーロッパへの憧憬に、あきれるべきなのか。

灯籠を売るひとびと

キリシタン灯籠の発見報道が、一九三〇年代の各地であいついだことは、すでにのべた。四国の徳島市でも、このころ数多くの灯籠が、キリシタンのそれとして、報告されている。同市で最初に発見されたのは、壽量寺《じゆりよう》の境内であった。それを見つけたのは、蟻塚《ありづか》というカトリックの老伝道師だったという。

徳島の事情を、すこしくわしく書いたのには、わけがある。当時の雑誌に、発見の裏面をつたえる、おもしろい記事があったからである。

それによれば、第一発見者の蟻塚は、とんでもないことをたくらんでいた。同地にいたスペイン人の神父に、あるよこしまな相談をもちかけていたという。ミランという その神父は、蟻塚からたのまれた件について、こんな内幕をもらしている。

蟻塚君がきて、何《ど》うしても金儲けの材料にしたいから、あの利休灯籠の彫刻をラテン語で読み釈《と》いてくれと云ひます。そこで仕方なし無理にこじつけて三つ挙げたのがきつかけとなつて、わざわざ東京から大家方《がた》がやつてくる。新聞は書き立てる。えらい騒ぎが起りました。おまけに西村先生はついこないだも、週刊朝日でフイリイが正しいと折紙をつけてゐるんです。はつはつ。——何《ど》うです、これが近頃評判の潜伏切支丹の正体ですよ。[*21]

灯籠の文字を、キリシタンに付会してほしいと、たのまれた。それで、むりやりラテン語風に、解釈してやったのだという。

当時、各地で評判をよんでいたキリシタン灯籠の話に、捏造までしてあやかろうとする。もし、ほんとうに、こうしたでっちあげが、なされていたのだとしたら。キリシタン灯籠のブームは、それだけ隆盛をきわめていたということが、しのばれよう。

ミラン神父は、「金儲け」になるという蟻塚の言葉まで、かくさずあばいている。

ありきたりの灯籠を、キリシタンの遺物にしたてて、高く売りつけようとする算段か。もちろん、この談話を、まるごとうのみにすることはできない。ミランが、いかにもありそうな暴露話を創作していた可能性は、あるだろう。そして、この話は『犯罪科学』という雑誌に、のっていた。やや猟奇的なこの雑誌が、話をつくっていなかったとも、言いきれない。

だが、キリシタン灯籠を捏造するものは、じっさいに、けっこういるという。徳島の蟻塚以外にも、そういうひとびとは、あとをたたないらしい。おかげで、調査に支障をきたすことも、おこっていると聞く。

日欧交渉史の専門家である松田毅一が、そのことを、つぎのようになげいていた。

近時、関心が高まるにつれ、新たなものが数多く製作され、またやっかいなことに、この種の古い灯籠なり、竿石型の石造物に、人騒がせな記号を刻みこむ人すらいるのである。したがって、昭和の初年ならともかく、昭和四十年代の今、この種の石造物の所在と様式を徹底的に調査することは実際問題として不可能である。[*22]

また、別のところでも、こんな裏話をのべていた。いずれも、一九六〇年代後半の指摘である。

古い織部型灯籠に、勝手な記号を刻む人もいるし、石屋さんは、よく売れるのかどんどん製作して、百貨店の灯籠即売市にも並んでいる始末であるから、この種の灯籠が見つかったといって珍しがるのは滑稽な話なのである。[*23]

いわゆるキリシタン灯籠には、現代の模造品が山ほどあるという。同じく南蛮文化の研究者として知られる岡田章雄も、似たような指摘をのこしている。灯籠のみならず、キリシタン遺物全般に、こんな傾向があるというのである。

それに関係ある品は骨董的価値も高く、したがってたとえばありふれた神仏の像や仏具などの一部を加工して十字架を加えたり、また十字架やローマ字をデザインした器物を作り上げたり、あるいは海外で入手した古ぼけたキリスト教関係の品を偽って、いかにも由緒ある遺物のように見せかけ、キリシタンの信者の用いたものだとか、かくれキリシタンがひそかに礼拝した品だとかいってだます詐欺行為も少なくない。[*24]

骨董商や石材商が、キリシタン遺物のまがいものをこしらえる。どうやら、そういうことも、けっこうあるらしい。キリシタンの研究者たちが、それになやまされることも、多いのだろう。

もちろん、こういう「詐欺」に手をそめる業者は、少数派だと思う。だが、彼らはキリシタンものなら高く売れることを、よく知っている。石材商は、いわゆるキリシタン灯籠のねうちを、知悉している業種なのである。

前に、造園学がキリシタン灯籠説に好意的なことを、紹介した。そのことを、もういちど思いだしていただきたい。

いったい、なぜ造園の研究者たちは、この説を好むのか。じっさい、重森三玲のような庭造りの技がある庭園史家でさえ、こう書いている。すなわち、キリシタン灯籠説を「主張する学者も多い」し、この「説は有力である」と。[*25] ほかのテーマではいたって堅実な田中正大《せいだい》にすら、こんな文章がある。

織部灯籠はこれら隠れキリシタンの礼拝物であって、竿に彫られた人物はイエス像であるというのである。非常に興味深く、また隠れキリシタンの熱烈な信仰に襟を正さしめる話であるが、私には今のところよく判らない。ただ、織部灯籠を創り出した人は、キリスト教と無関係につくったが、後世の隠れキリシタンの人たちがこれを信仰の対象にしたのではなかろうか。[*26]

考古学者や日欧交渉史の研究者たちは、いちように否定的な態度をとっている。学界全般でも、ネガティブにながめる空気が強い。にもかかわらず、造園学はキリシタン灯籠説の肩をもつ。

過度な邪推は、つつしむべきだろう。しかし、どうしても、ある疑念がうかんでくる。

造園の研究者たちは、日常的に庭師や石材商とのつきあいをもっている。それこそ、灯籠を売りさばく業者との交際も、すくなくないだろう。キリシタン灯籠は、高く売れる。今さら、まちがっていたなどとは、言わないでほしい。そう思っている商人たちとのつきあいは、ほかの学者よりも多いはずである。

そんな背景もあって、キリシタン灯籠説へ傾斜しやすくなったとは、言えまいか。庭師や石材商とふれあうことで、考え方にも似たようなところができてくる。ある種、利益共同体めいた気分さえ、それとは意識しないうちに、いだきだす。キリシタン灯籠説が肯定的にうけいれられる一因を、そう考えるのはどうだろう。

造園学の研究者が、石材商と連帯するために、意図して論をたてているとは、思わない。だが、どこかでこれらの業者たちとつうじあっている部分は、あると思う。無意識のうちに、キリシタン灯籠説をうけいれてしまった可能性は、否定しきれまい。

造園学研究者の、学界では例外的なスタンスを見ていると、どうしてもそう思えてくる。

ずいぶん失礼な臆測を、書いてしまった。この推理は、はずれていたらいいのにな
と、正直、半分くらいそう思っている。ほかの事情を知っている読者がいれば、それ
をおしえていただきたい。

学問と信仰

一九六六（昭和四十一）年のことである。キリシタン灯籠の実在を論述した、大部な著述が刊行された。『潜キリシタンの信仰と切支丹灯籠』と題された書物が、それである。著者は鳥取民俗美術館の館長・松田重雄であった。

この本に、南蛮学の権威である海老沢有道《えびさわありみち》が、徹底的な批判を書いている。それを、つぎにひいておこう。

一言にして云えばキリシタン研究が半世紀も逆行した観がある。全くひどい本が公刊されたものである。各頁誤謬・曲解・こじつけにみちみちており……従来の学的研究を理解し、吟味した形跡もなく、キリシタン教理・信仰についても理解を欠いており、とに角恐れ入った著述である。[*27]

なんとも、てきびしい指摘である。完膚なきまでに、やりこめている。

もうひとつ、松田毅一の批判も紹介しておこう。松田もまた、この本を論難しつくした。その筆致は、まことにすさまじく、嫌悪感のほどが読みとれる。


まさしくそれは海老沢博士が評される通りの一書であった。同書は推理小説のたぐいであり、およそ学問研究とは縁遠い……まず驚き入るのは、同氏が本研究と執筆にあたり参考、あるいは引用したとして列挙する文献の幼稚さであり……無責任さもはなはだしい書きぶりである……キリシタン史を多少とも学問的に修めた方ならば、筆者が右のような記事を相手に論議する意欲を喪失せざるを得ない次第を御理解いただけるであろう。[*28]

海老沢は、文献の博捜で知られる歴史家である。キリシタン史、南蛮学の系譜研究などで、圧倒的な業績をのこしている。松田毅一は、在欧日本関係文書をほりおこして、日欧交渉史を書きかえた。フロイスの訳業でも、高く評価されている。どちらも、一次史料への沈潜をこころがける、実証を旨とする学者である。

そんなふたりが、松田重雄の本を馬鹿にするのは、とうぜんだと言える。じっさい、

『潜キリシタンの信仰と切支丹灯籠』には、実証的な根拠がひとつもない。臆測と希望的推論だけで、話をすすめている。史料のでっちあげと言えそうな部分も、なくはない。専門の研究者なら、まともにとりあげる気も、おこりにくくなるだろう。

とりえがあるとすれば、織部灯籠の所在調査をおこなったことぐらいか。その形状で、各地の灯籠を分類した作業も、労作と言えば言えるだろう。だが、キリシタンとの関連を論じるくだりは、まことにたよりない。そういうかんじんのところをおろそかにした、水準の低い書物だと言える。

なお、松田重雄はのちに、新しく『切支丹灯籠の研究』（一九六九年）を、あらわした。しかし、前著の難点が、とくに改善されたとは思えない。あいかわらず、キリシタン灯籠の存在については、根拠のない話でおしきっている。けっきょく、その実在は、ついに論証されえないのだということか。

とはいえ、それらの灯籠がすべてキリシタンとは無関係だと論証しつくすのも、むずかしい。ぜったいに関係がなかったと言いきるのも、また困難なのである。

たしかに、キリシタン灯籠の実在をしめす一次史料は、ひとつもない。ヨーロッパ側の記録で、灯籠が信仰の対象になったと書いたものも、皆無である。幕府の禁教政策を考えても、灯籠に信仰がたくされた可能性は、低かろう。おまけに、キリシタン灯籠説の大半は、はなはだうさんくさいデータからできている。

だが、百パーセントまちがっているという確証は、どこにもないのである。今後も、信仰心の存在をしめす史料が、ぜったいに見つからないという保証はない。

キリシタン灯籠説が否定的に語られるのは、その蓋然性が、たいへん低いからである。とても、ありそうな話だとは思えない。文献史学的には、そう判断するのが妥当だから、学界でも陽の目を見ないのである。否定説が実証的に確認されたからでは、けっしてない。

用心深い研究者なら、全否定という筆法をとらないことも、あるだろう。可能性はすくないが、まったくありえないことでもないと書く。そのぐらいの言葉づかいで、万が一という事態への布石をうつことも、あるのではないか。じじつ、つぎのように、ふくみをもたせた記述でにげている研究者も、いなくはない。

織部灯籠を直ちにキリシタン灯籠に結びつけることは妥当でない。[*29]

織部灯籠……キリシタン灯籠ともよばれるが、キリスト教との関係は明らかでない。[*30]あるいはキリシタンの墓標との関連をもつものもあったかも知れない。[*31]

その点で、キリシタン史の研究者は、いさぎよい。彼らは、姑息な留保をそえることなく、ほぼ全面的にキリシタン灯籠説を否定する。じじつ、松田毅一も、こんなふうに書いている。

キリシタン史の権威者と認められている人々は、すべて織部型灯籠とキリシタンは無関係である、あるいは少なくとも直接的には関係がないとして、問題にもしていない。[*32]

もちろん、自信があってのことだろう。たしかに、蓋然性はひくいし、否定的にかたづけてもかまわないと思う。しかし、一抹の不安が、彼らによぎることはないのだろうか。用心深く、キリシタン灯籠説のわずかな可能性に、言及する。そんな弱気が、キリシタン史の研究者にわかないのは、どうしてか。

何にでも慎重に留保をつけて、断定口調をさけたがる。そんな学界人によくあるふるまいを思う時、彼らのいさぎよさは異色である。じっさい、キリシタン灯籠説をだれよりもはっきり否定しているのは、彼らなのだから。

さきほどは、造園学者の肯定的な見方を、異例だと書いた。だが、キリシタン史の学者が、否定に自信満々であるらしいことも、ひっかかる。そこにも、なにか事情があるのではないか。

松田重雄の本を酷評した海老沢有道が、同じ批評文のなかで、こんなことも書いている。

松田重雄氏が、永年のキリシタン灯籠の研究を公けにするから、推薦して欲しい旨、昨秋同地の永田牧師から再三の御依頼を受けた。そして執筆意図と目次、その要点等を拝見したが、学問的に極めて不安なものがあるので強く御辞退し……こうした書を……日本基督教団総会議長大村勇氏が提灯もちをされていることは誠に遺憾の極みである。[*33]

たしかに、日本基督《キリスト》教団の代表者である大村勇は、この本へ推薦の言葉をよせている。「この灯籠が……信仰対象物であることを実証されたことは卓見である」と。[*34] また、海老沢によれば、鳥取の「永田牧師」も、これを強くおしていたという。どうやら、一部の教会関係者には、キリシタン灯籠説がよろこばれていたらしい。松田毅一も、つぎのような司祭がいることを、書いている。

ある司祭は筆者に対し、「後日、キリシタンと無関係の遺物や遺跡であることがわかるかも知れぬが、ともかくそうした遺跡なり遺物のことで人々がキリシタンのことに興味を持ち、それが動機となって、カトリックに関心を持つようになれば喜ばしいことだ」と述懐された。[*35]

たとえうそでも、信者を獲得するきっかけになれば、それでいいじゃあないか。布教のためには、史実をゆがめてもかまわない。こんな姿勢の確信犯も、教会にはいるという。

そして、海老沢や松田のような歴史家は、こういう教会の姿勢に反感をいだいていた。「誠に遺憾の極み」と海老沢は書いているし、松田もこう違和感をしめしている。

キリシタン史上の美談なり教化の糧となることを世に顕彰すべきことはいうまでもないが、キリシタン史を布教目的に合致せしめんとするのあまり、今なお教会史家の中には、日本の国情や史実を無視した偏見を鼓吹してやまぬ傾向がないではない……だが私のような歴史の研究者がそうした考えに同調できぬことはいうまでもない。[*36]

キリシタン史の研究者は、キリシタン灯籠説を、全面的に否定する。教会の意向にさからうことさえ、なかったわけではない。

キリシタンの研究をすすめるさいには、教会の協力をあおぐこともあるだろう。教会と対立しあうことが、好ましい事態だとは思えない。にもかかわらず、「キリシタン史の権威者」は、キリシタン灯籠説をうちけした。それも、ただ黙殺するというのではない。わざわざ、うけいれられないことを表明するのである。

造園学の研究者たちは、石材業者たちとも、親和的なスタンスをとっていたように思う。その点で、教会の意向と対立しあうキリシタン史家たちは、対照的である。いったい、なぜ彼らは、それほどまでにキリシタン灯籠説を、きらっていたのだろう。彼らがしめす反発の、その背景に、ますます興味がわいてくる。

松田毅一という学者について、もうすこしくわしく検討してみよう。

いままでのべてきたように、松田はキリシタン灯籠説を、みとめない。全面的に否定する。だが、以前の松田は、ちがう。一九五〇年代ごろだと、それほど強固な否定論をいだいては、いなかった。

若いころの松田には、西村貞との親交があったらしい。戦前から、キリシタン灯籠の調査に没頭していた西村を、よく知っていたという。一九五三（昭和二十八）年には、こんなことを書いている。

筆者は数年来西村氏から個人的にも種々御教示を得て来たが、尚氏の説を全面的に認める確信を得ない。[*37]

西村のキリシタン灯籠説を、うのみにはできないという。ややネガティブな態度ではある。しかし、後年のように、頭から否定しているわけではない。なにほどかの、あゆみよりはあった。

松田が、全面的な否定論者にかわるのは、それ以後のことである。一九六七（昭和四十二）年には、こうのべている。

私は二十年前に西村貞先生と親しくしており、先生に連れられて、幾十ものこの種の灯籠を見て歩いて以来、今までに二百基近くも見たことになろう。その結果、かつては半信半疑であったのだが、一つとして明白にキリシタンと関係があるといえるものに接したことがないので、今は、はっきりキリシタン説を否定することにしている。[*38]

かつては、「半信半疑」であった。だが、キリシタン説のある灯籠を逐一実見して、その誤謬を確信したという。きわめて、実証的な態度である。証拠がない以上、うけいれられないというのである。

九州佐賀のカトリック教会に、竿石の下部へ十字をきざまれた灯籠が、のこっている。天草のある郷土史家は、これを見て、つぎのように直感した。

この十字の明確な陽刻を見た瞬間、やはり、この種の灯籠は、キリシタンと関係があるどころか、キリシタン信仰の対象そのものとして存在していたことを確信するに至った。*39

もちろん、文献的な証拠はない。彼の勘である。当人も、「確かな文献でも出てこない限り、明確な答えとはならない」と、のべている。*40 しかし、そのことをわきまえたうえで、この郷土史家は、キリシタン灯籠説に傾斜した。

たしかな記録がないので、「今は、はっきり……否定する」という。そんな松田の態度とは、対照的である。松田が、それだけ実証へこだわる歴史家であったことを、対比的に読みとれよう。

じつは、キリシタン灯籠説をうらづける記録らしいものが、見つかったこともあった。西村貞が、京都のある家で、その証拠となりそうな額《がく》を、発見したのである。

それは、織部好みの灯籠が、西京大臼《だいうす》町の渡唐天神社に奉納されたことを、しめしていた。大臼は、もちろんデウスの謂である。キリシタンの信者が集住していたので、そうよばれたことは、知られていよう。

そして、奉納者は「桔梗屋太兵衛」、のちに殉教したことで知られるキリシタンであった。キリシタンが織部灯籠を、「デウスの町」にある神社へ、寄贈していたという。そんな、神道とキリスト教の習合をしめすような記録が、見いだされたのである。

西村は、そのことを、一九四八（昭和二十三）年に発表した。「京衆とキリシタン信仰――殉教の茶人桔梗屋太兵衛寿庵」という論文が、それである。なお、「寿庵」はジュアンを漢字で表記した洗礼名に、ほかならない。

桔梗屋ジュアンとよばれるキリシタンは、たしかにいた。そのことは、文献的にも確認されている。実在する信者が、織部灯籠を、キリシタン集住地区の神社に奉納したという。西村は、そんな記録をほりあてていたのである。

キリシタン灯籠説にとっては、たいへん都合のいいデータだといえる。おそらく、同説をささえる、もっとも有力な資料であろう。さすがの松田毅一も、この記録には一目おいていた。西村の論文が発表されたころのことを、松田はこんなふうに思いだしている。

愚見によれば、同論者の多くの言説中、ただ一つ看過できないものがある。それは、西村氏が……発表された……一論で、筆者が往年、西村氏のキリシタン灯籠説を全面的に否定し得なかったのは、この桔梗屋ジュアン、またはジョアンのことが気がかりでならなかったからである。[*41]

一九五〇年代の松田が、「半信半疑」であったことは、すでにのべた。往年は、「全面的に否定し得なかった」のである。それは、この桔梗屋ジュアンに関する記録が、あったからにほかならない。

だが、けっきょく松田は、このデータをものりこえる。最終的には、全否定へといたるのである。

松田は、イエズス会の日本年報から、桔梗屋ジュアンの足跡を、あらいだす。彼が織部灯籠を奉納したとされるころの様子も、さぐりあてた。そして、そのころのジュアンが、信仰からはなれていたことを、立証したのである。

さらに、松田は西村が見いだした額の、その信憑性をも問いなおす。いったい、石灯籠を奉納するさいに、こういう記録を額へしるすことがあるだろうか。記録の文面も、当時のものとしては不自然であり、後世の偽作である可能性が高い。それこそ、茶人たちの遊びだったのではないか、と。

こうして、松田は「半信半疑」を脱却し、「全面的に否定」しはじめる。キリシタン灯籠が、新しく発見されたという報告を耳にしても、まったく動じない。自信をもって、それはまちがいだと言いきれるように、なったのである。

それにしてもと、思う。松田は、桔梗屋ジュアンの記録を見ても、よろこばなかった。これで、キリシタン灯籠説も、有力な手がかりを得たというふうには、考えない。逆に、それをくつがえす方向へ、史料検索をすすめていく。それが結果的に正しかったとしても、こういう思考の方向性は気にかかる。

なぜ、松田は桔梗屋の記録を、肯定的にとらえようとしなかったのか。どうして、うたがうことから、とりくみだしたのだろう。知己の西村はそれにのめりこみ、教会でもキリシタン灯籠説を歓迎する空気が、あったのに。

松田は、キリシタン史の史料に精通している学者である。ふだんの研鑽から、キリシタン灯籠説をうたがわしいと、はじめから思ってはいただろう。だが、松田を否定説へむかわせたのは、そういう実証史家としての蓄積だけなのか。なにか、ほかの事情もあるように、思えてくるのだがどうだろう。

くりかえすが、実証的ということでは、否定説の論証も困難である。キリシタンと関係のある灯籠が、一切存在しないと実証することは、むずかしい。にもかかわらず、松田をはじめとする専門家たちは、どうどうとキリシタン説を否定する。たぶんまちがっているというのではなく、まちがいだと、しばしば言いきっている。なぜ、それほど強気になれるのか。その事情が、どうしても気にかかる。

九州の豊後竹田に、「キリシタン礼拝堂」とよばれる洞窟がある。

一六二〇（元和六）年前後の宣教師たちは、竹田あたりに潜伏することが、多かった。しばしば、山中の洞窟に身をひそめていたことも、当時の記録からわかっている。「キリシタン礼拝堂」と通称される洞窟も、そういうかくれ家のひとつだと、いうのである。

だが、ほんとうにここが、その洞窟だったかどうかの確証はない。ましてや、「礼拝堂」といえるほどのものだったかどうかは、まことにあいまいである。

洞窟の付近には、一箇の織部灯籠、いわゆるキリシタン灯籠がある。そして、この灯籠が、洞窟をキリシタン遺跡とみなす証拠として、ことあげされている。近くにキリシタン灯籠があるから、洞窟もキリシタンのものにちがいない、と。

もちろん、専門のキリシタン史家たちは、納得しない。そもそも、彼らはキリシタン灯籠説じたいを、否定しているのである。そんなものが、洞窟のキリシタン性をしめす根拠として、みとめられようはずもない。

たとえば、松田毅一も、礼拝堂説をうちけした。のみならず、洞窟や灯籠にキリシタンを付会したがる心性も、こう評価する。

私はここにも、正体不明のものが、十分な根拠もなしに「キリシタン」関係と推定される一例を見出した気持がする。徳川時代に二百余年、キリシタン宗門は、徹底的な弾圧を受けた。したがってある地方では、幕末頃になると、「キリシタン」とか「バテレン」というのはなんのことかわからなくなってしまい、「怪しげなこと」「変なこと」「なにか悪事を働いたもの」を「あれはキリシタンだ」「あれはバテレンだ」というようになったことを思い起した。[*42]

徳川の禁教時代には、正体不明のものへ、キリシタンというレッテルを、よくはった。たしかな根拠もないのに、バテレンのものではないかと、うたぐった。それと同じ精神のありようを、松田は洞窟＝「キリシタン礼拝堂」説に、読みとっている。じっさい、禁教時代には、そういう幻想が大きくふくらんでいた。第一級の学者たちにさえ、このレッテルはりをおこなったものは、たくさんいる。

たとえば、十八世紀末には、天守閣の起源が、キリスト教＝天主教だと言われだす。十九世紀初頭には、京都の太秦《うずまさ》をキリスト教と関連づける議論が、出現しはじめた。十字型をもつ家紋が、キリスト教の十字架に付会されだしたのも、このころである。由来がよくわからないものを、キリシタンにつうじていると推理する。潜伏キリシタンの摘発にもつうじる、禁教下ならではの想像だというべきか。そして、こうした見方は、じじつ禁教政策によって、ふくらまされていたのである。

もちろん、松田のようなキリシタン史家は、こんな考え方に、なじめない。竹田の洞窟などを、キリシタンに関連づけて、論じたがる。そんな現代の好奇心をも、つぎのように非難した。


研究が進んで、キリシタンやバテレンのことが明らかになった今日なお、怪しげなものを、軽々しくキリシタン宗門に関連づける傾向があるとすれば、慎まねばならぬと思われる。[*43]

松田が、キリシタン灯籠説などをきらったその心情的背景は、ここにあきらかである。

キリシタンに愛着のある松田は、禁教政策を、とうぜん好まない。禁教時代にふくらんだ邪教観へも、違和感をいだいていたはずである。「怪しげなものを、軽々しくキリシタン宗門に関連づける」。そんな禁教下の邪教観にもつうじる解釈へは、反発を感じていただろう。

織部灯籠は、妙なかっこうをしている。あやしい。ひょっとしたら、キリシタンのものではなかったか……。もし、そんなふうに考えるのだとしたら、禁教時代とかわらない。そういう古くさい見方からは、脱却する必要がある。キリシタンの遺物も、くもりのない目で見ていくべきではないか。以上のような心理も、松田にははたらいていたのである。

実証的な判断だけが、キリシタン灯籠説の否定論をもたらしたのではない。キリシタン＝邪教観へつうじる解釈を、拒絶したいという。そんな情熱もあったと、考えたいのである。

いっぱんに、キリシタン史の専門家たちは、キリシタン灯籠説などを、いやがる。他分野の歴史家以上に、これを否定したがる傾向を、もっている。その背後にも、おそらく今のべたような心情は、あるだろう。ひとり松田毅一だけにかぎった心のうごきでは、ないはずである。

だが、そのために、専門のキリシタン史家たちは、邪教観への分析をおこたった。禁教時代に、どのようなものが、どうキリスト教と関連づけられたのか。そのことを、きちんとあとづける作業には、着手していない。邪教観への反発ゆえに、目をそむけてきたのである。

だから、天守閣の起源が天主教だと誤解された現象にも、興味をいだかない。愚劣な暴論だということで、かたづけてしまう。たしかに、暴論ではあるのだが、その意味を見すごしやすくなる。太秦や十字家紋などについても、同じことが言えるだろう。

鎖国と禁教が、どのようなキリシタン・イメージを、もたらしたのか。邪教観にもとづくキリシタン幻想は、どういったかたちで展開されたのか。それをしらべれば、旧幕時代の想像力をめぐる、人類学的な研究も可能になるだろう。この観点が、軽視されてきたことを、ざんねんに思う。

しかし、そのおかげで、この本にも、すこしは存在意義ができたのだけれども。

第三章　註

＊1　河原一「キリシタン灯籠」東京農業大学農学部造園学科編『造園用語辞典』彰国社　一九八五年　一五三ページ。
＊2　河原武敏「織部灯籠」同右　一〇六ページ。
＊3　上原敬二『造園大辞典』加島書店　一九七八年　一二七—一二八ページ、三三四ページ。
＊4　川端康成『舞姫』一九五一年　新潮社（文庫）一九九〇年　五三ページ。
＊5　川端康成『古都』一九六二年　新潮社（文庫）一九八七年　七ページ。
＊6　同右　七～八ページ。
＊7　芹沢光治良『女にうまれて』一九五八年　角川書店（文庫）一九六二年　二〇八ページ。
＊8　同右　二〇九ページ。
＊9　西村貞『キリシタンと茶道』一九四八年　全国書房　一九六六年（復刊）二四九～二六一ページ。
＊10　西村貞「切支丹灯籠——茶の会で伝道した教徒の話」『週刊朝日』一九三一年二月一五日号九ページ。
＊11　後藤粛堂「静岡県下における切支丹灯籠」一九三〇年（松田毅一『キリシタン——史実と美術』淡交社　一九六九年）一七六ページ（転載）。
＊12　浜田耕作「日本キリシタン遺物」一九四〇年（『浜田耕作著作集　第五巻』同朋舎　一九九一年）

三四九ページ。
＊13　新村出「南蛮文化要略」一九五四年（『新村出全集　第七巻』筑摩書房　一九七三年）二八三ページ。
＊14　同右。
＊15　川端康成「あとがき」前掲『古都』二四四ページ。
＊16　新村出「『古都』愛賞」『朝日新聞』一九六一年一二月三〇日付（前掲『新村出全集　第一四巻』一九七二年）一七八ページ。
＊17　坂重吉「所謂切支丹潜伏墓標及び切支丹灯籠説に就て」『史跡と美術』一九三八年四月号　二〇七～二〇八ページ。
＊18　内田伸「所謂キリシタン灯籠はキリシタン遺物か」『山口県地方史研究』一九六七年六月号　一九ページ。
＊19　三田元鍾『切支丹伝承』厚生閣　一九四一年　三二一～三二三ページ。
＊20　同右　四～五ページ。
＊21　由岐一「『潜伏切支丹』灯籠を撥く」『犯罪科学』一九三一年九月号　二二三ページ。
＊22　松田毅一前掲『キリシタン――史実と美術』二〇七ページ。
＊23　松田毅一『南蛮巡礼』一九六七年　中央公論社（文庫）一九八一年　四一ページ。
＊24　岡田章雄「キリシタン遺物考」一九七七年（『岡田章雄著作集・二』思文閣出版　一九八三年）二六八～二六九ページ。
＊25　重森三玲『茶室茶庭事典』誠文堂新光社　一九七三年　一一六ページ

＊26　田中正大『日本の庭園』鹿島研究所出版会（SD選書）一九六七年　一一八ページ。
＊27　海老沢有道「松田重雄著『切支丹灯籠』評」『えぴすとら』二八号　一九六六年　二九〜三〇ページ。
＊28　松田毅一前掲『キリシタン——史実と美術』一八三〜一九〇ページ。
＊29　井口海仙他監修『原色茶道大辞典』淡交社　一九七五年　一七三ページ。
＊30　村岡正「織部灯籠」（林屋辰三郎他編『角川茶道大事典』角川書店　一九九〇年）二四一〜二四二ページ。
＊31　中村昌生『茶匠と建築』鹿島研究所出版会（SD選書）一九七一年　七八ページ。
＊32　松田毅一前掲『キリシタン——史実と美術』一七二ページ。
＊33　海老沢有道前掲「松田重雄著『切支丹灯籠』評」二九〜三〇ページ。
＊34　大村勇「推薦のことば」（松田重雄『潜キリシタンの信仰と切支丹灯籠』同文館出版　一九六六年）六〜七ページ。
＊35　松田毅一前掲『キリシタン——史実と美術』一七八ページ。
＊36　同右。
＊37　松田毅一『キリシタン研究（四国篇）』創元社　一九五三年　三三九ページ。
＊38　松田毅一前掲『南蛮巡礼』四一ページ。
＊39　浜名志松『九州キリシタン新風土記』葦書房　一九八九年　三三六ページ。
＊40　同右　三三七ページ。
＊41　松田毅一前掲『キリシタン——史実と美術』一九八ページ。

＊42　松田毅一前掲『南蛮巡礼』四二～四三ページ。
＊43　同前　四三ページ。

＊本文初出「諸君！」平成七年九月号—平成九年十二月号
＊本書は一九九八年に文藝春秋より刊行された『南蛮幻想—ユリシーズ伝説と安土城』を文庫化したものです。

草思社文庫

南蛮幻想　上巻
ユリシーズ伝説と安土城

2021年8月9日　第1刷発行

著　者　井上章一
発行者　藤田　博
発行所　株式会社 草思社
〒160-0022　東京都新宿区新宿1-10-1
電話　03(4580)7680(編集)
03(4580)7676(営業)
http://www.soshisha.com/
本文組版　有限会社 一企画
印刷所　中央精版印刷株式会社
製本所　中央精版印刷株式会社
本体表紙デザイン　間村俊一

ISBN978-4-7942-2530-6　Printed in Japan

草思社文庫既刊

渡邊大門
光秀と信長
本能寺の変に黒幕はいたのか

光秀の決断にはどのような背景があったのか。そこには朝廷や足利義昭の策謀はあったのか。豊富な史料を縦横に駆使して、信長と光秀の人物像を再構築し、本能寺の変の真因をさぐる。『信長政権』改題

工藤健策
戦国合戦 通説を覆す

なぜ、幸村は家康本陣まで迫れたのか？なぜ、秀吉は毛利攻めからすぐ帰れたのか？地形、陣地、合戦の推移などから、川中島から大坂夏の陣まで八つの合戦の真実を読み解く。戦国ファン必読の歴史読物。

山岡淳一郎
勝海舟 歴史を動かす交渉力

西郷隆盛との交渉に成功した江戸無血開城を筆頭に、日本の大転換点において、つねに時代の大局を見据えつつ歴史の歯車を動かした勝海舟のドラマチックな軌跡。その辣腕の交渉力が、いまこそ求められている。

草思社文庫既刊

氏家幹人

かたき討ち

復讐の作法

自ら腹を割き、遺書で敵に切腹を迫る「さし腹」。先妻が後妻を襲撃する「うわなり打」。密通した妻と間男の殺害「妻敵討」…。討つ者の作法から討たれる者の作法まで、近世武家社会の驚くべき実態を明かす。

氏家幹人

江戸人の性

衆道、不義密通、遊里、春画…。江戸社会には多彩な性愛文化が花開いたが、その背後には、地震、流行病、飢饉という当時の生の危うさがあった。豊富な史料から奔放で切実な江戸の性愛を覗き見る刺激的な書。

氏家幹人

江戸人の老い

脳卒中による麻痺と闘った徳川吉宗。家族への不満を遺書にぶちまけた文人鈴木牧之。散歩と社交を愉んだ僧敬順。三者の生き様から普遍的な老いの風景が浮かび上がる。

草思社文庫既刊

野口武彦
幕末不戦派軍記

慶応元年、第二次長州征伐に集まった仲良し御家人四人組は長州、鳥羽伏見、そして箱館と続く維新の戦乱に嫌々かつノーテンキに従軍する。幕府滅亡の象徴する〝戦意なき〟ぐうたら四人衆を描く傑作幕末小説。

野口武彦
幕末明治 不平士族ものがたり

明治という国家権力に抗い、維新のやり直しに命を捧げた男たちの秘史。挙兵を企てた旧会津藩士と警察官との激闘「思案橋事件」、西南戦争での西郷隆盛の最期を巡る一異説「城山の軍楽隊」など八編。

野口武彦
異形の維新史

戊辰戦争で官軍に襲われた貴婦人の哀しい性「軍師の奥方」、岩倉使節団の船内で起きた猥褻事件を伊藤博文が裁く「船中裁判」、悪女高橋お伝の「名器伝説」など七編。維新の知られざる暗部を描く傑作読み物。

草思社文庫既刊

渡辺尚志
百姓たちの幕末維新

当時、日本人の八割を占めた百姓。明治期に入ってからの百姓たちの衣食住、土地と農業への想い、年貢をめぐる騒動、百姓一揆や戊辰戦争への関わりなど史料に基づき、詳細に解説。もう一つの幕末維新史。

仁科邦男
犬たちの明治維新
ポチの誕生

幕末は犬たちにとっても激動の時代の幕開けだった。外国船に乗って洋犬が上陸し、多くの犬がポチと名付けられる…史料に残る犬関連の記述を丹念に拾い集め、犬たちの明治維新を描く傑作ノンフィクション。

穂積和夫
絵で見る 明治の東京

急速に文明開化を進めた日本。巨大都市・東京は江戸趣味と欧風文化が混在する空間に変貌する。建築・都市イラストの第一人者が描き上げたイラストレーションで幻影の都市・東京の全貌が今、よみがえる。